全球史与中国丛书

外来文化
摄取史论

[日]家永三郎 著

靳丛林 陈泓 张福贵 刘珊 译

中原出版传媒集团
大地传媒
大象出版社
·郑州·

图书在版编目(CIP)数据

外来文化摄取史论/(日)家永三郎著;靳丛林等译.—郑州:大象出版社,2017.5
ISBN 978-7-5347-9227-4

Ⅰ.①外… Ⅱ.①家…②靳… Ⅲ.①文化史—研究—日本 Ⅳ.①K313.03

中国版本图书馆 CIP 数据核字(2017)第 086323 号

全球史与中国丛书

外来文化摄取史论
WAILAI WENHUA SHEQU SHILUN

[日]家永三郎　著

靳丛林　等译

出 版 人	王刘纯
责任编辑	贠晓娜
责任校对	李婧慧　牛志远　裴红燕
封面设计	王莉娟

出版发行	大象出版社(郑州市开元路16号　邮政编码450044)
	发行科 0371-63863551　总编室 0371-65597936
网　　址	www.daxiang.cn
印　　刷	北京汇林印务有限公司
经　　销	各地新华书店经销
开　　本	787mm×1092mm　1/16
印　　张	23.75
字　　数	354 千字
版　　次	2017 年 8 月第 1 版　2017 年 8 月第 1 次印刷
定　　价	58.00 元

若发现印、装质量问题,影响阅读,请与承印厂联系调换。
印厂地址　北京市大兴区黄村镇南六环磁各庄立交桥南 200 米(中轴路东侧)
邮政编码 102600　　　电话 010-61264834

总　序

李雪涛

一

　　跟以往分裂来研究世界各个部分以及不同领域的世界史相比，全球史研究打破了民族国家的界限，以跨国家、跨地区、跨民族、跨文化的历史现象为研究对象。全球史学科的观念，同时也打破了在中国史和世界史之间的学科界限，从而将中国史纳入全球史之中进行整体研究。

　　大航海时代以来，欧洲习惯于将自身的利益通过国家或宗教的意识形态扩展到世界的各个角落，这是现代性的一个特点，同时也形成了一个真正意义上的世界贸易。世界贸易体系的形成，使得世界资源得以重新分配，欧洲的技术得以在全世界范围内传播。民族国家的形成，使得西方国家通过签订各种合约确定主权国家间的外交关系。对于以欧洲为中心的殖民扩张来讲，世界仅仅是一个海外的存在而已。全球史学科的建立，在于以跨文化互动的发展，来破除欧洲中心主义的论点。以往以欧洲的历史经验作为其他社会发展程度标准的尺度的做法，已经被当今学界所摒弃。作为全球史之父的威廉·麦克尼尔（William McNeill, 1917—　）认为，"与外来者的交往是社会变革的主要推动力"[1]，因为特别

---

* 此文系李雪涛为"全球史与中国"丛书所写的总序，此套丛书将由大象出版社（郑州）出版。

[1] 麦克尼尔：《变动中的世界历史形态》，载夏继果、本特利主编《全球史读本》，北京：北京大学出版社，2010年，第3~21页，此处见第45页。

是与异质文化的接触与交往，往往会引起对很多约定俗成惯例的调整和改变。历史变革在很大程度上是由于与外来者的交往而引发的，也正是这一动力，推动着欧亚共生圈（ecumene）的形成和发展。马歇尔·霍奇森（Marshall Hodgson，1922—1968）甚至认为，"西欧的演变取决于欧亚非作为一个整体的发展过程"①。

全球史的理念超越了以往人们看待世界和空间的方式。尽管现代性产生于西方，但却是在西方与其他异质文明的接触中产生的。芝加哥大学的德裔欧洲史教授米夏埃尔·盖耶（Michael Geyer, 1947— ）和芝加哥的另一位历史学家查理·布赖特（Charles Bright）甚至认为，作为一种反作用力，包括中国在内的这些非西方国家，才是产生全球一体化的力量源泉，正是它们在一体化进程中让世界逐渐融合，而世界各地区的历史也因此同世界历史产生了关系。②

作为方法论和研究领域的全球史实际上是一个上位的概念，也是一个有待开发的广阔学术空间，任何人都没有办法穷尽这之中的所有学问。目前我们仅仅是从学术史的角度对以上全球史与中国的各个研究领域的成果进行整合，以期中文世界的读者能够看到一些全球史与中国的研究成就。全球史与中国这一题目，并非某一学科的某一人可以从事的专业，它必然是不同专业、不同学科的学者积极参与及密切互动的结果，同时它也必然需要经过几代人的共同努力，才能初见成效。

法国年鉴学派著名的历史学家吕西安·费夫尔（Lucian Febvre, 1878—1956）意识到，一种封闭的学科在当代是毫无价值、毫无生命力的，他指出："所有的发现都不是发生于每个学科的内部及核心，而是发生于学科的边界、前沿、交叉处，正在这些地方，各个学科互相渗透。"③费正清（John King Fairbank, 1907—1991）在他的自传中描述自己答辩的表现时写道："我已经学会了如何成

---

① 霍奇森：《历史上各社会之间的相互联系》，载夏继果、本特利主编《全球史读本》，第 22~43 页，此处见第 43 页。
② 盖耶、布赖特：《全球化时代的世界历史》，载夏继果、本特利主编《全球史读本》，第 172~202 页，此处见第 186~197 页。
③ Lucian Febvre, *Combats pour l'histoire*. Paris: Armand Collin, 1953, p.30.

为历史学家中的汉学家,以及稍加变化,又成为汉学家中的历史学家。很像一个不易被抓住的中国土匪,处在两省辖地的边缘,一边来抓便逃到另一端。"①在历史学和汉学的交界处、边缘进行研究,力求运用跨学科的研究方法,这其实也是费正清之所以能另辟蹊径,成就美国中国学的原因所在。而我们编辑的"全球史与中国"系列,特别需要这种在知识和方法论方面交叉拓展的刺激。

费尔南·布罗代尔(Fernand Braudel,1902—1985)提出"总体史"(l'histoire totale),一再强调历史的总体性,认为一切的人、事件只有放到历史的总体背景中去考察才有意义,才能得出相对科学的结论。中国从来不是一个独立的存在,一旦将中国放在全球史的大背景下来看待的话,中国研究所蕴藏的无限可能性就会显现。拿中国近代留学史来讲,只有将中国的留学研究放在近代社会发展以及全世界的留学运动中,才能够突显出其价值和意义。章清曾撰文探寻以容闳(Yung Wing,1828—1912)、严复(1854—1921)和胡适(1891—1962)为代表的三代留学生的思想轨迹,认为他们以集体的方式去美国和英国留学,从而融入世界潮流之中,其后又纷纷踏上了一条异常艰难的回归之路。② 此外,留学并不仅仅是一个中国特有的现象,留学对于现代国家的形成,以及现代学术的兴起,都曾起到过重要的意义。19 世纪,美国就曾有过派出超过一万名留学生到德国洪堡大学留学的先例。③ 美国不仅借鉴了德国大学的模式,而且对之进行本土化改造,融合英式学院于一体,形成了美国独特的办学模式。日本和俄国也都曾大规模派遣留学生到欧洲大陆,特别是到德国的著名大学留学,回国之后的这批留学生的成就,也大大推动了这两个国家的大学体制乃至社会的发展。

---

① 费正清(J. K. Fairbank)著,黎鸣等译:《费正清自传》,天津:天津人民出版社,1993 年,第 170 页。
② 章清:《1920 年代:思想界的分裂与中国社会的重组——对〈新青年〉同人"后五四时期"思想分化的追踪》,载《近代史研究》2004 年第 6 期,第 122~160 页。
③ Cf.John S.Brubacher and Willis Rudy, *Higher Education in Transition.A History of American College and Universities,1636—1976*.Piscataway:Transaction Publishers,1997,p.175.

二

早在1919年,胡适在《新思潮的意义》一文中,就明确地提出了新思潮和新文化的纲领,亦即"研究问题""输入学理""整理国故""再造文明"。① 在四大步骤中,"输入学理"便是要引进异域(当时主要指西方)的文化和哲学理论,目的是在与其他文化的交融中创造出经过改造的中国文明,亦即在传统的基础上走向未来。按照胡适当时的理解,输入学理的重要性,在于在认识和接受一些普世理论的同时,反省、更新自己的文化,为的是重新确定中国文化作为主体身份的价值和位置。今天来看,"输入学理"的深层含义还在于认同和接受普世性的价值观念,胡适并不认为这种认同意味着为西方所同化,而是本土文化的"再生"——在自我与他者的对话中,逐渐恢复自身传统的价值体系,使之适应于世界当今和未来的发展。实际上,胡适的纲领除起到构建起中国文化的新体系作用外,也为解决文化出路问题提供了中国的基本经验。

从根本上来讲,全球史所强调的是全球范围内的互动。"全球史与中国"丛书所涉及的内容,实际上是对大航海时代以来中国人与不同地域、民族、文化的人群在政治、经济、文化等领域所形成的互动情况的考察。除了通史性、区域性全球史与中国的著作,这套丛书也包括世界与中国的专题性研究,其中包括:贸易史、移民史、传教史、语言交流史、知识迁移史、科技史、疾病史、概念史、翻译史、留学史等内容。之所以有这些专题,是与法国年鉴学派所倡导的"问题史学"相关的,年鉴学派强调"分析""提问"对史学研究的重要性。刘新成列出了西方全球史学者所表达的互动模式的八种形式:1.阐述不同人群"相遇"后,文化影响的相互性和双向性;2.描述人类历史上曾经存在的各种类型的"交往网络"或"共生圈";3.论述产生于某个地区的发明创造如何在世界范围内引起连锁反应;4.探讨"小地方"与"大世界"的关系;5."地方史全球化";6.全球范围的专题

---

① 胡适:《新思潮的意义》,见胡适著《学问与人生》,北京:外语教学与研究出版社,2011年,第86~93页。

比较研究;7.生态史、环境史研究;8.探讨互动规律与归宿。① 上述全球史与中国的专题都可以归纳到刘新成所列的互动模式之中。美国历史学家杰里·本特利（Jerry Bentley, 1949—2012）就认为世界史（全球史）所考察的是"超越了民族、政治、地理或者文化等界限的历史进程。这些历史进程已对跨地区、大洲、半球甚至全球范围内的各种事物都产生了影响,其中包括气候变迁、物种迁移、传染病蔓延、大规模移民、技术传播、帝国扩张的军事活动、跨文化贸易、各种思想观念的传播以及各种宗教信仰和文化传统的延展"②。正是通过全球史与中国的研究,才能看到今天的中华文明是与不同文化交流的结果,并揭示出中国文化的世界性意义。

我们坚持翻译著作和用汉语写作的论著并重的原则。梁启超（1873—1929）曾认为："今日之中国欲自强,第一策,当以译书为第一事。"③当时依然流行的病灶心理,认为可以用译书来拯救中国。比梁任公早近3个世纪的徐光启（1562—1633）早就提出了"欲求超胜,必须会通,会通之前,先须翻译"④的主张。徐光启的目的也是为了"超胜"。我们认为,全球化的今天,中国早成为世界的一分子,而从世界学术界汲取营养,与各国学术界进行交流的活动,永远也不会终结。在强调去中心化和互动的今天,冷战时期诸如"谁取代谁,谁消灭谁"的用语,今天已经不复存在。翻译也成为我们的常规工作之一。

以往的历史研究往往注重宏大叙事（宏观）,将范围限定在政治和军事方面,而缺乏对实际发生事件的理论解释,进而将历史简单化、贫乏化。实际上,社会学、人类学、经济学、政治学、地理学、生态学等学科的介入可以很好地解决中观和微观层面的问题。新的学术方法的引入也会重视"过程—事件"的动态研究,从而更好地在具体研究和全球视野的结合中来考察历史。我们收录在"全球史与中国"丛书中的研究专著,往往是运用上述方法论在不同专题性研究领

---

① 刘新成:《在互动中构建世界历史》,见《光明日报》2009年2月17日。
② 夏继果、本特利主编《全球史读本》,北京:北京大学出版社,2010年,第45页。
③ 梁启超:《读日本书目志书后》,《饮冰室合集》第1册,北京:中华书局,1898年,第52页。
④ 徐光启:《历书总目表》(1631),徐光启撰,王重民辑校《徐光启集》,北京:中华书局,1963年,第374页。

域的个案,力求给读者呈现出活生生的动态过程。此外,并不存在所谓单纯的事件史,历史学家必须在不同时段中对错综复杂的事件作深层次的、结构性的分析。文化和科技方面的交流,往往是经济交流的附属品。因此,欧洲近代以来的贸易史,是裹挟着传教史、语言交流史、知识迁移史、科技史、疾病史等内容一并到了中国的。实际上,对全球史与中国各个研究方面的探讨,只有在对不同时空动态过程的具体考察中才能得到具体实现。同时基于全球史构建的中国与世界的关联也是双向的。尽管我们可能从广阔的视野和互动的视角来考察全球史与中国的各个方面,并将研究对象置于广阔的相互关系情境中来予以理解,但还没有到进行全程性、整体性研究的程度。全景式的宏大叙事只有有待于后来学者的努力了。

三

尽管这套丛书名为"全球史与中国",但并不意味着所有的研究都只是对中国历史、文化进行的说明和阐发,很多著作是将中国的事件、学说等作为出发点,来讨论历史、思想等方面的普遍问题。例如美国历史学家、汉学家柯文(Paul Cohen,1934—2007)的名著《历史三调:作为事件、经历和神话的义和团》(*History in Three Keys: The Boxers as Event, Experience, and Myth*. 1997)[①],实际上,想要处理的是有关在历史研究中个人记忆、集体记忆之间的复杂关系问题。

这套丛书我们既强调翔实的史料,研究内容的拓展,也重视新的方法和学理的引进。在以往研究中鲜为人知的一手档案资料的运用和整理出版,特别是对藏在海外的史料、文献的系统发掘整理,是非常重要的。而理论方面,在方法论和视角上的创新和突破也是需要的。总之,突破以往的思维定式,运用多元的研究方法,强调去中心化和互动的观念,并努力挖掘出新的史料,是这套丛书的特点。正因为此,这套丛书才可能会在读者那里产生令人称奇或引发质疑的思考。

---

① 柯文著:《历史三调:作为事件、经历和神话的义和团》(中译修订版),杜继东译,北京:社会科学文献出版社,2014年。

2014年12月北京外国语大学成立全球史研究院，我们当时就提出了要将研究院建成国际学者进行全球史研究的重要平台。在2011年新版学科目录中，首次将"历史学"下的"考古学""中国史"，以及"世界史"并列为三个一级学科。也就是说在国内学科意义上的"世界史"实际上是"外国史"，因此，只有"全球史"才是欧美学科意义上的"世界史"，因为它不仅超越了国别史的视野，更重要的是从互动来理解世界变迁的全球历史。我们清楚地知道，编辑出版这样的一套丛书，是一项长期的系统工程，不可能一蹴而就，同时要求各个学科之间的合作，从而真正打破学科的单一界限和分类。

　　我们常常说，"学术者，天下之公器"，意思是说学术是天下人所共享的财富，不应当以个人的好恶为转移，更不应当据为己有。这套丛书既有翻译的著作，也有中国学者在相关领域的研究成果。全球史本来就是一个开放的研究领域，我们希望国内外在"全球史与中国"方面做出成就的学者，多多为我们提供优秀的研究成就，并不吝赐教。因为除了神，没有谁能够具有全能的视角。

　　麦克尼尔认为："人类变通性的最终活力在于我们是否有能力去创造新的思想、新的经验和新的制度。但是当与外来者接触，不同的思想和行为方式由于受到关注而被迫彼此竞争时，同样也是这些创造最为兴盛的时期。"[1]在接触和交流不再成为障碍的今天，我们希望这套丛书真正能够促成中外学术在全球史研究领域的互动。

---

[1] 麦克尼尔：《变动中的世界历史形态》，载夏继果、本特利主编《全球史读本》，北京：北京大学出版社，2010年，第3~21页，此处见第10页，引文略有变动。

目　录

译者的话 …………………………………………………………………… 001

前　言 ……………………………………………………………………… 001

绪　论　外来文化摄取史概说 ………………………………………… 001
- 第一章　日本文化史的一个特征及其由来 …………………………… 003
- 第二章　古代中世及近世对东方文化的摄取 ………………………… 006
  - 第一节　日本文化的渊源及其同中国大陆、南洋等文化的关系 … 006
  - 第二节　对中国文化及佛教文化的摄取 …………………………… 008
  - 第三节　摄取中国文化、佛教文化的思想基础 …………………… 019
- 第三章　近世对西方文化的摄取 ……………………………………… 050
  - 第一节　近世初期对南蛮文化的摄取 ……………………………… 050
  - 第二节　摄取南蛮文化的思想基础 ………………………………… 054
  - 第三节　锁国后迄今对欧美文化的摄取 …………………………… 070
  - 附　日本文化对海外文化的影响 …………………………………… 074

本　论　锁国后至现代摄取欧美文化的思想基础 …………………… 077
- 第一章　接触西方文化后产生的反应 ………………………………… 079

第一节	与外来文化接触的途径	079
第二节	对西方文化的拒斥	090
第三节	面对巨大差异的惊叹	123
第四节	摄取意识的产生及体现	128

第二章　摄取西方文化的动机 … 221

第一节	出自好奇的心理	221
第二节	保障国家独立的现实需要	224
第三节	打破陋习，弥补传统文化缺陷的需要	244
第四节	出于纯理性的憧憬	299
第五节	基于思想上的觉悟	304

第三章　对摄取西方文化的反动与反省 … 316

第一节	从封建性攘夷论传统产生的反动	317
第二节	出自新国粹主义的立场	324
第三节	围绕摄取西方文化的诸问题而引起的议论	329

结　论 … 353

译者的话

　　社会变革的实质是文化形态的转化,文化是一种符号系统,它既具有传播性,又具有稳定性。文化的传播性决定了本土文化与外来文化的必然交流,从而使文化系统获得新的动力。而文化的稳定性又必然对外来文化进行自在的选择处理,以保持本土文化的特性。

　　通过对这部书的译介,我们比较清晰地看到了日本近代文化转型的全部过程;其正反两方面的借鉴,使我们对当代中国改革开放的文化取向有了一个更清楚的认识。

　　首先,必须看到中国目前的改革开放与日本近代以来的文化转型有着本质的不同。中国的改革是在坚持生产资料公有制的基础上,以满足广大人民更大的物质和精神生活的需要为目的的。而日本近代的文化转型则是在发展资本主义私有制的基础上,以获取高额利润、瓜分世界市场、维护少数人的统治为目的的。虽说这在当时与被其取代的封建幕府制相比有很大的进步性,也取得了相当的成效,但仍不能摆脱资本主义制度所固有的矛盾。这种矛盾几乎在日本文化变革的第一天便存在了。日本的经济近代化过程便集中地体现了这一点。

　　日本经济近代化的迅速完成是以军事工业的畸形发展为动力的。这种军事工业的超前发展必然造成日本总体经济结构发展的不平衡。为了弥补这种不平衡,不断地对外扩张、掠夺就成为必然。所以明治政府在立足未稳时,便发动了侵华的甲午战争。"始于幕府末期的这一传统,贯穿于整个明治、大正、昭和时代。日本科学技术总体的异常贫困和一部分的畸形发展,终于导致了太平洋战争的爆发"(汤浅光朝《科学文化史年表》)。而最后垄断资本的形成又使极少数的财阀与政权合流,形成"金钱政治"的格局,从而使日本政治屡屡陷于危机之中。

日本近代化的实质,说到底是一个如何对待外来文化的问题。日本对外来文化的摄取过程,给予我们一个深刻的启示,这便是,外来文化的摄取一定要与本民族固有文化的长处相结合,要适合自己的国情。

不同的文化类型都形成于不同的环境之中。因此,在文化交流中一定要保持文化的独立性与适应性。日本从明治维新到第二次世界大战之后,其文化取向形成了从"脱亚入欧""和洋折中"到"准美国化"的运行轨迹。

面对充满诱惑力的西方文化,明治政府最初提出了"脱亚入欧"的"外国万能主义"的口号。不考虑实际国情,把文化摄取当作文化移植,倡导一种完全西洋化的"鹿鸣馆文化"。当时曾任过文部大臣的森有礼甚至主张"改英语为国语"。这种"脱亚入欧"的文化取向很快引起国家经济与国民道德的混乱。于是政府不得不结合日本现存文化的实际,采取一种"和洋折中"的文化选择,形成外来文化"日本化"的特色。这种文化折中论不同于明治初年"明六社"所主张的那种"东洋道德,西洋技术"的简单界定,而是强调外来文化与固有文化的一体性。而二战之后,日本在战败的屈辱与外力的压迫下,最后走上"准美国化"的道路。结果,虽说其社会发展迅速,但其文化的模仿性与政治的附庸性都十分明显。

从这部书中,我们可以了解日本近代化过程中的一个难能可贵的成功经验。即"教育立国"之大计的制订与实施。

"教育立国"是明治维新以后一直奉行的根本国策。在近代化的过程中,决策者们认为人才的培养是社会发展的关键,而人才的培养又必须依赖教育。因此,日本各届政府都极其重视对教育的改革。推行全民义务教育,提倡尊师爱生,尤其重视学生的品德教育。当然,其德育的内涵具有很浓的封建色彩和军国主义气息,但这种教育模式还是可以有所借鉴的。

在日本百年来的文化选择的过程中,有许多成功的启示,也有许多失败的教训。这都是值得我们去认真加以研究和分析的。

由于国情与价值观的不同,此书中有许多观点是我们所不能苟同的。虽说"他山之石,可以攻玉",但文化的摄取中还往往有"逾淮为枳"的现象。尽管如此,仍不妨从中去感受一些什么。而此书中翔实、丰富的资料也可以作为我们研究有关问题的背景材料,来加以分析利用。

1989 年 4 月 1 日于吉林大学

前　言

一、本书的着重点是对思想史的考察；对外来文化摄取史实的探讨，专门让位于注释中引用的诸先学的成果，本书只限于概观其大纲。

二、本书中有些地方虽然涉及攘夷论、国粹主义等主张，但阐明这些思想的全貌不是本书的目的，有关这方面问题让位于以这些思想为主题的其他研究。

三、只说"西方"而未考虑其中英、德、法、美等国的区别，原因之一是很多地方（从问题的性质上看），不一定有必要加以区别。但多少应该涉及而又未能涉及的，却是因著者力疏，不得已而为之的。

四、本书的主要部分，因主题性质的限制，自然像我们所见到的那样，是以幕府末期乃至明治初期的问题为中心。但目标所向，正如书名所示，是包括整个国史中的外来文化问题的，它不同于世上的所谓维新史或明治文化研究。这一点希望读者能充分理解。

五、这样的目标虽然不一样，但在资料方面，却无论如何也不能不与维新史和明治文化研究相通。可是，对于像著者这样的不是这方面的专家的人来说，彻底地搜集利用这方面众多的未公开或公开发行的珍贵文献资料是极为困难的。本书的资料之所以专以流传的文献为主，时时标明出处，而且也不排斥间接引用，就是基于这个原因。

六、资料的搜集如前所述，但明治以后的资料如汗牛充栋，终不是我浅学之辈一朝一夕便能涉猎的。因此，我选取的主要材料，是以欧化主义及国粹主义为核心思想的机关杂志中的文章,另外也参考了个别的单行本,并未参考其他报纸。

七、介绍过去的思想时,还是让过去的文献自我表现为好,但舍去与文章有微妙联系的思想的危险很大。从这种想法出发,著者在著作中不顾烦琐之嫌而多引用资料。这会导致本书的大部分都是引用的内容,我这么做是因为本书的资料之中确实含有不少在今天仍不失生命力的必读文字,愿读者能体察著者的立意所在。

八、资料的引用尽可能避免重复。前一章节引用的文献,即使是适用于后一章节的资料,也大多割爱了,所以请读者随时参照前后文。

九、引用文献的底本大多省略了,并未逐一标注。但是,原则上以下面丛书全集中收录的内容为主。若有重复的版本,则选择最合适的版本。主要涉及的书如下:

《新订增补国史大系》《正续群书类从》《续续丛书类从》《五山文学全集》《日本名著全集》《日本随笔大成》《日本随笔全集》《日本经济丛书》《通俗经济文库》《日本伦理汇编》《日本书论大观》《文明源流丛书》《正续异国丛书》《海表丛书》《长崎丛书》《漂流奇异全集》《异国漂流奇谭集》《大日本古文书》《日本史籍协会丛书》《明治文化全集》《明治大正文学全集》《现代日本文学全集》《岩波文库》《佛教大师全集》《弘法大师全集》《道元禅师全集》《日莲圣人全集》《山鹿苏行全集》《新井白石全集》《益轩全集》《慈云尊者全集》《本居宣长全集》《平田笃胤全集》《上田秋成全集》《橘守部全集》《田能村竹田全集》《梅园全集》《帆足万里全集》《前野兰化附录著译篇》《磐水存响》《磐溪先制》《峰山全集》《高野长英全集》《佐藤信渊家学全集》《象山全集》《松平春岳全集》《桥本景岳全集》《吉田东阳遗稿》《吉田松阴全集》《东行先生遗文》《大桥讷庵先生全集》《大国隆正全集》《横井小楠遗稿》《栗本锄云遗稿》《伊达自得翁全集》《海舟全集》《大西乡全集》《西周全集》《西周哲学著作集》《正续福泽全集》《敬宇先生文集》《鼎轩田口卯吉全集》《集山存稿》《羯南文录》《植村全集》《内村鑑三全集》《透谷全集》《冈仓天心全集(六艺社版本)》《二叶亭四迷全集》《欧外全集》《漱石全集》《荷风全集》。

十、本书开始准备执笔是在昭和十七年初，大体完成于昭和二十年三月。恰好与太平洋战争持续的时间相同。随着战争的激化，阅览资料逐渐困难，加上著者患病及其他障碍，工作是极为艰难的。尽管准备不充分，但还是大致完成了。在执笔本书稿时，耳边不断听到室外传来的有如失去理智的愈来愈高涨的排外思想的风暴声，整本书，包括最后的引文，都寄寓着作者当时难以抑制的感情。然而今天时势一转，觉得当时因反感而加以抑制大有必要，这姑且不论，想到本书也有其意义，才敢于使之问世。读者若读本书，倘若怀疑著者过于恳挚地说出了心中的话，那也是因为想起本书是上述时期完成，由于上述一些情况才欲罢不忍的。所以请读者谅察。

昭和二十一年新春

绪论——外来文化摄取史概说

第一章
日本文化史的一个特征及其由来

众所周知,历史的发展会受到其地域方面的地理风土条件的限制。日本历史中的外来文化问题之所以至关重要,究其最终原因,正是受到地理位置的限制。自古以来,日本传统的领域是横卧在东亚旧大陆东端海面上的列岛,在美洲大陆出现在世界舞台上之前,它可谓地处世界的最东头;与曾为西方文化发源地的所谓的东方及其成熟地的欧洲相距甚远,就连与同为东方文化源泉的印度也是遥远地隔绝着。虽然同东方文化另一发源地中国的距离较为接近,却还是同中国一海相隔。日本这样的地理位置,从日本民族历史的初期开始就给予其内容以很大的制约。这可以说是日本文化后进性的一个特征。

同世界文化诸发源地的距离以及海洋的隔离,使日本同世界诸文明的发展或则毫无关系,或则迟缓乃至限制了它的冲击,结果日本文化比起其他各国的文化来,发展难免显著地迟缓。然而,从另一方面来看,日本同欧洲的距离可算作另一种隔绝,但同中国的关系则只限于一水相隔,其与幅员最广大的东中国海,甚至同中华文化圈朝鲜半岛之间,也不过是夹了一条极为狭窄然而却点缀了许多联络岛屿的海峡。不像太平洋、大西洋那样,海洋的这种程度的隔离,反而因大海而有利于联络。何故呢?水路运输在古代是比陆路运输更有效率的,因为与峰峦迭起的大山脉和漫无边际的大沙漠的隔离不同,海洋常常给予交通以可能性。于是,文化就像水从高处往低处流一样,中国大陆的先进文化基于这两种情况不断地流入日本列岛。文化的移植并不只取决于固有的地理关系和文化程度的高低，它还依赖于接受一方的态度，这是毋庸置疑的，正是在这一点上，我们民族的摄取意识是非常积极的，上述的地理条件也就愈发显示出功效。与欧洲的距离及隔绝也因交通技术的进步而逐渐被克服，终于和传入的中华文化相并列，进而超越其上。日本文化的这种发展与中国大陆文化相比，任何时候都是落后的。经常吸收先进文化并受其影响，可谓日本文化具有的第二个特征。①

在促进日本文化史发展的大大小小的众多因素中，外来文化之所以占有最重要的位置，正是基于上述事实。不过今天回头去看，联络可谓方便了，海洋的间隔依然存在却未造成隔绝。以直线距离来看，在以中国文化为中心的距离上，尽管日本和朝鲜没有太大的差别，但朝鲜却由于中国文化的流入，完全变成了该文化的殖民地。② 但是，日本文化却没有被中国文化压倒。海洋的隔离制止了中国大陆政治经济的出入，确保了日本国家的独立；同时，中国大陆文化的接触及输入也受到了一定的限制。因此，应该理解的是，外来文化的洪水并没有妨碍日本自身文化的成长与发展。事实上日本和中国大陆文化的接触，只是靠搭船渡海的若干人及其货物，日本民族的生活并没有和中国大陆民族的生活全面接触。因此，可以理所当然地说日本文化和中国大陆文化都是独立地按照自身的规律发展的。另外，日本文化同西方文化的关系，由于海洋和距离这两个障碍，恐怕也可以同等看待。当然在这一点上，地理条件除外，民族性或政治状况等复杂的历史条件也可作为重要理由，这是毋庸置疑的，将地理性的隔离看成最大的根源是错误的。所以，不断受到外来文化的影响是日本文化的事实。同时，固有文化为了维护自身的文化而与外来文化发生种种关系，这又形成了日本文化史的第三个特色。

---

① 同中国相比，这一特征更为明显。日本对西方文化的理解、向往、摄取和同化都怀着真诚的目的。中国则相反，无论它有无日本那样的闭关锁国的时代，也不管它接触西方文化多么久远，都缺乏认识近代文化价值的能力，把科学的利器视为玩物，洋书的汉译也一律委托西洋人着手，缺少自己深入学习的热情，长时间内不积极地着手摄取近代文化，极大地阻碍了国家的发展。

② 在朝鲜，也并非没有新罗的婚姻习俗和李朝谚语中所说的独特的文化，但概观朝鲜文化史，如果说它始终隶属于中国文化，却一点儿也不过分。例如儒教的输入，脱离开中国特殊的社会条件而实行毫无意义的礼仪，就不仅仅是儒教对朝鲜的同化，而是歪曲似的将朝鲜人的生活就范于儒教礼义。（参照中村荣孝的《朝鲜史》新编历史教育第9卷第15页、第49~50页，以及牧野巽的《支那家族研究》二附录一：朝鲜的亲属名称）

作为日本文化史内容上的特色,我们必须考虑到许多现象。在从形式上通览与其他关系的时候,上述三个方面理应在数,外来文化毕竟在日本历史发展中起过或好或坏的作用。排除了对外来文化的摄取及其影响,日本文化史便不能成立;无视这一问题,国史研究也不能成立。然而,它不但在过去是一个历史性的问题,而且现在也摆在我们面前,将来也需要面对,这是一个实践性课题。因为我们日本国民的生活同外来文化的联系从来没有像今天这么密切。因此,正确理解外来文化问题,应该说是为适应国家现实需要而赋予国史学的重大使命。我愿尽绵薄之力着手考察这一重大问题,完全是基于这一实践的要求。从这一立场出发,直接关系到现代问题的同近代西方文化的关系也就成了问题的中心。这里特意将主题限定在这一范围内来加以考察。但为了便于思考这一问题,有必要领会先行的外来文化摄取史的性质。相应地了解全部问题,通过整个历史粗略地通观外来文化摄取的概貌。① 但是,从某种意义上说,研究外来文化几乎等于研究全部日本文化史,这毕竟不是我个人能力所能办得到的。所以,对于这一事实,全凭先学们缜密的研究,我这里只限于鸟瞰那些成果,而研究也限于在这一基础上来考察。具体点说,我想思考的问题是:日本是基于何种想法接受外来文化的,在哪些方面有所需求,在哪些方面有所拒斥。这当然该在结论中使人一看便知外来文化是如何被处置的。具体弄清这一事实是很重要的,但把决定那一实际处置方式的精神态度,放在今天已觉悟了的思想认识上面来加以探讨,也是一项不可缺少的工作。基于此,我们从思想上来加以研究是最为必要的。因为日本人民能够直接把握住外来文化的精神,尤其是这样一个作为我们自身的现实问题而必须联系自己的态度来省察的实践性课题。另外,关于外来文化摄取史的研究,目前已进入极细致的阶段,鉴于思想阐释方面出现了非常轻率的看法,必须从上述立场出发看待问题。我相信这绝不会是无益的。

---

① 为正确阐释本问题,有必要涉及有关异质文化交往的一般理论(以文化哲学及文化社会学为基础的),以及同日本文化、中国文化、西方文化的本质论的密切联系。但本书的目的不是这些理论的研究,而是为这些理论问题提供历史知识。

第二章
古代中世及近世对东方文化的摄取

第一节　日本文化的渊源及其同中国大陆、南洋等文化的关系

　　国史中外来文化问题其实可以追溯到初史时期,即使说日本文化是在同外来文化的交流中诞生的,也并不夸张。这个事实通过近年考古学、人类学等研究的长足进步而越来越清楚了。

　　考古学告诉我们,日本列岛没有旧石器文化的痕迹,但有新石器文化或中石器文化。然而,作为新石器文化的绳文土器文化①在日本形成之后,日本就几乎不和海外交往,在列岛内部经过数世纪才取得了自身的发展。其后,以所谓弥生式土器为特征的农耕文化代替了绳文土器文化。公元前12世纪左右,从中国大陆传来了金属器文化。与此相伴,日本民族的社会经济、文化生活各方面出现了划时代的巨大变化。国家的建立也被看成是这一变化的伴随现象,由于外来文化的影响,日本历史也拉开了舞台的帷幕。

　　那些黎明时期日本的遗物遗迹,其内容特性在不少方面都涉及同四周各民

---

① 译者注:绳文时代,是日本石器时代后期,这是一个使用绳文式陶器的时代。国际学术界认为,绳文时代始于公元前12000年,于公元前300正式结束。日本由旧石器时代进入新石器时代。

族的关系。① 例如,石器时代人们所喜欢的头部变形、拔掉牙齿以及身体变形的加工,便与南洋一带原始民族中的习惯相同;其主要居住形式的坚穴住宅,也可以从以御寒为目的的北方民族中寻求到源流,与此相反,弥生式文化时代中产生的高床住宅,则与南方民族的方式具有相似性。在初期的农作物方面,米类等南方谷物和麦粟稗等北方作物同时并存。在农具方面,鼓胴形的臼和棒状的橡木杵从亚洲的东南方输入到北海道,石刀则分布在内陆的朝鲜、满洲及东南亚的广大区域,这显示了它输入到日本的途径。在神话、风俗、民间信仰等无形的文化方面,北方亚洲大陆系统的要素和南洋系统的要素同时并存。② 但是,这些黎明时期的文化系统在求诸海外的同时,在许多情况下都显示出具有这一文化的民族的当地性,或是这一文化的原始性。所谓外来文化,是以现存的日本民族和其文化为前提,吸收了海外传来的新的文化要素的,因此它属于日本民族及其文化自身的源起而不是其他。所以上述现象绝不能作为外来文化问题处理。

然而必须注意到,在黎明时期的文化中,它所包含的明显不是日本民族而是异民族文化的事实。例如从金石并用期的遗迹中出土的王莽时期的货币,正表明汉民族文化传到过日本,从中可以毫无疑义地认识到中国文化的影响。一个显著的现象是公元前后中国民族势力东渐,特别是公元前108年汉武帝征服朝鲜北部所带来的影响不容轻视,在其设置的乐浪郡中汉文化高度繁荣,其余波远及日本。《汉书·地理志》中记载有日本人和乐浪往来之事,日本就是这样通过朝鲜半岛输入中国大陆文化的。通览古坟时代的考古学的遗迹,存在着许多中华镜、环头大刀、高塚式古坟、甲胄、挎带、玻璃制品等大陆舶来品乃至仿制品,其中也含有像挎带、龟甲之类的北方文物和玻璃制品的西亚文物。③ 这些足以证明当时文化中外来要素的显著普及是难以否认的事实。

---

① 八幡一郎:《绳文式文化》,《日本文化史大系》第1卷,东京:诚文堂新光社,1938年。樋口清之:《日本原始文化史》,东京:三笠书房,1939年。
② 松本信广:《日本上代文化和南洋》,《印度中国的民族和文化》,东京:岩波书店,1942年。
③ 后藤守一:《日本考古学》,东京:四海书房,1942年。后藤守一:《古坟文化》,《日本文化史大系》第1卷,东京:诚文堂新光社,1938年。梅原末治:《日本考古学论考》,东京:弘文堂书房,1940年。齐藤忠:《日本古代文化和朝鲜古代文化》,《朝鲜古代文化的研究》,东京:地人书馆,1943年。

但是,同时不应忘记的是:同化这外来文化的巨大力量和在同化作用中发现的浓厚的独立的要素。镜、铜剑、铜铎等各种日用品,武器、乐器都丧失了实用的意义,而被当作宗教的祭器。这也许是在传入过程中忘掉了原来的用途而没有显示出接受态度的自主性,但在不少方面也明示出对舶来文化自主地改造、同化的痕迹。营造的高塚和大陆的不同,其前方后圆的外形特点,完全是日本独创的风格。其内部构造,也可在与其他整齐的墓室不同的独木舟的形状中,联想到我们传统的船葬[1]思想。[2] 仿制的镜子也将中华镜尖锐的线条变得柔和,其图案刻的是反映独特生活的图画,纯然变为一种日本趣味的表现,这是最值得注意的。[3] 可以认为,日本的石器文化,由大陆传来,在日本列岛上经过一次培养之后,又长久地与中国大陆隔绝,经过漫长岁月的独自成长,其结果也显示出在世界任何地方的石器文化中几乎都不能看到的高度的发展。后来新的大陆金属文化传入日本,为了不被压倒,于是又筑就了更加强固的传统。前一章里谈到的靠外来文化和固有文化的联系而形成的日本文化史的第三个特征,就是在和第二个特征的共存中发现的,这可谓是极有意思的事实。可是在这个时代中,对外来文化的摄取是在怎样的思想下进行,摄取的外来文化又是依靠怎样的意识加以处理的呢?流传下来的史料并未提及,有限的物质遗物也无法证明。镜、剑、铎等实用工具被当作宝物,或许是因为极度重视舶来品,这能够看出对外来文化的一种朴素的倾慕心理。

第二节　对中国文化及佛教文化的摄取

前一节已经表明,无论怎样追溯,日本历史上也不存在未曾摄取过外来文化的时代。依靠通常的思考方法,在使用"固有文化""外来文化"等词语时,固有

---

[1] 译者注:船葬,是中国南方古代一些少数民族的葬俗。因以船形棺为葬具,故名。
[2] 梅原末治:《关于本邦上代高塚的内部构造》,《日本考古学论考》,东京:弘文堂书房,1940 年。
[3] 和辻哲郎:《日本古代文化》,东京:岩波书店,1925 年。

文化是全靠独创而建立的不受外来文化影响的文化,并设想了这样一种发展公式:固有文化首先存在,而后开始摄取外来文化。

但不少考古学的研究成果已经证明,在国史初期寻求有局限意义的固有文化及固有文化的时代是不可能的。从文献方面考虑也可得出同样结论。据《古事记》和《日本书纪》记载:当时日本与海外各国的交通是以一个特定时期的事件为动机而开始的。但有关日本的现存最古老的文献史料《汉书·地理志》记载了日本使节往来中国大陆的事实,在文献的世界里也不可能追溯到没有交往的时代。既然有交往就会有舶来的文化,便是一种理所当然的预想。但是,遗物证明国家草创时期外来文化的影响不一定就是全面性的。因素姑且不论,外来文化在国民生活的位置、机能及其发展形态方面是得到极自由的处理并完全同化了的。国民并未把这些外来文化当作特殊的存在,其生活也并未受到制约。思想及其他无形的精神文化由于没有作为这个时代的产物而被精心保存,所以很难做出判断。但比较好地表现了古代国民心灵的《古事记》,除部分附加成分外,大体上也可以从中看到一点受到中国思想影响的事实。①

综合国内外文献而言之,日本的政治势力很早就伸展到朝鲜南部,这一关系因辛卯年(391年)的出兵而进一步强化。与此同时,经由朝鲜输入的中国大陆文化开始盛行。又据《魏书》《宋书》《仁德记》所载,其时,日本已与北魏和南朝进行政治交往,因而也可直接移植中国文化。应神朝《论语》《千字文》传来的传说姑且不论,至少在隅田八幡镜铭产生的癸未年(一说503年)左右,一部分知识阶层可能已开始使用汉字。就这样,中国文化或经由朝鲜半岛或直接输入,虽然缓慢却不曾间断过。但是,从钦明朝到推古朝时期的交往,却突然来了一次飞跃。我们可以将这一时期划为摄取大陆文化史的较大的区分点。这之前可称为摄取大陆文化的准备期,这之后可称其为真正摄取的时代。

摄取大陆文化的这一飞跃发展,首先在于作为大陆文化媒介的朝鲜半岛移

---

① 家永三郎:《日本思想史中的否定的逻辑的发展》,东京:弘文堂书房,1940年,第9页。

植中国文化的能动性。其中尤以《梁书》中所见的百济①的情况为代表,结果是从百济等地向日本传来了佛教、儒学、阴阳历法、医学、建筑及其他技术。其次是在圣德太子建立的国政机关中,摄取佛教文化和中国文化是作为国家的事业而在强烈的意愿下开始的。此前,摄取外来文化本来也是我们敢于希求的,但多数情况都是接受别人送来的贡人贡物,停留在消极的态度上。现在则是主动派遣留学生、学问僧,积极地学取他人的文化。这一点不仅与前代的摄取状态相比发生了显著的变化,而且更引人注目的是,过去多停留在形而下方面的外来文化因素开始渗透到形而上的世界中来。而形而下世界中的因素也迅速地发展,以新的佛教文化及中国文化为内容的外来文化的异质领域构成了日本文化中的一个领域。其中历来的外来文化都限定在以中国为中心的东亚文化方面,而新的源于印度的佛教及其文化的加入则具有特殊的意义。不过宁乐时代婆罗门菩提之类的印度僧人来朝的例子很少,虽然也有人研究梵文等印度学,但是传到日本的佛教却是明显被中国化了的附属文化,因此不宜将它作为印度文化来看待。我以为只有从与中国固有文化本质不同这一点上来说,把佛教文化同中国文化作一种大体的区分才较为妥当。这样开始的大陆文化的摄取过程虽有若干变化,但到平安朝前半期大体上是沿着这一基调继续的。平安中期以后(此时,唐朝已经灭亡),摄取大陆文化的热情一时减退,但从平安末期开始到中世对宋元明文化的希求再度活跃,其倾向持续到中世将要结束时的室町时代的前半期。总之,可以把古代中世称之为中国文化、佛教文化的摄取期。

但是这一摄取是靠什么方法进行的呢?隋唐期间有官方的外交,除日本派出遣唐使及随行的留学生、学问僧积极汲取中国本土的文化外,还从同新罗、渤海国的交往中学习流传到那里的中国文化和佛教文化。特别是在新罗,佛教十分发达,因此去新罗留学的僧侣络绎不绝。再从消极方面来看,来朝的使节及其所携物品的接收、归化人的安置等都在某种程度上达到了同样的目的。进入宋

---

① 译者注:百济,是古代中国东北的扶余人南下在朝鲜半岛西南部地区建立起来的国家,是朝鲜半岛"三国时代(百济、新罗和高句丽)"的一国。在唐朝的时候投靠日本,660年被另一个叫作"新罗"的国家借助唐朝的势力打击而灭亡。

代,官方的国家交往虽然中断,但是商人、僧侣的个人交往却仍在进行,直至元代这一关系也未改变。元朝以日本为敌,彼此的政治关系出现了对立状态。唐朝与日本因为救援百济的事情而发生干戈,在元朝时忽然恢复了和平外交,并且同与日本有敌对关系的新罗在文化方面也有紧密的交流,同样日本和元朝之间私人的文化往来也有别于政治经济方面的情况而继续存在。在元朝时,来中国的僧侣大约有200人。① 进入明代,足利幕府与明朝廷开始了官方的政治经济交往,但由于这一交往主要由五山禅僧承担,他们所需求的文化产物也随之移入。这样,通过宋、元、明三代,外面的货物、学问和艺术及其文化陆续流入日本。

正如我已经说过的那样,与中日文化的交往相关联而派生了与新罗、渤海等国的交往,但高丽取代新罗统治朝鲜半岛时,日本文化已相当发达,因此对与新罗的关系并不怎么关注,不过也存在从高丽补充所需佛典的事实。除此之外,在宁乐时代有天竺僧、波斯人来朝,平安末期有与契丹的贸易②和辽僧著作的舶来③。但这些情况是特例,大体上对大陆文化的摄取还应该说是以中国为对象进行的。

然而,宋代以后摄取的称为佛教文化的东西是明显地中国化了的,或不妨称之为大部分是中国文化。但在唐代情况则多少有些不同。佛教在本质上并没有中国固有的思想,区别在于与其相伴随的艺术或宫廷文化中含有浓厚的西方的因素。因为唐朝广与四邻往来,是中国历代受外国文化浸透最深的王朝,其文化自然富有世界性因素。继承了这些的日本的飞鸟宁乐时代的新文化,也当然含有同一因素。例如在当时寺院艺术的遗品和作为正仓院御物④而传下来的日常用品中,可以承认有从印度、西域、中亚、波斯传来的源于希腊、罗马的样式,事实

---

① 辻善之助:《海外交流史话(增订版)》,东京:内外书籍,1940年,第257~296页。
② 常磐大定:《日本平安时代日本僧侣的入辽》,《东方学报》第11期,东京1940年3月。
③ 塚本善隆:《日本遗存的辽文学及其影响》,《东方学报》第8期,东京1936年10月,第275~352页。该作品已经确认了《辽僧非浊》这一著作在日本流传的事实。但是,这一著作的作者是把此书当作佛教著作来出版的,而并没有意识到这本书是关于辽文化的。
④ 译者注:正仓院是奈良时代的仓库。756年,圣武天皇驾崩,光明皇后将天皇日常用品及珍藏物品交东大寺保管,东大寺把这些遗物收入正仓院。这里的收藏品数量大,种类多,有许多是从中国及亚洲其他各地传入的,对研究当时日本的对外文化交流,具有重要价值。

正好说明了这一道理。① 这种世界性品质在唐末进入宋代时期渐渐消失,逐渐变成纯粹的中国风格。但藏经中所含的西方的传说尽管只是文字上的,却永久地流传下来,至日本中世末期,文艺中被遥远的西方因素所歪曲变形的内容还屡见不鲜,②看过之后难以忍受。

概观通过这种途径移植过来的大陆文化的内容,首先是在佛教文化领域中,飞鸟宁乐时代有六朝及隋唐的佛教思想和寺院艺术。亦即梁代的涅槃系宗学,隋唐的三论、法相、华严、戒律等教学,阿弥陀、弥勒、观音等信仰。各种佛式礼仪流传,佛殿、塔等寺院建筑、佛像、佛具连同制作技术也随之传入。进入平安时代,天台、真言等新宗教思想及礼仪和附属的曼陀罗等其他新艺术也输入进来。至平安后期,由于中国佛教的衰微,佛教文化的舶来一时停顿。但在镰仓时代再度兴盛,以禅宗为首的戒律、净土等思想的移植颇为盛行。新移植来的禅宗在所有的方面都是借鉴了中国早先的规则。但日本佛教界内部开始形成的新宗派仍与中国佛教界的动静密切相连,这从亲鸾的真宗受到宋代净土教的很大影响一例即可察明。③ 与此同时,通常被称为唐代天竺式的中国建筑式样和抄袭似的新的佛教美术、《宋版一切经》④的印刷文化业已齐备,特别是由于禅宗以强制遵守典型的日常生活样式为宗旨,因而伴随着禅宗的盛行,中国僧堂中的禅僧的生活样式得以全面传播,结果各种各样中国风格的文物也传入日本。

其次,在中国文化领域中,以儒教为主的中国经典学问从很早就流传下来,而日本从大化革新前后由于特别摄取了中国的法制,才开始了建立律令国家的运动。与此同时,儒教思想、阴阳之道、医道、宫殿建筑、宫廷美术、音乐服饰以及涉及韵文散文的汉文学等以非常势态风靡于知识阶层。进入平安时代,对法制

---

① 伊东忠太:《关于飞鸟纹样的起源》,《考古学杂志》第 1 卷 4 号,东京 1910 年 12 月,第 227~232 页。三宅米吉:《法隆寺四大天王纹锦旗和埃及的古裂纹样》,《考古学研究》,东京:冈书院,1929 年,第 13~14 页。田边尚雄:《关于正仓院乐器的调查报告》,《帝国博物馆学报》第 2 册,东京 1921 年 7 月。原田淑人:《通过正仓院御物看东西文化的交流》,《东西交流史论》,东京:富山房,1939 年。
② 津田左右吉:《文学中体现的我国国民思想的研究》,东京:洛阳社,1919 年,第 221~223 页。
③ 春日礼智:《影响亲鸾教学的宋代净土宗》,《中国佛学史学》第 5 卷第 3,4 号,京都:法藏馆。
④ 《宋版一切经》是中国宋朝时期传到日本的所有经书,现藏日本的兴福寺,被评为日本的国宝。

体制已崩溃的中国文化的崇拜逐渐失去了热情,但以汉学为正统学问的态度仍未改变,直到明治初期仍然延续着这一风习。①

再次,由于宋代以后禅宗将中国风格的生活方式和附属文化大量地带进日本,中国文化以禅宗文化的形式流行于日本中世社会中。思想界中宋学的传入,文艺界中称之为五山文学②的汉文学的流行,美术界中宋元模式的水墨画的勃兴,技艺界中宋金医学的学习等,都是属于作为禅宗的副产品而摄取的新文化。而茶、砂糖、馒头、豆腐等其他食品及作为主要食具的陶瓷制品也传入日本,影响到饮食生活的风格。③ 可见,大陆文化的影响几乎从未绝迹。④ 它同朝鲜棉花的输入明显引起日本人衣饰生活及产业界的一大变化,和宋钱明钱的输入及其在国内的流通对日本货币经济的发展起到了显著的作用⑤一样,标志着对海外文化的摄取从未局限在贵族社会乃至知识阶层,⑥这一点应该得到重视。

古代中世佛教文化及中国文化移植的概况的确过于简略,但是简言之可谓以佛教文化为主,以中国文化为辅。圣德太子之后的佛教在日本社会思想文化界中占有最重要的地位,在中世对一般社会生活直到经济界都进行过指导性的活动,因此可以毫不夸张地说,一切文化都是以佛教为中心展开的。对外来文化的摄取也是这样的。但是如前所述,与唐代佛教相比,宋代以后以禅为主的佛教完全被中国化了,所以佛教文化实质已在外在形态上转化为包含其他中国文化的纯中国风格的文化,这同佛教在国内指导性地位的崩溃和世俗精神的优势化相呼应,乃至进入中世,佛教文化在外来文化领域中丧失了优越的地位。近世对外来文化的摄取,包含着与西方文化的往来,所以不可与古代中世相提并论。但是,如果只考虑吸收的东方文化的话,我们发现,除了黄檗宗的传入,全部都是中

---

① 因此,汉语词汇不仅丰富了国语的词汇(参照山田孝雄的《国语中的汉语研究》),而且对文脉产生了一些影响(参照山田孝雄的《通过汉文训读传入的语法》)。
② 译者注:五山文学,指的是日本汉诗文。先后在禅僧(特别是镰仓五寺、京都五寺的禅僧)中兴盛起来,进入全盛时期,统称为"五山文学"。
③ 辻善之助:《海外交流史话(增订版)》,上海:内外书籍,1940 年,第 350~351 页。
④ 小野晃嗣:《本国木棉机业成立的过程》,《史学杂志》第 51 编第 8 号,1940 年 8 月。
⑤ 秋山谦藏:《日明关系》,《岩波讲座日本历史》第 3 卷,东京:岩波书店,1933 年,第 73~77 页。
⑥ 柳田国男:《木棉以前》,东京:创元社,1938 年,第 3~7 页。其他出版信息不详。

国文化，并不见其他文化。

近世中日关系初期仍是倭寇时代的延续（文禄庆长之役①可看作它的最大形态表现）。江户时代专事锁国，严禁交往，不准日本国民坐船到中国，只限长崎一港允许清船入港，通过船上的人及货物才接触到其他文化，所以摄取文化也只限于这种极狭隘有限的形态。但尽管如此，长年累月之中也还是带来不少其他新文化（从朝鲜摄取的是作为文禄庆长之役副产品的印刷、陶瓷技术，其他方面则看不到，因为日本文化已经远远超越了学习朝鲜文化的阶段）。学术界清朝考证学、类书编纂学的影响，②文艺界中国俗语文艺的流行，③美术界中国画谱的舶来及输入的国家绘画作品等，④都是很明显的例证。然而，这一时代同中国文化的关系存在一个最重要的方面，亦即比起和那些所谓新来的文化的关系来，日本内部文化发展的结果，是自己创立的代替了佛教的儒教，垄断了知识界，在学术教育等领域全面培养了隶属于中国思想的风气。江户时代的儒学在这一时期并不是从外面新移植来的，其内容也没有汲取宋学本身的形态，但只要它在任何方面都离不开儒教思想的祖训，就一定是吸收了中国文化。而且，这个现象一直持续到企图摆脱中国思想影响的时候。日本脱离中国文化的影响是在明治以后，其形势至今还未完全消除。

由于以上原因，我们可以确定，日本对中国文化及佛教文化的摄取，几乎贯穿其全部国史。那么这种摄取来的外来文化对日本固有的乃至独特的文化给予过何种影响？对国民生活、国史的发展起过怎样的作用？这在国史学中是比摄取这一事实更重要的问题，相对说来又是个难解的课题。

首先，从佛教文化与固有文化（这里所说的固有，当然不是绝对的一点也未

---

① 译者注：文禄庆长之役即万历朝鲜战争，中国称之为朝鲜之役，是指在16世纪末发生于朝鲜半岛的局部战争，前后持续7年。
② 中村久四郎：《对近世中国的日本文化的势力影响》，《史学杂志》第25编第2号，1914年2月。（译者注：本书作者在标注时，该论文的作者写的是"中山久四郎"，但是译者查明，作者的姓名应为"中村久四郎"）
③ 青木正儿：《国文学和中国文学》，《中国文学艺术考》，东京：弘文堂书房，1942年。石崎又造：《近世日本中的中国俗语文学史》，东京：弘文堂书房，1940年。
④ 中村久四郎：《对近世中国的日本文化的势力影响》，《史学杂志》第25编第2号，1914年2月。

受到外来因素影响的意思)的关系去考虑,因佛教的输入而直接受到影响的是作为固有宗教的神祇祭祀的风气,但多数情况则是对世界性宗教的容纳经常引起它们与民族宗教的纠纷。与西欧那样前者完全歼灭后者的例子相反,在日本,佛教信仰的兴盛却不曾阻碍过神祇信仰。相反,佛教的兴盛反而更加强化了神祇信仰,①二者竞相繁荣,大势所趋直至宁乐时代。② 此后随着本地垂迹说③的发展,神佛两种信仰接近融合,呈现出一种神社里有塔、寺院中有鸟居④的这种互为颠倒的状态。但尽管如此,从伊势神宫⑤拒绝僧徒参拜的例子推断,神佛信仰的本质并没有完全埋没在佛教信仰之中,这一点不应该忽视。

从民间信仰方面来看,佛教向民间生活的浸润普及,与固有的民间宗教在某些地方被佛教所降服的现象相反,佛教只有与农耕、葬祭等不具佛教本质的民族宗教的礼仪咒术妥协才是有可能普及的。⑥ 这种固有文化的强韧性,从另一方面说明佛教文化在国史中的作用受到极大的限制。佛教的观念形态和日本的思维模式归根结底是不一致的,这就导致现代的佛教在文化方面的衰落。

但是,如果固执于这种说法,全面否认佛教在国史中的意义,那也过于轻率了。假如佛教本质的思维模式与国民传统的思维模式不同在于把握人生真谛的原则不同,那么作为普遍性宗教的佛教,它就有别于印度与中国佛教的特殊性,具有吃透日本国民心理的能力。不依靠民间信仰与政治要求的妥协,而靠其实质性理论的地道的发展,也能建立起作为日本佛教的独特地位。日本净土教的发展就是一个典型的实例,即使它达到顶点时,也与印度佛教、中国佛教带有完全不同的特色,并未丧失佛教的根本立场,结果反而向迄今为止日本国民眼中不

---

① 译者注:神祇信仰,是指信仰多种神灵,其中有道教的神仙、佛教的观音、自然界的精灵,而更多的则是民间神祇。
② 家永三郎:《飞鸟宁乐时代的神佛关系》,《日本思想史中的宗教自然观的发展》,东京:斋藤书店,1947年。
③ 译者注:在平安中期,统治者和贵族将佛教和神道信仰的整合,出现了"佛是神的本体,神是佛的化身"的垂迹思想,神佛融合理论开始形成,出现了本地垂迹说。
④ 译者注:鸟居,是类似牌坊的日本神社附属建筑,代表神域的入口。
⑤ 译者注:伊势神宫是日本神社的主要代表。神社是崇拜和祭祀神道教中各种神灵的社屋。
⑥ 宇野圆空:《日本民间宗教的民族学性格》,《思想》第169号,东京1936年6月,第61~76页。

熟悉的新的精神世界拓展。日本的思想实际是靠佛教才开始从肤浅朴素的世界观上升到立体的世界观的,①所以说佛教的功绩有着不可湮没的意义。

何况更不该忘记:如果排除了佛教所带来的各种文化,日本文化史就近乎于空白。② 尤其是因寺院建筑、佛像佛画等文化的移植,日本真正意义上的美术才开始得以产生。此后,在日本美术的发展中,非宗教的大陆艺术的影响和纯日本技法的诞生,当然也发挥了很大的作用。但不管怎么说,佛教的作用最大,这是无可争议的。尽管佛教文化的精华无可置疑地属于贵族社会,但佛教文化自宁乐时代以来已经在全国范围内普及,这从寺院的分布即可证明。③ 中世之后的僧侣活动和民间教育、交通、经济、金融等方面共同繁荣的事实,也足可以让我们理解佛教绝不仅仅存在于国民生活的某一领域。为什么这么说呢? 因为佛教是宗教,它的贡献在于纯粹的精神世界以及围绕着它的精神文化领域方面。与西方文化在科学及政治经济的领域中必须给国民生活以彻底的改造不同,我们不仅不能否定佛教的教义在人生的宗教及其在艺术领域中的意义,而且也绝不能抹杀佛教过去的意义。佛教思想的精神即使在失去了对其附属文化关心的现代,也依然在国民的精神生活中占有难以抹杀的地位。④

其次,中国文化的影响最大的则在于文字以及文章典籍。日本原来没有文字,借用汉字后才开始能够记述语言思想。敬重汉字汉文的观念之所以在国字国文诞生后还能永久地存在下去,就是基于这一原始的事实。没有文字,日本国民也就不具备靠文章构成的系统的学问,因此,汉学便和佛学一样永远不会失去对日本知识分子权威般的约束。

话虽如此,但是事实上,对于通过文字而获得发展的中国文化来说,汉学是一种观念性的知识,显得很无力。汉学和佛教那种超脱的而且是根源性的世界性宗教是不同的。以现实问题为主要内容的中国文化不能从诞生它的中国国土

---

① 家永三郎:《日本思想史的否定的逻辑的发展》,东京:弘文堂,1940年。
② 辻善之助:《日本文化和佛教》,东京:大日本图书,1937年。
③ 石田茂作:《关于奈良时代的文化圈》,《考古学杂志》第16卷第1号,东京1926年1月,第12~32页。
④ 家永三郎:《作为思想家的夏目漱石及其史学地位》,《日本思想史中的宗教自然观的发展》,东京:斋藤书店,1947年,第219~221页。

及历史的特殊性中摆脱出来,而且缺少近代西方科学文化对待现实的那种普遍性,所以日本文化一方面因中国文化的影响而丰富了内容,并有了新的发展;另一方面则常常脱离中国文化而趋向于发挥自身的特色。每当移植大陆文化的热情低落时,这种倾向就特别得到强化。譬如在最初活跃的摄取期告一段落的平安时代后半期,在中国式的律令法制组织自我崩溃而像藏人[①]政治摄政那种纯日本式法政形态产生的前提下,文字世界便把表意文字的汉字转用为表音文字,连字形也改变了面目,产生了假名,国文的表达方式才获得了自由。与此同时,用假名书写的文艺作品盛况空前,唐朝绘画素材被纳入日本的内容中成为日本绘画的现象也可见到;[②]而在近世,儒教伦理虽然在观念上大振了权威,但与其迥异的人伦生活却得以实践,公然怀疑或否认儒教伦理的思想也已出现,不受汉学束缚的国民文艺的主流转移到以町人的现实生活为素材的日本国文学方面来,脱离了宋元水墨画的中国模式的初期狩野派和宗达派之类的日本画风开始树立。可以说这都是同一种倾向的表现,而且还不只限于藤原时代或近世,在任何时代都是这样。津田左右吉博士历陈日本人的生活与中国人的生活完全有别,中国文化的移植在日本人的实际生活的发展中没有什么了不起的关系,[③]正可谓这方面的真知灼见。其实,像律令制度那样,像平安初期、五山禅僧、江户汉学家的汉诗汉文那样,像朱子学者的道学说那样对中国文化的机械性模仿,在佛教文化中很少有同样意义的忠实学习中国佛教学和墨守中国禅堂礼仪的;况且中国文化的日本化,即使在成功的情况下,也是像假名和日本画一样完全转变为另一种东西。总之,律令条文的修正采用或者旧学派脱离宋学,都缺乏普遍性,很难走出具有客观价值的中国文化摆布的圈子。

对中国文化的摄取比起对佛教文化的摄取,整体上受到了很大的限制,难像佛教的日本化那样具有普遍性意义。加之难解的汉字、空疏的汉文、单一的道德、顽固的人生观、非科学的世界观等,中国文化存在着这些妨碍国民文化健全

[①] 译者注:藏人,是指掌管宫廷文书、总务等事务的官员。
[②] 家永三郎:《上代倭绘全史》,京都:高桐书院,1946年。
[③] 津田左右吉:《文学中体现的我国国民思想的研究》,东京:洛阳社,1919年。津田左右吉:《中国思想和日本》,东京:岩波书店,1937年。

发展的弊害（这在正文中有详细论述），明白这一点非常必要。但尽管如此，如果对摄取的中国思想所给予日本文化影响的积极价值不屑一顾，那也绝不能说是公平的观察。如前所述，没有汉字就不会产生假名，没有汉画就不会有日本画的兴起。不但应该明白中国文化对日本文化的发展做出过如何大的贡献，还要从大局着眼，认识到看上去已经局部发达的日本国文学、《万叶集》和歌，从格调题材等方面是受到汉文学的巨大影响才开始达到那种盛况的。[①] 即使是像紫式部、西鹤近松那样纯日本式的巨匠，丰富的汉文学教养才得以使其作品更上一层楼。依此类推，常常把作为其发展跳板的汉文学隐蔽起来的镰仓时代大和绘画卷中山水描绘的进步，浮世版画的发展，也各自都曾受过宋画与明画的影响。[②] 即使评价不怎么高的江户时代的汉学及其学问的繁荣，也提高了国民的知识水平，占据了功能性难以相容的摄取西方文化的地盘，[③]这类事实仍然是日本文化史发展中不容否定的有力的推动力。津田博士说，中国文化的享受限于贵族阶级，影响到民众日常生活的，即使是贵族的饮食生活也毫无缘分。[④] 但我以为不一定是那样，仅举木棉、钱币、茶、豆腐等例子来看即可证明。

总之，通过对佛教文化及中国文化这两个领域摄取的东方文化，不管是时而无意义还是时而有害，总该承认它对日本国民生活的提高、对日本文化的发展起到了经常刺激而使其蒸蒸日上的作用。日本的地理位置首先决定了日本同中国文化和佛教文化的必然交流。只要以这一不可避免的命运为前提，我们就必须肯定这一摄取的历史性意义。同时，日本固有文化被中国文化及佛教文化所压倒之事，也不像朝鲜和越南那样，这一点无论怎么强调也绝不过分。[⑤]

---

① 家永三郎：《飞鸟时代史》，东京：雄山阁，1940年，第145~146页。
② 藤悬静也：《浮世绘的研究》中卷，东京：雄山阁，1943年，第67~72页。
③ 杉田玄白回顾兰学的发达时说：其实，在汉学启开人的智见之后，兰学才出现并快速发展的。幕末的洋学家多数都是具有丰富的儒教教养的人。
④ 津田左右吉：《中国思想和日本》，东京：岩波书店，1937年，第154页。
⑤ 外来要素与传统的要素永远并存，一方不会压倒、消灭另一方，这是日本文化的一大特色。

第三节　摄取中国文化、佛教文化的思想基础

　　摄取中国文化及佛教文化的事实已如前所述，那么在这种摄取中起作用的是一种什么样的思想基础呢？特别是对从思想史的观点去考虑近代西方文化摄取的人们来说，首先明确摄取东方文化是在怎样的思想背景上进行的，应该说是颇为紧要的问题。为了看到摄取外来文化的思想基础，后来的有关西方文化的情况也同样该说一说，但我以为首要问题是观察最初接触外来文化时对它做出了怎样的思想反应。因为这个反应是基础，它决定了摄取的状态。具体说来，直接接触舶来的海外文物的日本人，或者渡海置身于大陆文化之中的日本使节和留学生们，对大陆文化怀有怎样的想法呢？这些都不大清楚。在摄取东方文化过程中明确记录这一接触时思想反应的资料极为缺乏，仅在《日本书纪》钦明十三年"佛教渡来"条中略知一二：

　　　　天皇闻已欢喜踊跃，诏使者云：朕从昔来未曾得闻如是微妙之法。……乃历问群臣，曰：西蕃献佛相貌端严，全未曾看，可礼以不？①

　　人们倾倒于佛教是因为其艺术的魅力，此类事情有很多（引文内的"从昔来未曾得闻如是微妙之法"是借用金光明最胜王经之文），这已是学界的定论，不能直接被视作客观事实。但这并不妨碍它作为文献提供参考价值，这是在最近的时代设想的当初接触佛教时的感想。另在"推古三十一年"条中有：

　　　　大唐学问僧惠齐、惠光及医惠日、福因等并从智洗尔等来之。于是惠日

---

① 植松安：《假名日本书纪》下卷，东京：大同馆书店，1920年，第115~118页。

等共奏曰……其大唐国者法式备定珍国也。①

这里明确点明摄取中国文化的愿望主要是由它特殊的法制所引起。但《隋书·倭国传》②说：

大业三年，其王多利思比孤遣使朝贡。使者曰：闻海西菩萨天子重兴佛法，故遣朝拜，兼沙门数十人来学佛法。③

由此可知，圣德太子④开始与中国交往是因为有了摄取佛教文化的意图。移植中国法制的愿望，其实是它的副产品。此后，与大陆的交往极为频繁，而记录接受大陆文化或渡航海外之际感想的文献几乎都被保存了下来。平安时代入唐僧的见闻就有相当详细的记录。如圆仁的《入唐求法巡礼行记》、成寻的《参天台五台山记》等。但除了感叹圣地庄严的零散记录，看不到一例从日本人的立场对不同性质的中国文化所作的评价。对当地不同的习俗，《入唐求法巡礼行记》"开成三年十二月二十九日"条有记载："暮际道俗共烧纸钱，俗家后夜烧竹，与爆声道万岁。街店之内百种饭食异常弥满。日本国此夜宅庭屋里门前到处尽点灯也。大唐不尔，但点常灯，不似本国也。"这里除了感想，一点也看不到宣扬其他情感的痕迹。因为当时的僧侣乃至知识分子，生活在大陆文化色彩比较浓厚的氛围中，所以即使接触当地文化也不那么惊奇。尤其是思想完全受中国佛教的思考方法所支配。与那种把中国文化或佛教文化看作是外国文化的想法相比，他们在文化观上忽视了理应注意的异国的不同特质。这是他们思想中中国文化固有论的先入为主，导致的对于继承了唐代佛教的宁乐平安前半期的

---

① 植松安：《假名日本书纪》下卷，东京：大同馆书店，1920年，第239页。
② 译者注：译者查明，《倭国传》出自《隋书》，并不是《北史》。
③ 太田亮：《汉韩史籍中的日韩古代史资料》，东京：礒部甲阳堂，1928年，第101页。
④ 译者注：圣德太子（574—622），是飞鸟时代的皇族、政治家、用明天皇的次子。作为推古天皇的摄政，与苏我马子共同执政。圣德太子在国际局势紧张的情况下派遣遣隋使，引进中国的先进文化、制度。圣德太子笃信佛教，其执政期间大力弘扬佛教。

佛家来说,唐朝是其本土,必然要滋生一切均以唐家的风仪为准绳的态度。在《续日本记》"天平十六年十月辛卯"条中可以看到:

律师道慈法师卒。……著述愚志一卷,论僧尼之事。其略曰:今察日本素缁行佛法,轨模全异大唐道俗传圣教法则。若顺经典能护国土,如违宪章不利人民。一国佛法万家修善何用虚设。岂不慎乎。①

这是道慈的意见。最澄在《显戒论》下卷中引述五台山的度僧制度:

已上唐制度,山中人为国常转仁王等经。日本国何无此事也。②

空海在《奉为国家请修法表》中说:

大唐开元已来一人三公亲授灌顶、诵持观念。近安四海,远求菩提。宫中则舍长生殿为内道场。复每七日令解念诵僧等持念修行。城中城外亦建镇国念诵道场。佛国风范亦复如是。③

这里不外是说,"佛国"唐朝的"风范"对日本佛教的形态显示出了最高的规范。关于中国文化也可以看到同样的现象。《续日本记》"大宝元年正月乙亥"条有:"天皇御大极殿受朝。其仪于正门树乌形幢。左日像青龙朱雀幡,右月像玄武百虎幡。蕃夷使者陈列左右,文物之仪于是备矣。"正如所料,这是因模仿中国官制而开始备文物。另外,在延历二十二年三月遣唐使赐饯之际,宴设一事也依汉法;弘仁四年九月清凉殿之宴的器具皆用汉法;弘仁九年发布告示,天下仪式男女之衣服皆依唐法,五位以上的叙位证书改从汉式等。这些都表明日本宫廷文化思想已完全继承了唐朝风格。从思想方面来说,佛教对于佛家、儒教对

---

① 经济杂志社:《续日本记》,《六国史·国史大系》,东京:经济杂志社,1916年,第261~262页。
② 最澄:《显戒论》,《传教大师全集》,滋贺:比叡山图书刊行所,1927年。
③ 坂田光全:《性灵集讲义》,高野山时报社,1942年,第27页。

于儒家都是具有普遍稳妥性的"圣教",所以没有只把它作为外来思想处理的精神余地。人们会明确区分内典和外典①,但是并不注重区分日本书籍和外国书籍。比如,孔子、智凯虽是外国思想家却被作为"先圣""宗祖"来尊崇。本地垂迹说也只解释为神与佛这两个不同信仰对象的关系,而丝毫没有意识到固有宗教与外来宗教的关系。佛教尤其是禅宗,更是一味煞费苦心地继承大陆禅宗。道元说:

> 大宋国之寺庙哪怕到了末代,万千学道之人中,也有或来自远方或来自当地者。多半都很穷,而今却不惧贫困,只愁还未悟道。或坐于楼上,或坐于阁下,如丧考妣,专心修道。所见西川之僧自远方来,故无所持,仅带二三块墨。西川二三百文钱,于此国仅合二三十文,只可买唐土极差之纸张,做不上一件衣或裤。居室破陋,顾不上悲惨及心中不快。有人云:何不回汝乡里备置用具装来。答曰:乡里甚远,途中空度光阴,恐失学道时光。犹不惧寒而学道。于是大国有能人出。②

> 西天及神丹国人本来耿直。中华使然,教化以佛法。我朝自古人皆少仁智,难为正种,系蕃夷使然,不能不饮恨。且此国出家人不及大国俗人,举世皆惊其度量狭窄,好执非常之功以自喜。如此之辈刚坐禅怎能即悟佛法。曰今年得神示,然日本人尚不仁智,且又迂曲,即使标志正直之法亦不能成甘露,反为毒素;陷于名利之中,难以自拔。③

> 在我国,皇帝的女儿或者大臣的女儿相当于后宫,有的还可以封为皇后。④

> 天竺震旦国者,国王王子、大臣百官、在家出家,朝野男女、百姓万民皆洗面。家宅日用品中也有饭钵。……天祠神庙每天早晨供洗面。……至于

---

① 译者注:内典是指佛教经典作品。外典是指佛典以外的书籍,原指印度其他宗教哲学派别的书籍,在日本主要是指儒学书籍。
② 道元:《正法眼藏随闻记》第6卷,京师:柳枝轩小川多左卫门,1769年。
③ 道元:《辨道话》,《正法眼藏》,东京:鸿盟社,1885年,第25页。
④ 道元:《礼拜得髓》,《正法眼藏》,东京:鸿盟社,1885年。

农夫田夫渔樵翁则不洗面,也不刷牙。日本国国王大臣、老少朝野、在家出家之贵贱,一起不忘刷牙漱口之法,但却不洗面。一得一失。今亦不护持洗面嚼杨枝。①

这在感叹各方面都是宋土之优、日本之劣。毕竟:

可哀,边鄙之境,邪风易扇,正法难通。虽然神丹一国已归佛正法,我朝高丽等佛正法未弘通。何为何为?高丽犹闻正法之名,我朝未尝得闻。前来入唐诸师皆滞教纲故也。虽传佛书,如忘佛法。其益是何,其空终空。②

从上述阐述可以得知:

日本往昔正师未在。……我朝古来诸师篇集书籍训弟子施人天,其吉是青,其语未熟。未到学地之顶,何及证阶之边。只传文言令诵名字。……或教人求心外之正觉,或教人愿他土之往生。惑乱起于此,邪念职于此。……可悲,边鄙小邦,佛法未弘通,正师未出世。若欲学无上之佛道,遥可访宋土之知识。③

强调除移植宋代佛教之外别无他路这种思考方法是最直接的表达。重源并非禅僧,也谈到了入宋的见闻:

彼国人心以信心为先。或道或俗,徒党五百或若干人。如此同时始精进,起猛利之净信,成三步一礼参诣。其路虽不远,或三月,若半年之间,遂其前途,参着之后皆悉奉唱释迦之宝号,一向成奉礼神变之思。实是重殊胜

---

① 道元:《洗面》,《正法眼藏》,东京:鸿盟社,1885 年,第 511 页。
② 道元:《学道用心集》,东京:森江左七,1877 年,第 15~16 页。
③ 同上。

之事也。我朝之人比彼敢无可及之者。可悲可悲。①

赞扬宋人的信仰，慨叹本国人不及，也显示出同样的态度。《源平盛衰记》中说：

> 第廿九代帝宣化天皇时止，佛法未传至我朝，连名字亦未闻。其时无人恐罪恶，亦无人修善行。不知孝养双亲之事，亦不辨心之善，恶无持律斋戒之法，亦无念佛读经之事。②

这里可以看到一种思想，即日本人的道德生活因为舶来的佛教才开始形成。风靡一时的佛教思想作为中世的思想是不足为奇的。禅宗文化则是汲取了中国模式：

> 独吾徒效文字语言于中华之体，习禅之余著文赋诗。山林之乐也。然辞有和习，字亦入和样。令中华之人观之，则皆云其间文字也。焦坚大士壮岁南游，与文人交流，其诗也文也笔迹也，与彼山川风物争其壮丽。明人跋其薰，曰：虽吾中州之士，老于文学者不是过。且无日东语言气习，而深得中华之所传也。③

可见这是夸耀没有日本味。《尺素往来》中说：

> 虽为日本画，圆心、金冈、殿主、都官之真笔者，不可劣于唐人。④

这是把追随唐人当作艺术的理想。一切都以大陆文化为唯一的价值评判标

---

① 藤原兼实：《寿永二年二月二十四日条》，《玉叶》第 2 卷，东京：国书刊行会，1907 年。
② 太田黑克彦：《法皇三井灌顶》，《源平盛衰记》第 8 卷，东京：讲谈社，1940 年，第 9 页。
③ 上村观光：《翰林葫芦集》第 8 卷旭岑诗并四六序，《五山文学全集》，东京：裳华房，1915 年。
④ 福井久藏：《一条兼良》第 2 篇第 9 章，1943 年，第 148~149 页。

准。只有在对现实进行炽烈的宗教反省的镰仓时代,才很少考虑这一点。日莲说:

> 四国者,佛教必依国可弘之。国寒国热国贫国富国中国边国大国小,一向偷盗国、一向杀生国、一向不孝国等有之。又一向小乘国一向大乘国大学兼学国有之。……日本国一向法华经国也。例舍卫国一向大乘也。又天竺一向小乘国一向大乘国大小兼学者有之。日本国一向大乘国,大乘中可为法华经国也。是知国者也。而当世学者日本国众生一向授小乘戒律,一向成念佛者等,譬如宝器入秽食等云云。①
>
> 日本国乃于一阎浮提内超越月氏、汉土八万优秀之国。故月氏之佛法传至西域等地,凡七十余国也,其余皆外道之国也。汉土之寺十万八千四十所,我朝山寺十七万一千三十七所也。……说起寺院,汉土、月氏也是天壤之别。彼又为大乘之国小乘之国,大乘也权大乘之国。此中寺院皆习八宗十宗,家家户户诵读大乘。而彼月氏、汉土等用佛法之人千人中一人也。此日本国无一人外道。②
>
> 弘佛法辈教机时国、教法流布前后可检钦。……日本一州不似印度震旦,一向纯圆之机也。③

这是承认作为与中国、印度不同的大乘之国的特色。

> 经滴水而成大海,观一花而知春,行万里不入宋,经三载不至雪山。……一代胜劣理应知。……日莲知诸经之胜劣,华严澄观三论乃嘉祥法相慈恩真言之弘法为优,缅天台传教之迹。④

---

① 台严:《教机时国抄》,《法华十部书》,京都:村上勘兵卫,1879 年,第 81~82 页。
② 日莲:《日莲圣人全集》,东京:日莲圣人全集刊行会,1926 年。
③ 日明:《当世念佛者无间地狱事》,《高祖遗文录》,山梨:久远寺,1880 年,第 52~53 页。
④ 齐藤日一:《开目抄》下篇,《高祖遗书》,东京:塩井高富,1884 年。

这是否定渡宋的必要性。无住说:

> 近代唐僧多渡,唐式世盛也。各国人之风情略有显露,可存知事也。某人云一向仰信唐式,不符不顺不知戒律教门者亦有之。皆偏执也。唐国乃大唐机多之国,闻上古多禅师。可见传灯录等。当时禅门盛,在家出家坐禅学道人多。教门中天台法相有之。华严闻高丽盛也。唐亦轻视,禅师中亦多轻视。大惠云披览千遍经。清凉大师圭峰禅师专宗之。真言三论戒律同废。密宗渡给四大师,日本盛也。天台宗又渡给传教大师,非常有之。法相也同有之。华严三论人少。律于近代中兴。宋朝胜。如唐僧无学长老等贵在世。宋朝五十年计的前律院之长老莲宗师闻只一人持斋之僧。反下持斋之僧,鱼肉等用之事人目不惮。日本律僧不及,名僧常不用者多。戒律真言之行仪乃当代日本事宜。戒律真官之行法已废,有道心而坐禅者多。道心诚而用心正,痴心戒律,而为乘急戒绥之人。日本僧坐禅人少,真言之行法等当代很有之。辨别彼此高低得失,识他人之非以励心。不好偏信偏诽事。可依法,不可依人。①

我们应该这样公平地比较中日佛教的得失。尽管如此,也依然是将佛教无条件地作为价值标准,只不过是在实现其价值的范围内承认日本的特色,没有人想到将佛教与固有文化对立起来进行批判。

不过,由于意识到固有的传统文化与大陆文化的区别,早在宁乐时代为了辨别舶来文化与国产文化便使用了倭、唐的冠词。宁乐时代有"倭柜""唐柜"(天平十八年法隆寺资财账)、"胡粉漆拾壹斤拾伍两壹分(倭卅2斤15两1分、唐39斤)"(宝龟八年画)、"倭琴"(万叶集第16卷,神护景云元年阿弥陀院资财账)、"倭歌"(万叶集第5卷)这些说法。进入平安时代,有"倭鞍"(西宫记临时5)、"唐鞍"(延喜式第18卷)、"大和歌"(古今集序)、"唐歌"(土佐日记)、"大和瞿麦"(古今集4)、"唐瞿麦"(宇津保物语楼上之上)、"大和心"(后拾遗集杂

---

① 一元(无住):《杂谈集》第5卷,京都:永田文昌堂,1882年,第23~24页。

6)、"大和名"(源顺集)、"大和相"(源氏物语桐壶)、"唐图"(北山抄拾遗杂抄所引藏人式)、"倭绘"("权记长保元年十月三十日"条)等说法,在广泛的诸种文化中意识到了这种对立。这个时代是移植大陆文化的热情消退而文化的独特要素恢复优势的时期,例如关于书道,《异制庭训往来》中说:"本朝延历大同之昔者,和汉同其芳躅。天历天喜之比,和汉异其阃域也。"由于日本文化发挥与中国文化不同特色的时代已经来临,自然便对"唐"产生了"倭"的自觉。当然,这一倭的冠词决不带有国粹主义的自负意味,即使说"大和魂"也同后代的"大和魂"有着明显不同的意义。尽管如此,如果我们看一看《今昔物语集》第29卷第20节中的例证,就可以了解到抽象知识的汉学的苍白无力和具有现实处世能力的和魂是多么切实必要。《今昔物语集》在讲了"满腹汉学不劣于古之博士"的明法博士清原善澄,在强盗即将离去时说了不合适的话而被杀后,批评说:"善澄长于汉学却无和魂,正因道出这幼稚之言而被杀。"可以认为,人们已经在某种程度上感觉到了移植中国文化的局限性。紫式部是一位深刻观察现实的人物。她说:

  人目所不曾见的蓬莱山、海涛中怪鱼之姿态,或是中国深山中猛兽之形,抑或为肉眼看不见之鬼神之相貌,皆为荒唐无稽捏造之物,全可凭作者想象而画出。但求惊心触目,无须肖似实物,观者也无可奈何。若画世间常见之山姿水态,眼前之寻常巷陌,辅以熟识可亲、生动活泼之景致;或于平淡之远山景象——佳木葱茏、层峦叠嶂之中,巧配以篱栏花卉,则名家之笔自然格外优秀,普通画师则望尘莫及。①

又云:

  潜心钻研三史五经等深奥学问,反无情趣。②

---

① 紫式部:《源氏物语》帚木篇,东京:赤城正藏,1912年,第7~13页。
② 同上。

或曰：

高丽乐和唐乐规模虽大,反不及已熟悉之东游乐亲切可爱。①

赞扬"世上常有的""眼前的""听惯了的"传统文化,正表明对"人目所不曾见的""唐国的"事物的不满。我们应该把这理解为用委婉的措词强调了固有文化的价值。不该忘记,在藤原文化的日本特色得以弘扬的背后,虽说是无意识的却还是潜在着这种自我意识的。应该说,表面上"汉学"作为高尚的文化处处受到尊崇,"眼前的""听惯了的"东西受到轻视,都是事实。紫式部的同僚——女官们说她:"你即使这样也不会幸福,女人何以要读汉籍呢?从前连读经都遭到禁止。"(出自《紫式部日记》)这并不是说不要读汉籍佛典,而是讲女性的卑贱和汉籍佛典的艰涩难懂。此后,从平安末期到中世,就像藤原赖长说的那样,反省了对中国文化的依赖:

去年固关让位并今年御禊大尝会等事,引勘旧记并诸家日记代记文等,管窥所及,聊以类聚,拔要省繁,尚成卷轴……予聊游心于汉家之经史,不停思于我朝之书记,仍所抄出殊不委曲。子孙又好金经旧史者非此限。不然者,早习倭国旧事可慕葵霍忠节。②

橘成季又说：

名为古今著闻集。颇虽为狂简,聊又兼实录。不敢窥汉家经史之中,有世风人俗之制矣。只今知日域古今之际有街谈巷议之谚焉。③

也有作为源信之语广为流传之主张：

---

① 紫式部:《源氏物语》若叶篇下,东京:赤城正藏,1912年,第22~28页。
② 哲学书院:《台记抄》康治元年十二月三十日条,《史料大观》,东京:哲学书院,1900年。
③ 橘成季:《古今著闻集》,东京:有朋堂,1922年,第1页。

日本国诚虽如来之金言,唯以假名可奉书也。①

无住的见解,从日本人的立场出发,也表现了尊重国字国语的意志:

天竺经文以天竺人语言写成,佛祖若出在日本,必以和国之语著经文。②

尤其应该注意的是,从藤原兼实的"和歌者,日本风俗也"的见解开始,人们已认识到和歌是日本独特的文化。《千载集》"序"也说:

若论作歌之道,不在习唐国、日出国广为流传之文章之道,也不在弄鹿国、鹫岭之深奥法则,而不过是用三十一个假名,将心中所思付诸文字,并使之连贯成章。窃以为三十一个假名组成的和歌,足以包罗日本大和之语言,穷尽人间万物之事。虽如此,善钻研,逐渐臻于更高境界,方为和歌之道。③

《每月抄》说:

和歌乃大和风习。先哲所写众多和歌中,写情状物皆清丽,无论事物何等可怕,一经成和歌,即变为优雅。④

藤原为相说:

---

① 四辻善成:《江谈天仁二年八月条》,《河海抄》12卷。其他出版信息不详。
② 一元(无住):《沙石集》第5卷上,东京:岩波书店,1943年。
③ 藤原俊成:《千载集》序。其他出版信息不详。
④ 《每月抄》,《和歌六部抄》第3卷。其他出版信息不详。

和歌并不是从国外流传过来的,而是我国神代时期就有的东西。①

所有这些,都强调了具有悠久传统的固有文化的和歌的意义和对日本特色的觉悟。后来又发展为野守镜的国粹主义的歌论:

和歌补礼乐之缺陷,故能护国家不为异族所灭;佛法传播,强胜大国,此亦和歌之德也。宋朝无和歌辅助礼乐,佛法八宗俱各失散,国家亦为异族所取。②

另一方面,因镰仓时代元兵的入侵而高扬起来的国家的自崇,与当时的宗教气氛相结合,加强了"神国"的意识。《元享释书》中说:

夫物之自然也,天下皆贵之。其造作也,世未重之也。吾读国史,邦家基根于自然也。中国诸国未尝有矣。所以是吾称吾国也。……我见竺、支之事,如日本之浑厚者未有之矣。③

《神皇正统记》也产生了对日本独特国体的明确认识:

大日本乃神国也。自天祖开基创业,太阳神子孙承继至今,唯日本有此事,异国绝无同理,故称神国也。(中略)自天祖以来,一脉相传,唯有神种相继,天竺无此事。彼国之初,民主乃为众人推立,后代代相传,且有世代变迁,君主之裔遭覆灭,有势力者虽为贱民,也可成君主,又有进而君临五天竺者。且震旦尤为混乱之国,远古世风纯朴之时,不举贤人,定其一家为君,使其代代相承。乱世之时,有力者篡权夺国。……伏羲氏以后,天子易姓三十

---

① 藤原为相:《杂歌5》,《玉叶和歌集》第18卷,东京:岩波书店,1944年。
② 译者注:作者指出,这一段出自《下卷》。但是并未找到相关出版信息。
③ 虎关师錬:《元享释书》第17卷,1558年。其他出版信息不详。

有六,可谓乱世之邦。唯日本开天辟地至今世,天照大神子嗣承继大统,绝无混杂。①

可以认为,室町时代的吉田神道中出现的关于"不可要异邦之教法"(出自《名法要集附录:唯一神道制度》)的结论,就是这种系统思想发展的结果。但是,唯有《神皇正统记》夸耀外来文化输入之前的日本文化为"此国自远古之世,人皆纯朴,不置任何法令"的同时,又肯定了移植儒教、佛教的历史意义:

> 然此道之流行,乃内外典籍传播之力。如捕鱼仅用一目之网而无众目之力,实难获之。自应神天皇之世起,儒家之说始得传播,圣德太子之世释教始盛,是此皆如菩萨化身般神圣,则必为奉天照大神之意广传日本。②

《唯一神道制戒》最后也容忍了对儒释道的摄取:

> 大织冠仰云:吾唯一神道者,以天地为书籍,以日月为证明。是则统一无杂之密意也。故不可要儒释道之三教者。然虽为如此,为唯一之润色为神道之光华,广存三教之才学,专极吾道之渊源者,亦有何妨哉?③

之所以出现这种情况,是因为流行的佛教文化和中国文化是中世思想,它与近世的国学差异巨大。总之必须看到在古代和中世,对外来文化的思想上的觉悟是微弱的,一些散见的例证,也多是零碎的、宗旨不明的东西。

开始把外来文化的摄取问题提高到理论高度上来,是进入江户时代之后的事。正如中世是处于佛教思想的统治下一样,江户时代儒教思想是有绝对权威的,因而儒教被尊奉为普遍适宜的圣教,一切从儒教的价值标准来考虑问题的思维模式,依然风靡于知识分子阶层。有名的太宰春台说:

---

① 北畠亲房:《神皇正统记》,东京:改造社,1940年,第15页。
② 北畠亲房:《神皇正统记》,东京:改造社,1940年。
③ 译者注:作者指出,这一段出自《唯一神道制戒》。但是找不到此书的相关信息。

考本朝远古之世，自神武天皇自三十代钦明天皇，本朝并无所谓道。……日本无道之证据，在于仁义礼乐孝悌等字无训读。凡日本原有之事必有训读之法，无训读即日本无此事。盖因无礼义之说，自神代至人皇四十代之世，虽为天子，兄弟叔侄皆可为夫妇。后通交异国，中华圣人之道行于日本，天下万事皆学中华。日本人始知礼义，悟人伦之道，弃禽兽之行。今世虽寻常小事，如违礼义，必视为畜类，圣人之教遂行。①

这是认为自儒教的移植开始，日本才有道德生活准则。这种见解是一个最彻底的例子。因此，藤原惺窝虽然深思熟虑过作为固有之道的神道，但是也认为神道正是同儒教一样，所以才产生了价值，他说："日本之神道以正我心、怜万民、布仁慈为宗旨，尧舜之道亦同此理。唐土谓之儒道，日本则称神道，名虽异，其意则同。"山鹿素行也注意到这一点，说：

我等从来爱好华夏典籍，日夜苦读。近年无新进之书，至十年前华夏引进之书均已读尽。自此，凡华夏之事而日本不知者皆宜存集。盖因本朝国小，万事不及华夏，连圣人亦出自华夏，此皆我不可逆料之事。古今学者皆持上述之念，诸事效仿华夏，近顷方知甚谬。②

山鹿素行还说：

窃按：教谕之道多以外朝之书籍为事，是后世之讹也。中国古今天下之兴废，治乱事物之制度，人民之礼仪，载于文献。然乃日用言行修改之暇，详致其道，鉴其古而后及外朝之经传。……可谓得教谕之实也。③

---

① 太宰春台：《辨道书》，江户：须原屋新兵卫，1735年。
② 山鹿素行：《配所残笔》，东京：育成会，1913年。
③ 山鹿素行：《中朝事实》礼仪章，东京：帝国武德学会，1916年，第200~289页。

自开辟神圣之德行明教无不兼备。虽不知汉籍,亦更无一介之阙。①

他同时又写道:

凡外朝三皇五帝禹汤文武周公孔子之大圣,亦与中州往古之神圣其揆一也。②

五方之民,各有其性,是以不同。唯中华得天地精秀之气,一于外朝。故神授之圣受之建极垂统,天下之人物各得其处。殆几于千年。而后住吉大神赐三韩于我,初外国之典籍相通,以知一其揆。其曰神教,其曰圣教,其皇极之受授天下之政治,犹合符节。③

这是认为日本文化的价值仍在于与圣教相符合。但对佛教,却将其当作水土不同的外国文化来加以排斥:

如佛教者,彻上彻下悉异教也。凡西域者外朝之西藩也。其水土俯于西,天地寒暖燥湿甚殊。……其道可于西域,而不可施诸中国矣。④

排斥佛教的思想是与儒家的主张相通的,但我们不要忘记以上诸说都是站在儒家立场上的排佛论,并不包含从日本文化的立场出发来排斥印度思想的意思。对儒家中国文化的崇拜已无须重新说明,但在艺术领域中,南画派的文人们对中国画的喜爱,则是这种文化上依赖中国思想的延续。

桑山玉州否定了和汉艺术的差异。他说:

---

① 山鹿素行:《中朝事实》神教章,东京:帝国武德学会,1916年,第78~102页。
② 同上。
③ 山鹿素行:《中朝事实》附录,东京:帝国武德学会,1916年。
④ 同上。

此(画)技中确无和汉之差异,唯有人们熟识与否之差。①

本朝风习,以山水平夷者为我朝之景象,以峰峦险峻者为唐土之景趣。嗣粲以为,不应以天地山川之平夷险峻为和汉之别。……本朝画家唯求想象之景象,不深思其真形气韵,故而平淡浅狭。无论于何地,均应试写其真景,其形不应异于唐土之画。②

田能村竹田则极力赞美了中国画,他说:

观唐人之画,本有善恶工拙。且十幅之中有七八幅内容不佳。然亦各有其精妙之处,日本人所不及也。③

概言之,日本人笔触往往流于夸张,与所绘之物去之甚远。今观唐人之画多矣,所绘皆当时真事,我等难以企及,致使小生心生搁笔之念。唐人画实为我轻薄之日本画工所不及也。④

在书法方面,他也与桑山玉州的志趣相同,认为:

所有唐人笔迹绝无一点一抹之轻浮。⑤

这种观点同中世的五山禅僧的艺术观如出一辙。

然而,这个时代学术的兴盛,却逐渐酿成一个契机,开辟出一条途径,即从只把中国文化尊崇为圣人之国文化的无批判的态度中摆脱出来。随着汉学研究的进展,在汉学家中,也终于看到了迄今为止被圣教之名所掩盖的中国文化的实际面貌。贝原益轩说:

---

① 桑山玉州:《绘事鄙言》,《日本画谈大观》,东京:目白书院,1917年,第100页。
② 桑山玉州:《绘事鄙言》,《日本画谈大观》,东京:目白书院,1917年,第104~105页。
③ 译者注:作者指出,这一段出自田能村竹田于文政十年四月六日从长崎寄出的书信,无其他出版信息。
④ 译者注:作者指出,这一段出自田能村竹田于文政十年四月十日从长崎寄出的书信,无其他出版信息。
⑤ 译者注:作者未说明出处。

中华之俗比之我邦不仁，何以言之？盖彼土之人乏荤食，则往往杀人啖之矣。如隋朱粲教士卒以杀妇人婴儿啖之，曰："肉之美者莫过于人。"唐昭宗在凤翔，朱全忠围之。城中食尽，冻死者不可胜计。或卧未死，肉既为人所剐。市人卖人肉，斤值百钱。本邦之人虽勇悍逾人者，何尝至于不仁如此乎。①

汤浅常山写道：

日本不学无术之人甚多，却无似王荆公以学术误国之人，又无明末东林党议之弊。直言死谏者虽少，却无奸雄如王莽之流。……无以符命祥瑞媚人君之弊。虽不乏跋扈之将相，但自古以来更无阉党乱政之弊。虽送葬之礼过简，棺椁之制薄于墨子之法，却无惑于风水之说将父母之尸停而不葬之恶习。虽不乏掠卖人口之事，却未闻如《辍耕录》所载王万里之流所为之事。是以日本人优于万国。读小说可见人情世态之细微，然日本人料所不及奸恶不仁之事甚多。②

读明律，知大日本风俗异于中华，明律所载之罪，日本人不曾有犯者。是以中华之人逊于日本，令人心生厌倦。③

三浦梅园写道：

汉人以中华自夸，睥睨四国，曰：夷狄焉。牛羊豚犬自畜自啖，何忍之甚矣。……饥则人啖人。其为君者会良之罪辜，汤镬刀锯，搜其阴器断之。秽德亦甚。……逞其暴则醢其肉夷其族。逞其威则并数千万抗之。……殆明杀方孝孺，焚其先人之墓，至九族八百四十七人之外，另有门生复死者数百

---

① 贝原益轩：《慎思录》第5卷，东京：东亚堂，1911年，第122~147页。
② 汤浅元祯（汤浅常山）：《常山楼笔余》第3卷，《日本随笔全集》，东京：国民图书，1930年。
③ 汤浅元祯（汤浅常山）：《文会杂记》，《少年必读日本文库》，东京：博文馆，1892年。

人,而极天地古今之惨。……杀戮之惨相继于史,如草菅人命。每读令人悚然。……皇朝自古至今,不见族醢鼎镬之惨。①

淫汉典之士以土地之大人物之秀而夸焉。……贤才之众虽可美,奸凶之寡亦足以自慰焉。汉俗之美于我晋绅常言,我俗之美于彼晋绅不考。……世态之变化,人情之险艰,非彼此无。比较数千载不如彼之数数以自苦。……在彼可厌者,人人可为天子,刑之惨律之烦,此事之最大者也。宋人问我风俗于藤木吉,吉曰:"春风二三月,和气桃李春。"此语实不欺彼。②

今吾邦擅美于万国者君臣之分也。徒赞彼以矜其美。旁观难掩。观彼之为俗,朝帝赵三,暮王李四。……其设情也险。昨与之高牙大家,今则加之桎梏。读历朝之史,虽名臣大家,一旦触刈草菅,于是烹之醢之族之,相继于史者如鱼鳞。……况彼画大壤之一方,边徼无险。南虑北顾,一日则章甫,一日则辫发。由地形使然。虽大何足美哉。③

除了儒家,葛城慈云也写道:

予观中国之历史,得知世多污吏而少循吏。④

本居宣长也说:

儒者观日本歌与物语等,虽诬日本风俗男女无防淫乱相甚,但观唐国历史及小说,淫乱之事更甚。尤以鄙俗丑恶者上至贵胄,亦有不堪入目之行径。观日本的歌与物语绝无此污秽之事,皆为优雅香艳之情,怜人之情,催人泪下。⑤

---

① 三浦梅园:《赘语》之生死训保生第六,《梅园全集》,东京:弘道馆,1912年,第565~569页。
② 三浦梅园:《赘语》之善恶训下立准第九,《梅园全集》,东京:弘道馆,1912年,第617~619页。
③ 三浦梅园:《赘语》之天地上皇和第二,《梅园全集》,东京:弘道馆,1912年,第296~302页。
④ 葛城慈云:《神儒偶谈》,东京:光融馆,1911年。
⑤ 本居宣长:《本居宣长全集》,东京:吉川弘文馆,1926年。

前面所述,都是说明一直被当作圣人的中国人的生活状态。日本迈出了告诫人们不必事事尊崇、模仿这种国家文化的第一步。在江户时代,虽然在观念上盲从中国的思想,但实际上具有独自特色的文化已经繁荣起来。稍为正视现实的人,都不难想到彼此不必强求一律。站在比较不受束缚的立场上的思想家们逐渐提出了这样的见解,日本的政治制度是在不同于中国的独特历史环境中产生的:

> 今日学者剽窃中国学者之理论,众说纷纭,但皆无中的之说。今日本大名制度及国家建制,乃开天辟地以来日本唯一形态,即便周公孔子降临也无法改变如此格局。此不能以后世郡县之理论评断,且古之封建时代理论亦与今日大名制度相距甚远。
>
> 日本原将中国待为外国。如乡下好事之流以为京中之人事事优秀一般,学者之中皆以中华之事为佳。水户之义公将唐国列入外夷传中,诚为一家之说。自唐朝传入日本之事剧增,身为学者而不知此实为憾事。①

这是对在常识中忘记中国为外国的现象给予了警告(由此可知忘记中国文化为外国文化的现象由来已久),显示出江户学者中间已经出现了这种反省的萌芽。贝原益轩写道:

> 礼法与土地之宜,古今之风习,风土之特点,和汉之间不尽相同。奉为圣人之法者,昔日唐国法度实难施于今之日本。今日若于日本行古代唐土之法,实为违时悖俗不智之举,可谓愚矣。……在唐土,三代圣主之法,亦时有损益沿革,难以尽用。况数千年后数千里远之日本乎?②

---

① 汤浅元祯(汤浅常山):《文会杂记》,《少年必读日本文库》,东京:博文馆,1892年。
② 贝原益轩:《神祇训》,《益轩全集》,东京:益轩全集刊行部,1911年。

熊泽蕃山写道：

　　近顷观日本水土所生山川草木人物之情势，有如非简易之善则难久传之理。……朱学王学虽风靡于世，但皆距简易之善甚远。……日本水土之中，凡如周礼文备之事，必不能普及流传。①

　　出自日本水土之神道，不能施诸唐国与印度，出自唐国水土之圣教亦不能施诸日本，出自印度人心之佛教亦然。唯文字器物理学可相互借鉴。②

大道寺友山写道：

　　细考异国与本朝之事，凡事如据天时、地利、人和之条件而行之，则无谬，若以唐风为佳，虽通于情理，但恐难适应今日日本。不知此而事事放任，实为荒谬。细究之，日本古代名人君子辈出，才华出众，通晓唐国及遥远天竺之礼仪；或派人考察，参以创见，于日本六十余州唯尊一王，三种神器代代相传，又定五家摄政之位，严密区别公家武家，此皆限于日本。凡男女风俗、衣物、房屋建造及器具制作等，均格外用心，大体仿效异国，然样式则为之改变，万事万端均依唐土和日本风俗加以改变，以此为万代不变之神道。③

河田正矩说：

　　异国之事乃为施诸异国之礼，若尽施诸日本则多有不合之处。有不识此理者，动辄引入天竺之礼，或将唐人之法施诸本朝，实为墨守成规之愚人也。④

　　异国人心有异，则其格式法律亦不同。天竺国以牛屎用于祭神之坛，唐

---

① 熊泽蕃山：《集义外书》第10卷，《蕃山全集》，东京：蕃山全集刊行会，1943年。
② 熊泽蕃山：《集义外书》第16卷，《蕃山全集》，东京：蕃山全集刊行会，1943年。
③ 大道寺友山：《武道初心集》，东京：久田早苗，1894年。
④ 河田正矩：《家业道德论》上卷，《通俗经济文库》第9卷，东京：日本经济丛书刊行会，1916年。

土祭祀则用王公所食美味牛羊,日本则以此类事为贱民所为。此乃为各国风俗,其民不以为怪。然时有腐儒卖弄之徒,妄将青表纸中偶得之理施诸日本,实为不得要领。①

鹈殿长快说:

> 古今礼法不同,唐土日本各异。然常有学者效仿唐人,父兄之葬式皆用儒葬,棺内置殉葬品,也多有抨佛陀者,此皆为学者不知时、所、位之过失。②

上述种种观点,均以日本和中国风土不同为理由,强调了不应将中国思想原封不动地施用于日本。这些观点,除了二三家,均为儒家之说,但作为儒家,他们依然认为:

> 圣经乃教授天地神明人伦之道书也。虽为中华之书,仍可为日本神道之经典。圣道神道无差异。天地之间道为永恒之物。③

由于对"圣道"的坚信不疑,因而对"法"的取舍,也如"道"的普遍性一样,是不言自明的。但是以中国的风土和生活为基础的中国的"道",果真在日本也是普遍适应的吗?关于这个问题,在儒家之外的人们中间,已出现了否认"道"的普遍性的观点。西川如见认为:

> 生自日本之人,大多厌憎和魂,不喜日本样式,凡事皆以唐国样式为优。……其国之人爱其国之样式本乃天经地义之理。④

---

① 河田正矩:《家业道德论》中卷,《通俗经济文库》第9卷,东京:日本经济丛书刊行会,1916年。
② 鹈殿长快:《肝要工夫录》,《通俗经济文库》第4卷,东京:日本经济丛书刊行会,1916年,第176~209页。
③ 贝原益轩:《神祇训》,《益轩全集》,东京:益轩全集刊行部,1911年。
④ 西川忠英(西川如见):《町人囊底拂》上卷,《町人囊》,大阪:田中宋荣堂秋田屋太右卫门,1841年。

一切唐土传来之事,在日本自然应成为日本风习,如无变则与日本水土之理相悖。唐国传入圣人之语也应加以鉴别。毋须赘言,凡礼度器材文笔之风,在日本者皆应以日本样式为贵。日本风习并非学自他国,实为朴素正直之神风。①

富永仲基写道:

佛为天竺之道,儒乃汉家之道,因国而异,非为日本之道。②

佛家弟子凡事皆习天竺,修身度人,然以梵语之说,其人不曾精通佛法,亦未曾想日常器皿及房屋建造皆异于天竺。天竺佛祖合掌为礼,以露出股膝等为端姿,故佛经中有露膝现阴藏马之说。人皆欲掩饰之不洁之物无妨露出,佛家弟子不忌此事。③

汉家重肉食,儒者常备牛羊之畜为食,食谱也列为礼则。婚礼之时必有迎亲,祭祀之际必有牌位,且服饰必为博袖峨冠。今日衣分上下及梳头之习并非汉式。儒者必读唐音写汉字。唐音亦分多种,应习周代鲁国之音。汉字种类亦多,可用古文、蝌蚪文等。④

佛教擅幻术。……天竺乃喜好幻术之国。传教若不杂以幻术诱之,则无人信从。……此乃教导天竺人民之法,日本则不需此术。⑤

且儒道长于文辞。……汉乃追求文辞之国。传道若文辞不佳,则无人信从。……日本则不需此事。⑥

国有俗,道为之异。儒之教且在此方则泥,何况佛之教在西方之西方乎。故佛之所淫在幻,儒之所淫在文。⑦

---

① 西川忠英(西川如见):《町人囊底拂》下卷,《町人囊》,大阪:田中宋荣堂秋田屋太右卫门,1841年。
② 富永仲基:《翁之文》第1节,大阪:富士屋长兵卫,1746年,第3页。
③ 富永仲基:《翁之文》第1节,大阪:富士屋长兵卫,1746年,第4页。
④ 富永仲基:《翁之文》第1节,大阪:富士屋长兵卫,1746年,第5页。
⑤ 富永仲基:《翁之文》第1节,大阪:富士屋长兵卫,1746年,第17~18页。
⑥ 同上。
⑦ 富永仲基:《出定后语》,东京:鸿盟社,1902年。

葛城慈云写道：

> 儒者之道……应中国国俗而定。……虽祖述尧舜亦不能治日本。①

平贺源内说：

> 凡迂腐学者,身着儒服疏浚井户,烤红薯于陋室,累陷于唐国故纸堆中不得自由。……是以称为腐儒,或曰儒生。……唐国自为唐国,日本自为日本,古代为古代,今世为今世也。②
>
> 沽酒、肉脯可不食,然越后特产的鲑鱼,周防的鲭鱼鲍鱼海参等,未见有学者弃之。除节庆日外亦无人饮酒。因唐无有如池田、伊丹之类有名的酒馆,且远离海岸因此也不知鲑鱼等美食。因食用猪、狗等肉类,其学问亦不相同。虽食生姜却不食鱼干,此又一日本之习俗。井蛙之学者少有媚唐而称日本为东夷者。……虽言辞牵强附会,道貌岸然,满嘴荒唐,然而俸禄如不准确给予,却又要怨恨起圣人来。……唐之方法无有不当,然而如不依照当地风俗施教,则有害矣,……印度的露右肩合掌,日本的小笠原,其作用有不同然都为礼法。……规绳矩墨亦如此。③

上述引文,都论述了日本、中国及印度各有其道,指出了中国文化有着根植于中国的特殊性,佛教文化具有印度的特殊性。

式亭三马在他的通俗小说《浮世床》中,通过人物之口,首次从常识的立场上对中国思想的现实意义进行了讽刺：

> 他们这些人只知孔子之道,歪到斜路上就陷入迷途,不能自拔。搁下孔

---

① 葛城慈云：《神儒偶谈》,东京：光融馆,1911年。
② 风来山人(平贺源内)：《风流志道轩传》第1卷,东京：富山房,1903年,第15页。
③ 风来山人(平贺源内)：《风流志道轩传》第5卷,东京：富山房,1903年。

子之道,怕连王子之道也没听说过吧。只考察中国之事,却不知身边之事,得了邪病。那人并非博学才子,还不如普通人。①

这些问题在理论上是很难说清的,但他们指出了国民的现实生活与尊重外来文化相矛盾,可谓真知灼见。特别是西川如见和富永仲基的观点,很类似今天通行的文化类型学说中的文化价值多元论,应该说这是很有趣的事实。在中世就主张神国的特殊性的神道家们,趁着这种形势,强调相对于中国文化的日本文化的特殊性,自然更是顺理成章了。增穗残口说:

祈祷阴阳和谐,男女成双,无尊卑之分。然以女子为男人之仆,凡事应追随男子,皆因惑于中国礼教而失日本道德之故,是以男人高抬自己压迫女子之风流行于世。……蒙蔽妇人,使其愚昧。此事渐成日本风俗,违背神国之教化。②

这是哀叹日本的男女关系被中国思想所扭曲。
伊势贞丈说:

考日本之人与汉土天竺之人性情不同,皆因其国所在方位导致阴阳气运不同。其气运不同则水土之性亦异,因水土各异则物产形状性质亦异。故人之性情亦因国而异。汉土之人性情大抵多智,巧曲残忍,天竺之人多愚痴,贪欲放逸,日本人大抵廉直淳朴强勇。性情不同则风俗各异。汉土圣人顺人民性情风俗而立教化之道,天竺释迦顺天竺性情风俗而建教化之道。凡教化之道皆因其国民性情风俗而立,故其教趣迥异。且教化之道皆为防其国民恶行而立,日本人民性情风俗无应禁之恶行,故日本圣神无须立教化

---

① 式亭三马:《浮世床》初编,东京:荣文社,1886 年。
② 增穗大和(增穗残口):《神路手引草》,《神道业说》,东京:国书刊行会,1911 年,第 348~375 页。

之道。无教化之道乃日本之所贵,非为耻辱而艳羡他国。①

这里指出了国民性的差异,夸耀日本并无道学之事。

以儒教、佛教传入日本之前的日本古代社会为理想的"自然世界"的安藤昌益也指出:

> 天竺临世界之南,为最热国,人物生得扁圆,常裸肌足而步行。眼珠赤,发不能长生泽,卷缩于头,如日本人因胎毒而发缩。丑头国常于前阴围小衣,余皆赤裸。上下为礼制,袈裟为礼则,左肩悬袈裟。……僧俗俱同衣,非僧独具,此天竺国风也。故天竺袈裟同于日本羽织。②

这不过是通过印度的民俗,来嘲讽摄取佛教文化的愚蠢。他还写道:

> 汉土圣人利己私法妄失害书及天竺释私法迷书,至日本而妄惑于日本,此妄书应可归还汉土。③

这是排斥对儒教、佛教的摄取。关于这一点,国学者们主张日本不同于中国、印度,日本应有独自的道德风尚。在他们的倡导下,这种观点更被强化了。荷田春满有名的和歌"开步觅前程,大和皆无径,唯寻异国路,是为吾人途?"(出自《春叶集杂》)正是这种主张最直接的表述。但在国学者中,贺茂真渊和本居宣长对日本文化的特殊性,在内容上作了具体的阐述,从而赋予这一主张以实证的基础。贺茂真渊写道:

> 将彼邦视为经典之孔教搬至日本,竟有何益?……立体制者虽为人,然

---

① 伊势贞丈:《神道独语》,《大日本风教业书》第4辑,东京:大日本风教丛书刊行会,1919年,第1~35页。
② 安藤昌益:《自然真营道》第7卷,《大日本思想全集》,东京:大日本思想全集刊行会,1932年。
③ 同上。

其制因其国土不同而有异,如草木鸟兽之有别。据国情而定制方为天地父母之教。①

从这一见解出发,他又写道:

此国乃依天地之心而治,无稽之谈倏忽间认其为理,乃至传之,遂为真理。古人素朴,奉为真知,古来代代相传,日益泛滥。此儒家之事传至日本全国。武家之时天下大乱,此后奈良京中凡宫殿、衣冠、器具均仿唐国。凡事表面虽为高雅,然内部年年生蛮横之心。儒教传,人心渐奸,其民亦诈。②

这是在批评儒佛摄取史为堕落史。
本居宣长写道:

所有人心,非如汉籍所言模式简单,细思之,大千世界颇为琐碎杂乱,无一定之规,多为难以预料之事。

若以今日唐国风俗为本观之,则昔日风俗必为混乱。凡事应以唐国为唐国,皇国为皇国,今日为今日,昔日为昔日。儒者强以唐国风俗为本,规范事物……指责古代,均有失偏颇。③

汉书的风趣在于,这个国家总爱假意关心别人的事,并且很多事是夸大其词,所以不能说是真心。这不是遵从于事实的正确,也不是真正的错,所以不能说善恶是非不能共存。这种在汉书中被认为是自然之理的道理,实际上很多并不是真正的自然之理。④

若倭根子日子大毗毗……娶庶母伊香色谜命生有一子。……"庶母"就是相当于姨娘之类关系的人。(据说这在上代并不是什么被人厌恶的

---

① 贺茂真渊:《国意考》第1卷,东京:万叶社,1936年。
② 贺茂真渊:《国意考》第1卷,东京:万叶社,1936年。
③ 本居宣长:《源氏物语玉之小栉》,《本居宣长全集》第7卷,东京:吉川弘文馆,1926年。
④ 本居宣长:《玉胜间》第1卷,东京:岩波书店,1934年。

事。现在不应该按照中国的规定来议论日本上代的事情)①

　　因此,当看见人死去,我不能哭。虽然我依然有勇气,希望成功的完成父皇给我的使命,但是,我该恨的时候恨,该悲伤的事情我依然悲伤。这是因为我有真性情。如果是中国人的话,虽然内心非常痛恨和悲伤,也会将其掩饰起来,嘴上说一些很有勇气的话语。我想这就是日本古人的真心、真性情吧。②

这是论述日本文化合乎自然及中国文化的不自然。从这一点出发,他还阐述了和歌胜于汉诗之处:

　　汉诗中并无发自内心之恋诗。其国人惯于饰外表显男气,避而不言心中懦弱,凡事掩藏心中。日本之歌则多写恋情,诚为抒发性情之道。③

他还写道:

　　今有假名可自由书写,若弃而不用反用烦琐汉文,诚为不智之举。④

主张使用假名,显现出源信曾用警句阐明的问题已逐渐为有识之士所认识。葛城慈云也指出:

　　初学者习汉文欲不著一词和文,颇谬也。日本才子日夜苦读彼国经典,心力交瘁于此,纵使学成亦无半点用处。……日本人自身贤于万邦,皆因无此烦琐文辞之故。⑤

---

① 本居宣长:《古事记传》,《本居宣长全集》第 2 卷,东京:吉川弘文馆,1926 年。
② 本居宣长:《古事记传》第 23 卷,1000 年。其他出版信息不详。
③ 本居宣长:《玉胜间》第 10 卷,东京:岩波书店,1934 年。
④ 本居宣长:《玉胜间》第 14 卷,东京:岩波书店,1934 年。
⑤ 葛城慈云:《神儒偶谈》,东京:光融馆,1911 年。

贝原益轩也写道：

> 和歌者，日本风俗之所宜，而词意易通晓。故古人之歌咏极精绝矣。虽古之妇女亦多能为之。唐诗者，非本邦风土之所宜。其词韵异于日本风俗语言，难模仿于中华。故虽故之名家，其所作拙劣，不及和歌者远矣。我邦只可以和歌言其志，述其情，不戏作拙诗，以遭愚痴之讽。①

这是批评日本人作汉文汉诗毫无意义。

在艺术领域，同赞美中国画相对抗，主张日本应有日本画的呼声也高涨起来。与汉画家相抗衡的自称为"大和画师"和"日本画师"的浮世绘画师西川祐信指出：

> 上古之画多师法唐画，追随唐风，所绘皆为圣贤诗人仙客之类，极少本朝人物。……笔法依附唐人而不合日本人之法。……此非偏执乎？故事事附庸唐法厌恶和风，所绘图形均为唐山水、唐耕作、唐子游等，皆归唐朝而舍本朝，此非信遥远之异邦而恶近前本国之心乎？……于日本见识日本风俗岂非乐事，若诽之则令人叹息。倾心绘和画，意犹在此，实非偏执也。②③

这里点明的，实际是说担负着比汉画更具有文化史意义的浮世绘是作为独特艺术的自觉的表现。与此相比，在以通俗文艺自卑而沉沦于帮闲艺术领域中的文艺方面，虽然缺少这种自觉，但我们却不应忽视《春色梅儿誉美》的"序"中对不拘泥中国思想而立足于现实生活的江户文艺的夸耀：

> 能写与世推移之人情者，并未将和汉之谬理脱胎换骨，……只是专写其

---

① 贝原益轩：《慎思录》第5卷，东京：东亚堂，1911年，第122~147页。
② 译者注：本书作者说这一段出自《书法彩色法》。但是经查阅，此书书名应为《画法彩色法》。
③ 西川祐信：《画法彩色法》，《绘本倭比事》，京师：梅村弥右卫门，1742年。

意义和世所流行之事。①

作为对中国文化毫无分析的反动,国粹主义的思想出现了,开始导致排斥外来文化主张的形成。但这一国粹主义的思想最初也与贺茂真渊、本居宣长等人自尊卑他的立场相关,是站在具体把握日本文化特殊性的立场上来立论的。这是堕落到末流的自尊卑他的空虚的自负,与此同时,从这种观点开始,渐渐产生了更具有反省意义的见解。也就是说,即使与产生出佛教文化的国土国俗的特殊性无关,也应该排斥将佛教文化毫无批判地适用于日本的态度,但是没有必要连佛教文化的移植扩大和发展了日本文化的历史意义也加以否定。这样的观点,也从同为国学者的人们中间产生出来。富士谷御杖正确地指出了这一点,他说:

  大凡国学有二弊,一为学习唐国失其真,二为对其理解失其真。此二弊皆应深刻注意。②

上田秋成写道:

  儒佛二教若不合风土人情,虽百般扶植亦难生长。国禁基督教之严亦应作如是观。二教之信徒如欲光大本教,必与日本风土人情相符。③④

本居宣长也说:

  儒佛之道传入日本乃神意所为。虽传之亦不能导致邪恶之事滋生蔓延于日本。如人有头而无手足难以成事,如有五谷而无菜肴则不足以用。异

---

① 为永春永:《春色梅儿誉美》序,东京:神先次良助,1887年。
② 富士谷御杖:《北边随笔》,东京:吉川弘文馆,1927年。
③ 译者注:本书作者说这一段出自《刈葭》。但是经查阅,此书名应为《呵刈葭》。
④ 上田秋成:《呵刈葭》,《上田秋成全集》,东京:国刊出版社,1923年。

国之事亦可足日本之用,不可厌恶舍弃,应与之和睦相处。①

这些言论,都承认了摄取外来文化具有补充固有文化的效果。
大隈言道写道:

> 若随汉意便应以真心,随佛意便不应回避。避汉佛之俗而吟和歌,虽能咏出日本风格之和歌,然日本自古采用儒佛之教化,今世国民生来受此熏陶,则无法祛除儒佛思想,亦不应祛除。②

伊达千广也说:

> 自外国来朝,儒佛之道即传入日本,虽广为采用,亦为不得已之事,此乃神之旨意。若主张不用儒佛之道,今世也循上古之道,实为冥顽不化。时势亦如四季变迁,夏葛冬裘不能偏于一端。③

这说明摄取外来文化是不可避免的历史发展规律。结论可谓与《神皇正统记》的观点一样,是一种妥协性的立场。另一方面,在国粹主义和儒教立场上相妥协而成立的水户学派,他们的神儒合一论同平田派国学者的"和魂汉才"④的主张开始取得了优势。从幕末到明治初年,东方文化摄取史论呈现出一种犹如神儒(日本文化)合一论的倾向。总之,这是从对这一问题的各种观点中得出的最后结论,而且也应该注意到,这种观点也可以直接适用于对摄取西方文化的批判上(参照本论第二章第四节)。以上列举了江户时代对摄取东方文化进行批

---

① 本居宣长:《古学要》,《本居宣长全集》,东京:吉川弘文馆,1926 年,第 247~262 页。
② 大隈言道:《自言自语》,《大隈言道全集》,东京:日本古典全集刊行会,1927 年,第 247 页。
③ 伊达千广:《大势三转考》,东京:东生龟次郎,1873 年。
④ 译者注:"和魂汉才"是在"绳魂弥才"的基础上衍生出来的。"和魂"除了包括"绳魂",还包括中国的儒家文化和印度的佛教文化,"汉才"是指汉代以后的中国技术,它不仅包括"弥才"中的技术器物,还包括技术制度及其观念。

判的诸种形态,但无论哪一种都始终陷入毫无意义的优劣论中,虽然有些国学者从内容上思考了固有文化的特殊性,但大多依然拘泥于儒教的华夷论而沉迷于评判优劣这一点。这些议论多是抽象的主张,[①]结论也偏于一面之词,其根本性的解决还要同后来的摄取西方文化的问题一起,留待下一个时代来解决。

---

① 加藤仁平:《和魂汉才说》,东京:培风馆,1925 年。

第三章
近世对西方文化的摄取

第一节 近世初期对南蛮文化的摄取

　　位于东亚边缘的日本,有史以来就只同东亚的邻近诸国进行交往,对西方诸国则一无所知,西方诸国也不知道日本的存在。一直到中世,日本国史上记载的外来文化只限于中国文化和印度文化。这正好完全符合日本人的认识范围,即日本、中国、印度这三国如同整个世界。

　　不过,正如我们已经指出的那样,在宁乐时代,希腊、罗马系统的文化已经以唐朝文化为媒介传入日本,其中甚至有触及基督教内容的迹象,① 也有遣唐使在唐朝宫廷里与大食国的使者同席并座的事实。还有,一接近中世末期,物语、草子文学②中就出现了被认为是对希腊罗马文艺翻案的作品。③ 所以不能说与西方之间完全没有交往,只不过交往大多是间接的、无意识的,也可以说那时日本

---

① 久米邦武博士《上宫太子实录》中记载:圣德太子庙前开胎的传说就源自新约圣经中耶稣诞生的故事。
② 译者注:物语文学,产生于平安时代。它是在日本民间评说的基础上形成的脱胎于神话故事和民间传说的文学体裁。草子文学,有两种说法。一说是指用假名写成的文学作品。另一说是指日本中世和近世文学中的一种群众读物。
③ 坪内逍遥博士的依据是《百合若物语》,岛津久基博士的依据是《天狗的内里》。

与西方还未能相互了解。而以《马可·波罗游记》为开端,日本国名首次被介绍到西欧,接着由于新航路的开辟,进入东亚的葡萄牙人到达萨南岛,从此日本与欧洲开始建立关系。欧洲的文化开始传入日本。

其后,由于锁国政策,日本与西方的交流受到严格的控制,尽管如此,这种联系通过荷兰人仍很艰难地维持下来。就这样,日本与西方文化的关系才延续至今。不过,锁国以前所吸收的西方文化,全都是伴随天主教的传教而舶来的南欧诸国(以葡萄牙为首的西班牙、意大利等国)的文化(也与英国、荷兰多少有些关系),这与锁国后传入的北欧科学文化的性质稍有不同,所以这里借用当时的用语称之为"南蛮文化",希望能与后者有大致区别。严格地说,南蛮中还包括安南、柬埔寨、暹罗、吕宋、马来、爪哇等南洋地区。日本与这些地区的文化交流并不是很显著,因为这些地区的文化不能与中国文化、佛教文化、西方文化相匹敌,①所以,现在姑且从略。

南蛮文化即今天所说的天主教,是以当时所谓的基督教宗门为中心传播开来的,所以,不妨称之为基督教文化。不过,它是由与宗教没有直接关系的葡萄牙人的商船带来的,因此南蛮文化这一称谓更加合适。也就是说,南蛮文化是由来日本的基督教传教士和南蛮商人船载而来的,偶尔也有日本派遣的外交使节带回来的,或由到南洋一带去的国人在当地接受的。但这些都不能与直接依靠欧洲人输入日本的文化同日而语。而且这种文化的移植,与其说是凭借我们国民自发的愿望,毋宁说多数情况是被动地基于传教士传道布教的热情而带入的。这一点,同我们基于能动的要求摄取中国文化、印度文化根本不同。

在南蛮文化中占中心地位的,当然是基督教的信仰及礼仪,但与此有直接或间接关系的种种文化也伴随而来。从西洋绘画、工艺、音乐、印刷等技术,到哲

---

① 南洋文化直接或通过中国及西洋船舶间接地传入日本,只要看一下暹罗染料、矮鸡等南洋产物与其名称一起大量地渗入日本人的生活内部这一事实就很清楚了。从这些没有高度发达文化的地方带来的东西,大部分是生产原料的种类(参考:岩生成一:《近世初期的对外关系》,《岩波讲座日本历史》,东京:岩波书店,第101页),可以说,作为文化交流并无特别值得提出的地方。

学、神学、语言学、文艺、历法、医学等方面,乃至学校教育、慈善事业等社会设施,①以及有关贞操、育儿、博爱等道德观念,②这些有形无形的领域都有所涉及。此外,还可历数到与宗教没有直接关系的枪炮、造船、航海术、采矿冶炼术、天文学、地理学、钟表等军事、经济及自然科学文化,③洋帽、西装、西式烹调、西洋日用器皿、香烟、扑克牌、铅笔等有关日常生活的物品。④唯独建筑技术没有充分地传入,因为它有别于中国文化、佛教文化。这些西方文化的传入,全是来日本的欧洲人一手所为。日本人自己也在不断地学习掌握,但还没有达到可称为完全日本化了的境界,而只是出于好奇心,停留在对异国珍物加以赏玩的阶段。特别是宗教思想,如果不是采取盲目地接受其所赋予的教义的方式,那么它就只能靠与卑俗的民间信仰相妥协,才能得以传播。⑤

南蛮文化在日本文化中究竟扎下多深的根,这一点尚有争议。基督教徒那纯真炽热的信仰使全世界的传教士都惊叹不止,特别是由于禁教迫害反而强化了炽热信仰的狂烈程度。倘若否认这是基督教与国民精神的紧密结合,有些问题就难以解释。即使从几乎没有可称得上给固有文化带来特殊影响的事实这一点来看,由于当时的日本文化尤其是艺术之类已得到了高度发达,所以这和像接受佛教文化那样靠南蛮文化来促动日本文化是很少有相同之处的。⑥

不过,有一种特殊情况不容忽视,即南蛮文化在充分进行日本化或者与固有

---

① 参考:新村出《日本吉利支丹文化史》,村上直次郎《葡萄牙交通对我国的影响》(《东西交流史论上》),姐崎正治《切支丹宗教文学总说》(《切支丹宗教文学》所收录),海老泽有道《洋乐演剧事始》,大崎正次《吉利支丹的历》,《日本的基督教会学校制度》(《史学杂志》第 49 编第 12 号)。
② 海老泽:《切支丹的矫风运动》(《史苑》第 11 卷),横井保平:《切支丹和女性》(《历史教育》第 12 卷第 3 号)。
③ 参考:新村出《日本吉利支丹文化史》,村上直次郎《葡萄牙交通对我国的影响》(《东西交流史论上》),姐崎正治《切支丹宗教文学总说》(《切支丹宗教文学》所收录),海老泽有道《洋乐演剧事始》,大崎正次《吉利支丹的历》《日本的基督教会学校制度》(《史学杂志》第 49 编第 12 号)。辻善之助:《海外交流史话(增订版)》,东京:内外书籍,1940 年,第 714~730 页。
④ 辻善之助:《海外交流史话(增订版)》,东京:内外书籍,1940 年,第 714~730 页。冈田章雄:《南蛮宗俗考》第 4 章,东京:地人书馆,1942 年。
⑤ 冈田章雄:《南蛮宗俗考》第 3 章,东京:地人书馆,1942 年。
⑥ 濱田耕作:《切支丹和艺术》,《日本美术史研究》,东京:座右宝刊行会,1940 年,第 376~379 页。

文化相互发生深刻影响的时间尚不从容,就因禁教锁国而被剿灭了。南蛮文化后来留下的影响不大,这与其说是因为接受得较浅,莫如说是因为有这些特殊的情况。依靠天主教,首次懂得了一夫一妻制和投票选举,①正如佛教在日本思想界开启了一个全新的彼岸世界一样,天主教为日本人的生活开辟了一个新天地,但这一幼芽还未充分生长就被割掉了。虽说江户时代的日本文化一度接受了南蛮风格的绘画和医术,但靠它几乎没有取得什么成就。这样,南蛮文化带来的枪炮给日本人在战术上带来变化,正是这种变化为日本国内的统一发挥了巨大的作用。除此之外,南蛮文化对日本国史的发展没有任何意义。而且大多数历史学家都一致认为:由于南蛮文化是进入颓废期的南欧系宗教文化,即使日本不曾闭关锁国,靠它也不可能取得像明治以后那样由于摄取西方文化而获得的巨大成就。② 事实上,后来西方文化的影响之所以很大,是由于它已经变成了产业革命以后的科学文化,而作为中世纪宗教文化的南蛮文化,虽然也可称其为西方文化,但我们无法忽略其消费性格中与佛教文化等相通的东西。③ 可是,如果我们对照一下与外来文化的接触,就会发现南蛮文化含有中国文化和佛教文化中所没有的种种新要素。突然中断与南蛮文化的接触,毋庸置疑对日本文化的发展绝不会带来有益的后果。

第二节　摄取南蛮文化的思想基础

　　能够看到的与南蛮文化接触时引起思想反应的资料极其匮乏,这点同日本古代当时接触佛教文化和中国文化的情况相同,而且南蛮文化也同佛教文化一

---

① 参考:耶稣会年报所载 1565 年 9 月 12 日附书信(《长崎丛书》所收)。
② 内田银藏:《世界大势的推移和开国》(《国史总论》及《日本近世史》收录),新村出《锁国》(《续南蛮广记》收录)第 283 页,栗田元次《江户幕府政治》(《岩波讲座日本历史》)第 54 页等持有类似的意见。
③ 白柳秀湖:《明治大正国民史》,东京:千仓书房,1936 年。

样,是以宗教为中心的文化。对基督教徒来说,基督教是唯一的神教。相反,对排斥它的人来说,基督教只是一种邪教,人们无暇把它作为一种不同性质的外国文化来考虑与日本文化的关系。然而,南蛮文化未必只被信徒所接受,正如佛教的艺术魅力随着佛教的传播而显出吸引力一样,一些人被其附属文化所吸引。所以要探讨在这种场合下南蛮文化哪些方面特别引人注目,以期解决这一问题。

天正五年,佛罗伊斯的书信中有这样的记载:

> 异教徒中位高者,渴望得到与其身份相称的礼物。所珍视之物,据我们所知系葡萄牙帽子、琥珀、天鹅绒里子、沙漏、玻璃、眼镜、精巧的科多巴①、天鹅绒或高级钱包、上等刺绣毛巾、瓶装小粒糖果、上等蜜饯、蜂蜜、葡萄牙呢绒斗篷、喜欢条纹丝品、罐装砂糖、糕点及罐装小点心、佛兰德呢绒及地毯等。②

这些珍奇的异国货物激起了日本人的好奇心,日本在同朝鲜和中国贸易时也出现过同样的情形。需要注意的是,那些货物中包括钟表、眼镜之类的科学器械。克拉兹塞的《日本西教史》写道:

> 圣师在其书中记有应派日本传教士之条件。……其人需足智多谋,熟通天文算术,日本人要知道日月之蚀及盈亏等,故熟通此道时,应深入其内心,以助一臂之力。③

佛罗伊斯的《日本史》也写道:

> 此时有名叫秋正殿的位尊公卿,适与当时日本一流天文学者于此相逢。

---

① 译者注:科多巴,是一种皮制饰物。
② 村上直次郎编:《耶稣会士日本通信》下卷,《异国丛书》第3卷,东京:骏南社,1928年,第386~389页。
③ 克拉兹塞:《日本西教史》,太政关本局翻译人员译,东京:太阳堂书店,1926年。

由伴天连处闻日蚀月蚀及天体运行学说后,甚感佩其渊博学识,倍加尊崇,于是变信仰,是为都城第一位基督教信徒。①

正是像天文历法这样的自然科学才是把日本人吸引到基督教会里的最大的诱惑者。帕吉爱斯的《日本基督教史》中也有这样的记载:

秀赖自己也厚待神父。一日,拿出世界地图及说明太阳、月亮运行的浑天仪,就此机械询问佛僧,却得到愚蠢的回答。于是请修士说明。修士解释颇佳,责佛僧傲慢无知,尤为满意修士对值得惊叹的天体运行所作之解释。由此,传教士们凭借人文科学之力,与人们明示走向宗教真理的种种原理。②

大名亦到京都,仿公卿之样拜神父。中有听教义者,有议科学尤其数学天文学之者,亦有笑佛僧们无知者,面对明示游星运行之机械,感佩其科学之证明,故以为神父如此详知数学、天文,其所从事神事、救世之事定为可信。官内尚对地球仪倍感兴趣,令木匠赶制。③

可想而知,科学的魅力在任何时候都发挥着巨大的作用。如果说西方文化最大的特色是实证科学的话,那么东方最缺乏的正是这一点。当时葡萄牙人带来的自然科学,本来就不如 18 世纪以后自然科学的进步,尤其是基督教会仍然采用天动说旧理论,但尽管如此,对日本人来说已够大为惊异的了。下面是永禄四年伊尔曼·乔安·费尔南德斯的书信,其中在讲述了有关医师保罗配药的事情之后,说道:

---

① 佛罗伊斯:《日本史》前编第 29 章,高市庆雄译,东京:日本评论社,1932 年。
② 帕吉爱斯:《日本基督教史》1604 年条,吉田小五郎译,东京:岩波书店,1940 年。
③ 同上。

日本人无论是基督教徒还是异教徒，皆称外国神父之药外无可谓药。①

克拉兹塞的《日本西教史》也写道：

适值佛僧眼疾烦恼，阿尔梅达赠其药，眼疾旋即痊愈，于是阿尔梅达得以出入佛寺，是此众人从其习奇妙医术。②

极有效的医术格外打动人。在这种场合，人们关心的只是其治疗的效果，而不是对医术科学性的倾倒。这和以后的兰、法医学的兴起大相径庭，还有1587年的《基督教会日本年报》记载了丰臣秀吉驻扎博多时的见闻：

一日，丰臣秀吉于海上看到比赛普鲁宾卡尔所乘之贸易商船，移船近前登之……以其极大好奇心察看船内，对其构造赞不绝口。③

在技术方面，如此先进的造船术震撼了这位英雄。

就像佛教的魅力依附于艺术一样，基督教艺术在吸引日本人心理方面也起着巨大作用。永禄六年的佛罗伊斯的书信中记载：

哈德列在邀请大村纯忠来参观玻璃圣母像，大村纯忠看过之后非常喜悦，直接想要听教。④

克拉兹塞在《日本西教史》中写道：

---

① 村上直次郎编：《耶稣会士日本通信》上卷1561年10月8日的信件，《异国丛书》第1卷，东京：骏南社，1928年，第49~52页。
② 克拉兹塞：《日本西教史》第4章，太政关本局翻译人员译，东京：太阳堂书店，1926年。
③ 译者注：作者指出，这一段出自1587年的《基督教会日本年报》。但是查不到相关信息。
④ 译者注：作者指出，这一段出自1563年11月14日的通信。但是查不到相关信息。

大村王应邀至礼拜堂,王甚感悦其装潢之美。其中有怀抱耶稣之画,最令王心目惊奇。如此技艺精湛之画师,日本确实不曾有过。此画中人目光栩栩如生。一睹此画,无论至何方,仍有画在眼前之感。故大王以为:圣子目光非凡,可望而不可即,有贯通人灵魂之感。①

这说明宗教画的美具有强化信仰精神的强劲力量。在必思卡伊诺金银岛的探险报告中有一段关于庆长十六年五月江户城中拜见秀忠时的记录:有一幅赠送给皇帝的肖像画,画上的人物是菲利普三世和皇妃以及皇太子(即后来的菲利普四世)。皇太子看过之后,也想让自己的妻子欣赏此画。皇太子感到非常满意,于是说道:国王和皇子脸颊上的颜色非常自然。皇太子又看了看王妃,非常欣喜,感叹其端庄的样貌以及装束能够让皇太子妃等宫中的贵妇们感到吃惊,这也表现出其对非宗教画作的兴趣。另外,永禄三年伊尔曼·康萨罗·费尔南德斯的书信中写道:

我尚在丰后之时,十字祭之日,见有队列行走,基督徒皆手执蜡烛,有吹唢呐者,又鸣大小枪铳,如置身葡萄牙之感。……异教徒大为感动,皆愿与基督徒为伍。②

同年五月,路易斯·达尔梅依达在书信中说:

我等仔细装饰庭院,迎接贵族们,餐桌上备有彼等风俗食物,并备有日本风味食品。其间以弓奏中提琴之乐。奏乐少年扮基督徒状,皆着白服,所奏之乐为基督教国家于王侯前应奏之曲。同听之,喜悦异常。尤世子年少,离餐桌至弹琴少年近处。③

---

① 克拉兹塞:《日本西教史》第4章,太政关本局翻译人员译,东京:太阳堂书店,1926年。
② 译者注:作者指出,这一段出自1560年12月1日的通信。但是查不到相关信息。
③ 村上直次郎编:《耶稣会士日本通信》上卷1562年10月25日的信件,《异国丛书》第1卷,东京:骏南社,1928年,第68~70页。

1581年的《基督教会年报》：

  信长登上会馆最高层，留下随从，与神父、伊尔曼等亲切交谈，观看钟表又看备设的古钢琴和中提琴，令人弹奏这两种乐器，听后大喜。弹古钢琴少年为日向王之子(伊东义胜)。赞之，又赞奏中提琴者。尔后参观钟及其他稀有之物。皆因异教徒好珍奇之物才来观赏。神父系为吸引彼等于住处备下此物。借此，与我等亲切聆听说教之事日日可见。时至今日，舶来日本而最受日本人喜欢者乃弹奏风琴、古钢琴和中提琴。故在安土和丰后之际，备置风琴二台，还于各地安置古钢琴。这些都打动了异教徒，使其觉得上帝是何等庄严，何等重要。①

由此而知，音乐具有神奇般的作用。秀吉虽不是信徒，可听了归国遣欧使演奏的音乐后，"甚感兴趣，不禁被强烈、连续的乐曲所打动，自己也可察看、赏玩"②。

除了这种形而下的文化，日本国民对于南蛮文化的憧憬纯粹是在精神方面。毋庸讳言，基督教宗门的传播使人们认识到教养的价值。克拉兹塞在《日本西教史》中说：

  山口王……作为报酬给圣师很多金钱，圣师辞而不受。王大惊，谓之曰，日本之佛僧，求金银之贪心甚烈，彼之欧洲僧侣绝不贪金乎？③

佛罗伊斯所著《日本史》中说：

  基督教神父嘎斯帕尔·比勒拉至京都之时，有关人员曾查其日常生活

---

① 译者注：作者指出，这一段出自1581年的《基督教会日本年报》。但是查不到相关信息。
② 克拉兹塞：《日本西教史》第10章，太政关本局翻译人员译，东京：太阳堂书店，1926年。
③ 克拉兹塞：《日本西教史》第1章，太政关本局翻译人员译，东京：太阳堂书店，1926年。

及起居习俗,闻其仍保童贞,一查事实,方知过着令人惊奇的清规生活。某日,对神父之行状大加赞赏。答曰:彼等多蓄妾,窃食鱼及兽肉,以金钱实施宗教行事。然天主之僧侣于诸多方面皆明显凌驾于彼。①

由此可以推测,把堕落的佛教的现状与传教士认真的生活态度相比较,能得到很深刻的印象,可见,接近信仰的道路也已开辟。另外,在永禄九年的达尔梅依达的书信里写着:

> 婚姻之事,与五岛王一伙谈之,盖彼等各有妻三四,故不知此事。余闻夫将妇人悉遣之,惟至死不与一人结婚,则不可为基督徒。余径以此事告妃。妃其时在座,余对其主人云:汝欲为基督教徒,汝妻亦幸福。王等始赞上帝之正直。②

这正是基督教一夫一妻的贞操观念。在弘治元年的伊尔曼·德瓦尔特·达·西尔巴的书信里写着:

> 异教徒见我等葬死者之法大为感动……见基督教徒对极贫者或富者皆表同样敬意,知其博爱与友情,对我等如此葬仪表现出极大感动,可谓为我主基督所征服。③

天正十年的《基督教会年报》:

> 一和尚从常陆国北方、日本国边缘来长崎。彼遍游日本诸寺,积如许功德。见神父等不图任何利益,对教徒显出极大热情与慈爱,有别于日本和

---

① 佛罗伊斯:《日本史》前编第 27 章,高市庆雄译,东京:日本评论社,1932 年。
② 译者注:作者指出,这一段出自 1566 年 10 月 20 日的通信。但是查不到相关信息。
③ 村上直次郎编:《耶稣会士日本通信》上卷,1555 年 9 月 20 日的信件,《异国丛书》,东京:骏南社,1928 年,第 114~119 页。

尚，甚为惊异，游历诸国未曾有此感受。又言，求生而未得此教。①

这正是一种博爱思想。在天正五年佛罗伊斯的书信中说：

> 欲观圣诞节会堂装饰的异教徒甚多。彼等对会堂之清净、设备之齐整及基督教徒皆无高低之分互爱之事，甚为惊诧。②

可以看出，诸如此类的平等精神，作为日本从未有过的清新的伦理，给予纯真的人们的灵魂是何等强烈的感受。

> 他（大村纯忠）每日夜半三点为听圣祭而至公堂……日本诸侯无论在何等家庭，皆远离家臣及人民而坐，为其铺地毯、坐其端。但在会堂，则令无碍妇孺，与常人并无任何差别。我等也不为所惊……他欲与神父交谈之时，与其他下人一样，置剑及短刀于窗外，再入室内。③

这里所说的大村纯忠的举止，正显示出他对这种新道德是何等倾心，并付诸实施。然而，在以下犯上的浪潮还未终止的当时，无视阶级秩序并不奇怪。所以在江户时代稳定的社会中成长起来的人们，绝不会引起像出使欧美时的那种惊奇。另外，以欧洲人的世界作为活动舞台的宏大风气，令锁国后的日本人是何等惊奇，这当在后面论述。但在当时，已经对此发出了感叹。天正八年的劳伦索·梅西亚神父的书信里说：

> 信长最后请奥尔干奇诺神父说明自欧洲来日本的旅程。见地球仪大

---

① 译者注：作者指出，这一段出自1582年的《基督教会日本年报》。但是查不到相关信息。
② 译者注：作者指出，这一段出自1577年9月19日的通信。但是查不到相关信息。
③ 译者注：作者指出，这一段出自1563年11月14日的通信。但是查不到相关信息。

喜,曰:如此旅行若无强大勇气,坚强信心,遂不能成矣!①

以上是人们对带到日本来的南蛮文化的反应的记录,但舶来日本的东西只不过是原来实际的欧洲文化的片鳞半爪。欧洲文化进入此地后便开始为人们理解。正如大友有马、大村三侯的遣欧使一样,在这个意义上,日本人最初置身于欧洲文化之中并有了实际的接触,这在日欧文化交流史上起了极其重要的作用。遗憾的是,用自己的笔写成的旅行记未能流传下来,因而无法详细了解他们的所见所闻及感想。最近,冈本良知所译的佛罗伊斯所著《日本史》中,收有遣欧使节纪行,其中引用了日本使节的手记。东洋文库中的《桑迪见闻录》也把日本使节的手记收作资料,那是用第一人称的形式记述的。后者哪些是日本使节自己的感想,哪些是传教士的行文,虽然都不明了,但首先依据这些便可在某种程度上认识到日本使节与欧洲文化接触时产生的思想上的反应。所以今天仍把这些当成重要材料来看。

关于极为重要的宗教问题,与遣唐使对待中国佛教一样,最初确实是在信仰上以虔敬之心对待的,所以丝毫没有批判的余地,只被所见所闻的欣喜之情所左右。

日本的公子看到修道士互爱互仁之态,比之日本和尚之间冷漠的关系,差别如此之大,谈之不胜感慨。②

这一点与日本宗教界相比,应该说差异很大。可是,令他们感叹最大最多的还是全盛时期南欧都市文明外观的绚丽。

余所见日本所无的稀有之物如下:其宅饰以诸色华美织物,如观绘画逼

---

① 村上直次郎编:《耶稣会士日本通信》1580年10月20日的信件,《异国丛书》,东京:骏南社,1928年,第493~514页。
② 译者注:作者指出,这一段出自《佛罗伊斯纪行》。但是找不到此书的相关信息。

真而完美。①

今我等应重新归国,传日本众多闻所未及之事:圣灵如何之高尚,圣经如何之深奥,耶稣如何之不可侵犯,圣厅如何庄严,圣地来往如何频繁,雕塑如何尊贵,基督教王侯生活如何豪奢,圣堂及其他建筑之豪华雄大,王国都府之富强——谈及这些我等亲眼所见之事,国人定视若传奇,并终将结出丰硕之果。②

我等对部祢舍早有所闻。自古迄今,未尝为夷人所破。此处人杰地灵,由此建筑足可见出其独运之匠心。观其结构,委实令人瞠目。③

欧洲城镇皆如此,然里斯本城结构尤为雄伟,建筑之高大非同寻常,看惯我们日本城堡及设施者,无不为之而惊叹。④

从中可看出街市的壮观。

首先,住宅……不仅壮丽,亦尽极限……以石灰石,铺水磨石,成三四层楼,柱廊如此宽阔,兼备客室。柱廊周围既有前庭,又有凸出的房间。其他有卧室、妇人室、客厅等各种房间。房间数量之多,设施之美,无相当费用实难以建成。⑤

(罗马教皇宫殿之)气派,乃用心至极所造。制作之精巧,是谓凡人之力,皆含其物中。而建筑之辉煌,以造价而论,不居此处者亦可想知其之昂贵。⑥

---

① 译者注:作者指出,这一段出自《佛罗伊斯纪行》。但是找不到此书的相关信息。
② 译者注:作者指出,这一段出自位于梵蒂冈档案馆中 1587 年 12 月 1 日的伊东满所的信件。但是找不到相关信息。
③ 译者注:作者指出,这一段出自位于梵蒂冈图书馆中 1585 年 7 月 2 日的日本使节的感谢信。但是找不到相关信息。
④ 译者注:作者指出,这一段出自《桑迪见闻录》。但是找不到此书的相关信息。
⑤ 同上。
⑥ 译者注:作者指出,这一段出自《桑迪见闻录》。但是找不到此书的相关信息。

住宅皆如欧洲用石灰、石板建造，筑法甚精湛，与日本房屋不可同日而语。①

这里是说建筑物的宏伟坚固。

　　(西班牙托莱多城天主教堂的)钟自身有千余齿轮，神父抑或日本公子一生所见之物诚然不少，然此物实属稀有大值得惊叹。②

这里说的是机械的精致。

　　观圣·约翰城堡。入塞之时，但见城乃新筑并且布满火炮，睹其要塞之坚固，为之一惊。③

由此可看出军备的坚固。

　　我等于此处(帕多瓦市的剧场)……听种种愉快至极之交响乐。……我等完全惊叹欧洲各地所阅乐器之精良，种类之繁多，且可奏出如此不可思议之调。④

这是写对音乐的兴趣。所说的这些东西都是西方文化中格外能使他们动心的。而且其大部分东西，可以说像乡下人初到都市为鳞次栉比的建筑所惊奇一样。虽认识到西方文化与东方文化不同的优秀之处，但却看不到想要学习它的积极的态势。在《桑迪见闻录》里，更能看到日欧音乐优劣的比较：

---

① 译者注：作者指出，这一段出自《佛罗伊斯纪行》。但是找不到此书的相关信息。
② 译者注：作者指出，这一段出自《佛罗伊斯纪行》。但是找不到此书的相关信息。
③ 译者注：作者指出，这一段出自《桑迪见闻录》。但是找不到此书的相关信息。
④ 同上。

若从我们的习惯中转变观念,去考虑事物自身的本质,我们会觉得欧洲的歌曲是以某种精湛的技艺来谱唱的,何以故?它绝非同日本的音乐一样,总是保持同样的声调。其调或高或低,或介于中间,它们同时巧妙地发声,发出某种难以名状的曲调。……而我们中间的歌曲,没有多少曲调的变化,发声又一成不变,故缺少臻于这种程度的技巧,又没有遵循和声规律的训练。①

这是比较日欧音乐的优劣。

利诺:我眼中对欧洲那种服装没有不快之感,除了对其紧裹身子这点感到不快之外。

米该尔:这种不快,只是因为不习惯、不使用所引起的。其实仔细一想,从此种服装中获益很多。第一,不妨碍身体的各种活动。第二,御寒如此有效者没有,天寒之时也没必要像我们穿的"和服"那样,将腕和手揣入怀中。第三,衬衣每日一换,衣领很少污垢。因而无论从哪方面说——装饰的角度抑或清洁的角度——都应承认这种服装的便利。②

这是与和服相比,承认西装方便。

米该尔:习日本和中国文字颇烦琐,因此连普通读写尚需多年功夫。……然欧洲人仅有二十三个简单字母。……所以,他们若熟记这些字母,尔后靠自己,则可随心所欲地读写……实际上,倘若学习日本和中国文字时间一长,就无余暇学习神父特地传入的其他学术问题。虽如此,我邦文字亦有许多难以轻视之效用。我邦之语言因音似而易混淆,(罗马字母)则便于使用,不致混淆。③

---

① 译者注:作者指出,这一段出自《桑迪见闻录》。但是找不到此书的相关信息。
② 同上。
③ 译者注:作者指出,这一段出自《桑迪见闻录》。但是找不到此书的相关信息。

这里说的是罗马字母的长处,这对后来接触近代欧美文化来说是一种先驱者的态度。而更重要的则在后面:

米该尔:每个人的权利全部都得到保护,士族及贵族不给平民施加任何暴力,生活上万民平等,且赋予各人充分的权利。

曼肖:……在欧洲,贵族即使因平民起诉而被传至法庭也不足为奇。因为连国王自己也得服从同一法律……有关国王的所有论争,诉讼审判均不受他们摆布,而依堂堂正正之法律条文及老办法裁决……

米该尔:其实无一人能草率宣布判谁死罪,这要经过长时间考虑来决定。因而,欧洲人知道对自己的判决是以正当的法律为根据的,也不苦于下狱之事。因此,在某些人被判罪的同时,由于审判官正确地审查处理,又常可见有人被无罪释放。……日本诸国在行政和司法上未施行欧洲的制度。事实上我们日本人面向监狱之际,自己毫不怀疑地直赴刑场,以为自己早已被判死刑……

曼肖:……因此,我邦之当权者"殿下"或其他领主们,既不懂法又不依法,仅凭情绪任脾气,即依靠愤怒、憎恨、恐惧及其他此类来判断他人过失,常课以无辜的人民以极重的刑罚。

米该尔:在欧洲,被判死刑者不像我邦所为那样,受磔刑,投入釜中烧及试斩。那里被判死刑者之妻子儿女,不能因株连罪处以死刑或惩罚,亦不没收财产。①

这是以欧洲诸国完善的政治组织、法律制度来衬托出日本社会既无秩序,又不人道的历史与现状。

莱奥:小公爵、侯爵之间时有战争吗?

---

① 译者注:作者指出,这一段出自《桑迪见闻录》。但是找不到此书的相关信息。

米该尔：不！发动战争不是哪个人的事，乃是公众或国家大事。国王手下其他贵族之间若有何争论，一切纷争都移至国王的元老院或国家官吏手中，在那儿依照老办法或前人慎重考虑制定之法，根据他们的意志或判断，来解决重大争端。因而他们都过着非常和平和宁静的日子，没有滋生战争或不和的土壤。①

与日本中央集权下社会秩序依然不安定的状况相比，这当然是赞美欧洲社会。

米该尔：我认为欧洲之富强，原因在于其在和平与安定中发展。……和平可否称为繁荣之母，实在不容怀疑。正是出于这种原因，我们日本全国上下都被不间断的战争所笼罩，不能适时播种和收割，所到之处皆为战争风云。……其次，欧洲之富强也因其自然风土。……风调雨顺、温度适宜，土地盛产果实、谷物，其产量之多难以置信。在欧洲，收获物不仅有小麦、米，亦有大麦、黍、稷、燕麦及其他许多豆类。而各种树木结出的果实，难以尽数。这在我们日本难以看到，日本的果实很少，不及欧洲。此外欧洲还有众多家畜和兽，扒下它的毛皮，巧妙利用，价值颇高，可做成各种用途的衣服。欧洲富强的第三个原因在于欧洲人与其他民族的交往。我们自己总是满足于国土的富饶，不求诸他国，更不考虑他们对自己的作用。而我们日本人最大的缺欠还是在于同他们的兴趣不同。相反，欧洲人绝不满足他们国土的富饶，为开展贸易遍访所有陆地，渡所有海洋，谋求富国强民的方法。……你们所见在欧洲土地上耕作的农夫如何呢？事实上，他们不浪费寸土，为种各种作物，可以看到他们选择各种各样土地。原因即如前述。由于播种的种类多，一个地方种下谷物，另一地方便可辟果园，许多地方种葡萄，在更多的地方又可开辟橄榄田及其他相同种类的葱郁的树林。农夫的这种精神是商人的勤勉，或者说是职员的虚心、工人的刻苦精神与商人勤勉精神的融

---

① 译者注：作者指出，这一段出自《桑迪见闻录》。但是找不到此书的相关信息。

合。以上是我所目睹欧洲富强的大致原因。①

这里是在探讨日本所没有的作为欧洲富强基础的社会、经济、精神方面的条件。

又如：

欧洲人皆熟识彼此的习惯,乐于相互学习彼此的技术和发明。互相通融,丝毫不以为耻。而在日本人之间,以此为耻的恶习起着强大的支配作用。日本人无论什么事,除自己发明之外,从外国人那里吸取什么总感到有些羞耻。②

这是把欧洲文化进步的原因归结于各民族的文化交流,反省日本人的固陋。这种认识如果得到有意识地发展,靠同西方文化的接触就能够趋向有助于日本文化进步改善的方向。但这究竟是不是他们自己的见解,仍值得怀疑。归国后不久,由于开始了宗教镇压,充分利用他们所得知识的机会始终未产生。再者,这个遣欧使节的西洋见闻如前所述,最初是从基督教徒立场出发的,而且瓜尔梯利的《使节记》里这样写道：

日本使节对欧洲诸基督教宗格外尊敬,极其崇拜。为不使人抱任何疑念,伤其尊崇之心的平常举动不为他们所见,人们做出了莫大的努力。其宿常定于出家之僧院,外出必有陪同之人。凡有碍他们身心的皆避之,万一有所闻见,只作妥善说明,避其不良之面,导其以德。这样,日本基督徒皆得错误判断。这样,前面所述的使者们的使命、目的必定不能惬意。③

---

① 译者注：作者指出,这一段出自《桑迪见闻录》。但是找不到此书的相关信息。
② 同上。
③ 译者注：作者指出,这一段内容是出自木下杢太郎的译稿。但是找不到相关出版信息。

这种见闻，由于仅限于完美无缺的一面，阴暗面则不让人们接触到，所以，不可否认，在这种关怀下获得的西方文化观极其肤浅。①

总之，对南蛮文化的摄取，除了曾认识到它的优越性，也可认为它同后来称为兰癖和舶来兴趣一样单纯的南蛮兴趣的好奇心理一齐有力地发挥了作用。但是，这种好奇心已经超越了好奇的领域，而接近于神秘的尊崇观念了。

> 当时的人们，未必只带基督教色彩，对更广泛、陌生的南蛮情调，不是也寄予了一种近于信仰的心情吗？……所以对于南蛮人的装束、南蛮风格的日用器皿以及武器之类，即使对南蛮船舶来的珍奇的欧洲工艺品，也漠然地承认眼睛看不见的超自然的威力，并且至少认为与南蛮开展丰富的贸易是值得庆贺而且吉利的，于是便去掌握它，珍重它，认真对待它，并长久地保存下去。②

这样的解释大概离真相很近。但是那种异国的珍奇，一方面具有魅力，另一方面又不能不对它与传统文化习俗的巨大差别产生厌恶、反抗的念头。就连对欧洲文化抱有盲目归依之情的天正遣欧使节来说，西洋的舞会，"对自己起不到任何兴奋的作用，只能以牺牲的心情去做"③。所以，当然可以想象出它的一般倾向。可以认为，导致禁教令的颁布，或多或少是靠这种感情的帮助。特别是基督教神父都属南蛮人的教会，是在欧洲大本营的直接指令下活动的，基督教场合蕴含的外国味很强，这是不容置疑的，这也是排斥基督教的一个因素吧。这种外国味极强的基督教，又宣扬一神教的排他主义，向传统的宗教即神佛挑战，这就更有力地激起了人们的反感。可是对于基督教与神佛之间的抗争，实际上与日莲宗④和其他宗派之间的关系一样，既是一种宗派之争，也可认为是诱发禁压基督教政策的根本动机。这与其说是文化问题，不如说是为强化为政者统治地位

---

① 冈田良知：《九州三侯遣欧使节行记》序论。其他出版信息不详。
② 冈田章雄：《南蛮宗俗考》，东京：地人书馆，1942年。
③ 浜田青陵：《天正遣欧使记》，东京：岩波书店，1931年，第250页。
④ 译者注：日莲宗是日本佛教的主要宗派之一，由日莲上人在镰仓时代中期所创立。

的政治性顾虑（外有基督教国家的侵略政策,内有担心基督教团对封建支配体制的建立的妨碍）。排斥基督教不能仅仅说是传统文化与外来文化的摩擦。实施禁教令后开展的排耶稣论也不过是佛家对于商贾仇恨的诽谤,这与儒家的排佛论出于同样的政治理由。所以,交织在各种各样的歪曲、诽谤意识中的不自然的因素很多,国粹思想不反抗外来文化是很难的。就是说,对南蛮文化的反抗,不单是作为外来文化来处理的因素有很多,只有看它的结果时,才会注意它在国民对外思想中所起到的极其重大影响的事实。何以故呢？因为这个耶稣邪教观成了出发点,它与中国思想所结合制造产生了所谓攘夷论的母胎。安正五年六月九日,水户齐昭的书信中说：

> 廿年前,老拙曾言西洋文字之流行,盖以基督教为媒。而今观之,渐见学西洋文字者皆不以基督教为恶。……大名亦持蕃书,悉数检出,令译为和文,原本即焚毁……可也。又,大名之家亦相应聘定洋学者二三人,命其潜心研习。其余除长崎等译官外,天下之人从洋学者概宜禁止。何也？豪民等若笃信洋学,万一滋生野心、勾连夷狄之时,则天草之祸患,实不易避。宜速禁之。[1]

这可以证明幕末的攘夷论与排耶稣论靠深刻的传统关系相连在一起。而攘夷论正如本论所述,成了排斥西方文化运动的根本思潮,所以不管排耶稣论的动机如何,在历史上它还是思想界排斥西方文化的先驱。这在本论（第1章第2节第1点）中虽有所涉及,但此序中仍要加以指出。

---

[1] 东京大学史料编纂所：《大日本古文书：幕末外国关系文书》第20卷,东京：东京大学出版会,1910年,第421~422页。

第三节　锁国后迄今对欧美文化的摄取

日本由于强行锁国，使一度掀起的与西方文化的交流几乎中断。但与荷兰的贸易虽然是在极严厉的限制下进行的，却终究破例地给予认可，所以只有一条狭窄的通路维持着与西方的接触。锁国后不久，从战国时代到安土桃山时代，日本传统文化实现了自我完善。由于锁国时代仍然是日本传统文化继续保持兴旺的时期，也就没有多少必要隔绝西方文化。正如日、唐绝交后的平安末期一样，虽然出现了传统文化的鼎盛期，但以僵滞的封建秩序束缚下的国民生活为基础的江户文化，既然没有从外界注入新要素，就势必带上不自然的颓唐的色彩。这样，一部分人便逐渐把憧憬的目光转向密封、隔绝了的另一方，依靠仅存的通向西方文化的一条窄路，开始了摄取西方文化的能动的运动。所谓兰学（后来扩大为洋学）的发展，就是其具体体现。它并不像南蛮文化那样属于被动的，而是有着自发的难以抑制的内在欲望。这一点也恰恰和飞鸟时代对隋唐文化积极的活用一样，呈现出日本国民对外来文化态度的最典型的样式，所以同西方文化直接接触的途径只有长崎的荷兰商馆及入港的商船。另外，商馆馆长一年只有一次机会参拜江户幕府，所以只能在极受限制的范围内探求，再加上语言的障碍和对西方文化渗透的封建统治者的无端镇压的恐惧，兰学的行路非常艰难。尽管条件极为困难，但对西方文化的热情却没有被扼杀，而是继续存在。这显然不同于对中国文化、佛教文化的摄取和禁教以前对南蛮文化的摄取，那是利用为政者的奖励和时势的需要才能得以流行的。不久，欧美列强对东亚的世界政策的发展打破了其锁国的梦想，甚至把手伸到了日本的四周，摄取西方文化成了兰学家唯一不局限于文化需求的国家现实的需要。终于，封建统治者们开始投身于这一运动，设立蕃书调所，研究西方科学，改编近代陆海军，派遣留学生等。稍后，武家政治倒台，在王政复古基础上又建立起统一的近代国家，打破以往的陋习，确立起向世界求知的开国进取的国策。从此，在吸收了西方文化的国家中，一场全面的近代化运动在文明开化、富国强兵的标语口号下奔马般地开始了。

这样，就江户时代的西方文化内容来看，最初兰学正如医学界的兰法医学和长崎翻译的天文历法学的研究一样，是开始于实证的自然科学。例如德川吉宗等为殖产兴业而尝试移植应用技术，以至引起了外交问题。逐渐地，掌握用于国防的军事技术占据人们兴趣的焦点。大体上看来，属于自然科学的东西，也并不就是纯理性的，从实用角度来摄取占据了绝大部分。如医学、天文学、博物学、兵工学等，作为应用技术科学始终是最兴盛的。后来纯理论部门也开始兴起，但它是以生理学为基础医学，以物理学作为天文学的背景，以化学作为兵工技术基础的学问，其中含有某种实用性成分的这些自然科学及其技术同传统的东西相比占有比较大的优势，所以最初出现了汉、荷折中的医学，后来西方科学排除了这种妥协，撤下汉学，呈现出跃进之势。[①] 唯有数学，如传统数学的和算，虽然是在封建的制约之下，但由于取得了高度发展，多少有了一定的影响。然而，西方数学的发展直至维新前几乎没有值得称道的地方。又如在文化科学、社会科学、哲学等方面，由于它处于御用学问的儒教思想的独裁下，完全没有施展的余地。荷兰宪法的翻译、西洋史研究学会的兴起也不是没有，[②]但从大局来看是极微不足道的。只有世界地理才是这方面唯一的近代知识。[③] 当然不能把国家禁止的宗教当作问题，但只有洋学者们才由最初的模糊到逐渐了解了基督教未必是邪教。[④] 同样，少数有卓见的人士，虽然不成体系但多少还对西方道德观念、社会

---

① 关于江户时代吸收西方文化的研究有：杉田玄白《兰学始事》，大槻如电《新撰洋学年表》，吴秀三《洋学的发展和明治维新》(《明治维新研究》所收录)，板泽武雄《兰学的发达》(《岩波讲座日本历史》)，富士川游《日本医学史》，富成喜马平《日本科学史要》，齐藤阿具《德川吉宗和西洋文化》(《史学杂志》第47编第11号)，沼田次郎《关于蕃书调所》(《历史地理》第71卷第5号)，原平三《关于蕃书调所的科学和技术部门》(《帝国学士院纪事》第2卷第2号)，水田信利《幕府末期的我国海军和荷兰》。
② 大槻如电：《新撰洋学年表》，东京：六合馆，1927年，第128页。大久保利谦：《日本近代史学史》。
③ 鲇泽信太郎：《东洋地理思想史研究》，东京：日本大学第三普通部，1940年。鲇泽信太郎：《锁国时代的世界地理学》，东京：日大堂书店，1943年。
④ 就连国学者也吸收基督教的思想，对神学进行了改造。村冈典嗣：《基督教对于平田笃胤的神学的影响》(日本思想史研究所收录)。

思想等有所理解并被感化,这一事实都是值得特别写出的现象。① 艺术、音乐、文艺、雕刻等方面几乎都未受影响,即使找出唢呐源于西方,②或胜海舟尝试过翻译洋诗这类现象,③也只能停留在满足好事者的穿凿附会的欲望上。总之,在思想方面,封建思想的根基很牢,它保护着自己,传统艺术也便得到高度发展。而且西方学者的兴趣集中在实用性上,对艺术并不关心,这些条件会合到一起就出现了这种结果。在艺术领域中,只有绘画明显受过荷兰舶来的铜版画的影响。④ 如司马江汉等人移植的那种纯粹的西洋画,还有在作为传统艺术的浮世绘中产生了一种风俗画。此外,还给描写自然的技法以各种各样的影响,连广重这类纯日本画家的作品中也含有许多西洋画的手法。⑤

这是江户时代摄取近代西方文化的大趋势。但到开国维新以后,这种摄取领域的界限已经消失,以衣、食、住及其他日常风俗为主,从政治组织、法律制度、产业设施、教育机构,到构成其思想基础的文化科学、社会科学、哲学、宗教等西方文化大量被移植,明治以后的日本文化都是在这条线上被重新编成的。以富国强兵为目标的西方文化的移植,对日本来说是基于与欧美列强为伍的作为近代国家的政治上的要求。所以幕府末期大体上是从国防的角度,进行广义的扩充。因此江户时代以来的实用主义色彩依然很强,甚至把绘画之类的艺术也当作军事技术或海外贸易品来对待,后来才开始根据纯文化的要求对学问艺术加以吸收。同时,前代延续的自然科学也同样随着军备产业的近代化而变为越来

---

① 这一点将在本论中详细阐述。
② 崛内敬三:《音乐五十年史》,东京:讲谈社,1942年,第32~33页。
③ 重久笃太郎:《明治以前的西洋文学传来考》(《日本近世英学史》收录),柳田泉:《明治初期的翻译文学》。
④ 泽村专太郎:《影响到本国书坛的西洋版画》(《日本绘画史研究》收录),黑田源次:《受到西方影响的日本画》,外山卯三郎:《日本的西式风景画的起源》(日欧交流文化论)。
⑤ 藤悬静也:《浮世绘》,东京:1924年,第175~179页。内田实:《广重》。东京:岩波书店,1932年,第196~197页。

越重要的应用部门,这是不必多说的,甚至连纯理论领域也完成了一次飞跃。① 明治初年由于整个文化部门加速引进西方文化,就必须招聘很多洋人教师和指导者。② 幕末开始的派遣留学生,③导致日本人自己掌握西方文化的积极性越来越高,招聘外籍教师的候选人制度也陆续形成。进入明治中期,摄取西方文化已经完全由日本人自己去操纵。这样,被摄取的西方文化已经处于必须考虑是否适合冠上"西方"这样一种名称了。因为那些从西方移植过来的新文化已完全植根于日本国民的生活中,而且变成了不可分割的要素。总之,形成这些新文化本质的近代性格(如学问中的科学性、社会思想中的非封建性等),与江户时代以来国内逐渐形成的近代倾向(虽然幼稚)相吻合,为急速发展它而被接受,当然不会只把它当作外国文化而不去接受。尤其是过去摄取的中国文化、佛教文化、南蛮文化等,大多停滞在对国民生活的部分领域——主要是上层文化界的部分领域注入新要素方面,而这一次则是在社会组织、经济生活的基础上,根据近代文化的旨意来加以改造,与从前有重大差别。

当然,这一新文化建设同传统文化的关系是相当复杂的,其中产生过许多矛盾和问题,同时在西方要素和传统要素结合时又生出种种形态。比如,数学、自然科学及应用技术全盘换成西洋的东西了,但西方科学无论从内容的普遍性来说,还是从日本人自身经营的比佛教文化中的镰仓佛教更为完善这一点来看,应该说它已经失去了理应被称为"西洋性"的特点。同样,军制和兵技也如此,它

---

① 关于明治以后的西方文化的摄取,有如下研究成果:大隈重信编《闭国五十年史》,石井研堂《明治事物起源》,清原贞雄博士《明治初期文化史》,尾佐竹猛《近世日本的国际观念的发达》《维新前后的立宪思想》,清水伸《伊藤博文的宪法调查与日本宪法》,麻生义辉《近世日本哲学史》,丸山国雄《日德交流史话》第2部,大塚三七雄《明治维新和独逸思想》,柳田泉《明治初期的翻译文学》,丰田实《日本英学史的研究》,正宗白鸟、宫岛新三郎《西方文学对日本文学的影响》(《岩波讲座世界文学》),《日本文学和外国文学的交流》,《日本的外国文学研究及文献》(《世界文艺大辞典》日本条目),木村毅、齐藤昌三《西洋文学翻译年表》(《岩波讲座世界文学》),大久保利谦《日本的大学》,森口多里《明治大正的洋画》,三浦俊三郎《本国西方音乐变迁史》,石原纯《科学史》,上野益三《日本生物学的历史》。
② 《对明治文化产生影响的欧美人》,渡边修二郎:《明治前期陆军各方面雇佣的外国人》。
③ 渡边修二郎:《幕府时代及明治初年的留学生》,原平三:《德川幕府的英国留学生》(《历史地理》第79卷第5号),原平三:《关于我国最早的俄罗斯留学生》(《历史学研究》第10卷第6号)。

们全盘西化也同样意味着日本化。即使在文化科学方面,从对象来看也和历来的国学、汉学相同,或类似于日本国史学、日本国语学、日本国文学、中国史学和中国文学等。这类学问也由于吸收了西方文化科学而面目一新。但是,同以世界的普遍性为特色的科学和技术(兵技也是其一)不同,进入政治和法制领域时,情况稍有差别。政治组织和法律制度的大纲也是仿效西方近代国家的,宪法和民法则很难说是极其近代的西方的东西同明显的封建的东西并存,或是两者紧密的统一。进一步说,进入艺术领域问题就更为复杂。譬如文艺之类多半因西方文艺的影响而获得了新的进展,其中传统美是自然表现出来的,并实现了某种融合。但在绘画和音乐方面,西洋画对日本画、日本画对西洋画的接触,或曰相互影响,①这种传统技法和新兴技法的统一的尝试也是存在的。尤其是日本画和西洋画、日本音乐和西洋音乐领域中的根本对立该如何对待,目前还没有什么具体的办法。而在衣食住、风俗习惯等生活文化方面,两者的混淆更为严重,近代的西方要素和完全非近代的传统要素纵横交错,在这里形成了欧美所没有的近代文化的重要特征。② 总之,摄取近代西方文化可以说与前代摄取外来文化不同,它给生活的全部领域带来了根本性的改造,其改造运动过于迅速,从内部来讲又操之过急,对近代事物的需求就像从前有过一点接触那样,国内也可以自己生成;但那是极其微弱的,在整个大局势中,如果停留在这种不是内部自然发展的表面的近代化上,那么这种倾向一增强就会招致上述结果。不过,这些问题应在本论中详细探讨,这里只勾勒上述轮廓。

附 日本文化对海外文化的影响

如前所述,许多事实说明日本文化自发源以来一直把吸收外来文化作为自

---

① 森口多里:《美术五十年史》,东京:鳟书房,1943年,第421~423页,第515~517页,第534~536页。
② 为阐明日本近代吸收西方文化的特色,如果与中国、俄国、土耳其等后来崛起的国家摄取近代文化的进程相比较,一定会获益匪浅。

身发展的资本,但反过来说,日本文化给海外诸国以哪些影响呢?可谓微乎其微。古代圣德太子的《胜鬘经义疏》由唐僧明空加以注释是罕见的例子。平安时代源信的《往生要集》被带到宋朝,深受僧俗的喜爱。从倭绘屏风输出并被珍藏于宋徽宗皇帝的御府开始,日本的诗歌、书法、绘画、工艺、刀剑等不断传到中国大陆,令中国人感叹。日本的画扇还在朝鲜半岛受到青睐。[①] 但这些影响都只限于当时,结果是中国大陆文化的发展似乎没有受到日本文化的影响。大概以中华自命的中国人没有摄取作为"东夷"之一的倭国文化的必要。另外,始终对中国顶礼膜拜的朝鲜摆出同样的态度也不是不可以理解。这里举出一个现象:在被中国大陆视为末技的工艺方面,日本只有取得特殊发达的泥金画等技术被传到中国大陆,明代以后中国的工艺界制作了它的仿制品。[②] 的确,明治以后日本的迅速发展令中国人瞠目而视,尤其是日清甲午战争之后,中国主动派遣了大量留学生,此后对日本文化的摄取与日渐增,以至于形成中国近代化的很多因素都是受到日本文化的影响。然而,即使在这种情况下,中国所寻求的也不是日本文化本身,而是要学习日本获得的近代西方文化。[③] 这委实要比直接向西方学习更为容易方便,所以中国学习日本的这种倾向则不容忽视。[④] 这就是日本文化大致上给予中国文化的影响。

不过,与中国文化一起长久给日本文化带来很大影响的佛教文化的祖国印度,没有从日本文化中接受任何东西。与基督教各国交往时,日本遣欧使节曾把日本屏风画献给罗马法王,[⑤]日本基督教徒的壮烈殉教也给欧洲人以极大的感动,但这也不至于和欧洲文化的发展有多少关系。可是幕末以后向西洋输出的

---

① 松下见林:《异称日本传》,摄州:毛利田庄太郎,1693年。辻善之助:《海外交流史话(增订版)》,东京:内外书籍,1940年。
② 加藤繁:《支那经济史概说》,东京:弘文堂书房,1944年,第68~69页,吉野富雄:《大明宣德年制仿倭漆食笼》(美术研究第130号)。
③ 实藤惠秀:《日本文化对支那的影响》,佐藤三郎:《近代支那和日本文化》(近代支那文化研究所收录),实藤惠秀:《支那翻译的日本书籍目录》(日华学报第42号)。
④ 实藤惠秀:《日本文化对支那的影响》,佐藤三郎:《近代支那和日本文化》(近代支那文化研究所收录)。
⑤ 滨田耕作:《关于安土山屏风》(《佛教美术》第18册)。

浮世绘，却给英法等国画家以很深的影响，成为印象派勃兴的一个原因①（关于印象派和浮世绘的关系，也有消极的看法，但是，既然他们欣赏浮世绘，就必须承认有它的影响），它与俳句等文艺给予欧美作家虽少却有若干影响，②有助于欧美文化的发展。这对不很丰富的日本文化来说，是一个例外的现象，足以引人注意。③

　　日本文化对海外文化影响的程度，大体上如前所述，同海外文化在日本无休止的莫大影响相比，差别悬殊。有关东西双方世界文化的交流，日本文化由于吸取了世界文化而取得了惊人的发展。但在日本文化史特质的另一方面，文化交流常常只限于从海外流入日本的单方面影响，日本作用于世界的途径却被封锁了，这是日本文化史内部不容忽略的一个特征。④ 细想一下，这个可悲的特质的来源之一，还是日本列岛的地理条件，再者是由于自尊自大，不想了解邻邦中国以外的民族文化，另外一个重要原因，即日本独特的文化只具有浓厚的日本的特殊性而缺乏世界的普遍性。总之，迄今为止，日本与海外的文化交流，一般偏向于日本汲取。摆脱这种单方面的关系，让日本文化为世界文化的发展做出积极的贡献，正是我们今后努力的目标，也可以说这是文化史上的重大课题。为实现这一课题，首先要求充分消化现代世界文化及其与传统文化的完全统一，这是不可缺少的条件。作为海外文化摄取史的附录，特设此节，其实不外是因为考虑到日本文化有助于世界与日本摄取海外文化有着不可分割的关系而已。

---

① 矢代幸雄：《日本美术的特质》，东京：岩波书店，1940年，第123页，第239~240页。小林太市郎：《欧洲绘画中体现的日本影响的端倪》（国华第575、576、578、580、584号）。
② 欧美的日本文艺研究和翻译虽有某种程度的进展[比如：《外国的日本文学研究及文献》(《世界文艺大辞典》)，久松潜一：《欧美的日本文学》]，但却极少给欧美文艺带来影响。
③ 关于音乐方面，Madame Batterfly 的作曲吸收了日本音乐的旋律。
④ 很少有像日本这样的具有高度文明却很少给其他国家带来文化影响的国家。欧洲各国人民相互间的文化交流，近代西方文化给全世界带来的影响，中国文化、印度文化广泛传播给邻近各国的事实是不必多说的。不可否认，东亚给西方文化的影响很小，尽管如此，也不能轻视中国文化曾经影响过西方文化。洛可可式艺术的形成多半吸取了中国美术。像启蒙思想和重农主义作用于世界史一样，这些思想的出现也可以说是靠中国哲学的启发（后藤末雄《支那思想的法国西渐》，小林太市郎《支那和法国美术工艺》，小林太市郎《支那思想和法国》，五来欣造《儒教的独特政治思想的影响》）。这一点，日本浮士绘的影响是无法比肩的。

本 论——锁国后至现代摄取欧美文化的思想基础

第一章
接触西方文化后产生的反应

第一节　与外来文化接触的途径

　　日本与外国隔海相望，与外来文化的接触往往只能通过远渡重洋才得以实现。因此，对日本而言，外来文化也即是海外文化、舶来文化。无论是与中国的交往还是与西方的联系，都只是距离间隔大小上的差异，而渡海相交的性质是一样的。作为一个既没有长期遭受异族侵略又无大规模迁徙经历的民族，日本与海外文化的接触便只能通过两条渠道来进行，从他国渡海而来的来朝者，或是由日本越海而去目睹他国文化的归朝者。

　　现在我们如果对与西方文化的接触形态稍作细致区分的话，那么首先便是与舶来书籍构成的知识世界的接触。特别值得指出的是，因为当时对西方文化的接触是在禁止国人渡航海外的锁国年代里开始的，所以通过书籍而接触西方文化便成了最主要的渠道。这些书籍最初以汉籍为主。这些汉译洋书或汉书中有关西方文化的记录成了人们获取西方知识的重要源泉。像《旅外杂纪》之类的禁书对江户时代的学者们的巨大影响，通过近年诸家的研究已经得到了确认。另外，关于通过江户时代的汉书而摄取西方文化的问题，由于有了许多出色的研究成果,所以在此就不再一一详述了。① 我们大概可以说,这种现象来源于人们长期对汉文的特殊亲近感,也是由于读解洋文的困难,以及西方理论艰深而不得不采取的一条捷径。这种现象即使是在诸种障碍逐渐消除之后,迄今仍有所保留。幕末后期基督教用汉译《圣经》进行传道,便是一个很好的例证。然而由于幕府对兰学的态度有所缓和,由于努力克服了像《兰学事始》似的诸种困难,打开了学习荷兰语的途径,以至于在借助汉籍之外,又增添了人们直接阅读洋书的可能性。由此通过洋书而接触西方文化逐渐成为重要的途径。进而由日本人译成日语的洋书或汉译书也日益增多。通过西方书籍的译介,人们开始接触西方文化,通向西方文化的道路被拓宽了。当然通过阅读日译西方书籍来接触西方文化,不过是承袭前人业已获得的西方知识,并非是增加国民知识结构的新的要素。因此很快出现了像佐久间象山那样杰出的人物:最初依赖于译本而接受西方知识,晚年却开始亲自学习外语,阅读西方原著。当然像渡边华山②那样只通过译本便十二分地活用西方知识的学者也不乏其人。要知道,仅从书本做知识上的接触并不能窥探到外国文化的本来面目。尤其是容易曲解其文化的社会基础与现实意义。可是远渡重洋去欧美做实际性的接触,让多数人可望而不可即。而且从某种程度上讲,从书本上接触西方文化要比那种短暂的而且是皮毛的海外考察或留学具有更高的价值。这一重要意义不能轻视。因此,即使在海外渡航最盛行时期,这种书本上的接触在整个文化接触中仍占据最重要的地位。但这也给西方文化的摄取方法上带来种种制约。例如戏剧这种依靠书籍最难移植的文化形态,在当时的摄取是颇费力气的。小山内薰的《自由剧场》一书载:

  依我所见,今日日本之剧场名存实亡。为此,我欲振兴一种新兴戏剧。……然而欲行此举,必先要有参照物。……因此欲用自己贫乏之外国

---

① 研究成果如下所示:中村久四郎:《近世支那对日本文化的影响》(《史学杂志》第 25 编),中村久四郎:《近世支那对维新前后的日本的影响的诸方面》(《读史广记》收录),伊东多三郎:《禁书的研究》(《历史地理》第 68 卷),鲇泽信太郎:《关于江户时代的世界地理学史中的职方外纪》(《地球》第 24 卷第 2 号),小泽三郎:《幕末明治基督教史研究》。
② 译者注:渡边华山(1793—1841),日本学者、政治家、画家、幕末藩士。

语、贫乏之藏书来了解西洋之事。①

这个结局便可想而知：

> 我对焦恩、阿普里哀尔、波尔克曼之舞台演出方式一无所知。西洋人实际演出之戏剧，我等一次也未曾观看。既未见过形象也未见过剧照。②

因此，小山内薰最后只好通过旅欧友人的信函来了解西方戏剧的实况。我们从这一历史中可以看到日本移植西方文化的一个特点。

国内与外来文化接触的第二种方式，是通过来朝的外国人及其所带物品进行的。但在锁国时期，这唯一的通道便是与被限制在长崎一港贸易的荷兰商人的接触。荷兰商人们驻扎在长崎，并且每年一次去江户幕府参觐。这从而成为向日本国内吹进西方空气的一个残留的窗口。除此之外，虽说有像希德兹契潜入事件③和新井白石那样杰出学者的实际活动，曾对认识西方文化有特殊的推动作用，但这种机会极为罕见。一般说来，当时人们多是通过游学于长崎或是访问暂住江户的荷兰商馆馆长一行的住所来接触西方文化的，这类似直接去往国外。西川如见等人即是如此。但尽管西川如见的西方文化知识非常卓越，可实际上无非是得惠于长崎似的环境。自江户时代以来，俄、英、美诸强的军舰打破日本的锁国梦之后，这种由"黑船"④所代表的西方文化的具体形态，或在北部口岸，或在江户湾头，进而在下田、神奈川、兵库以及其他各地呈现在日本人的眼前。这种西方文化形态与过去为了商业利益乃至卑躬屈膝来求得日本欢欣的荷兰商人所显示的文化形态明显不同。荷兰商人带来的或是货物，或是和平性的

---

① 小山内薰：《自由剧场》，岐阜：郁文堂书店，1912年。
② 同上。
③ 译者注：希德兹契(1668—1718)，意大利传教士，在日本江户时代偷偷潜入日本传播基督教，之后被幕府投入监狱，最后死于狱中。
④ 译者注：1852年，美国人马休·卡尔布莱斯·柏利(以下简称柏利)，率4艘兵舰首次进入日本。其舰队中有两艘蒸汽船，因舰身皆为黑色，故称之为"黑船"。黑船事件标志着日本锁国时代的结束。

(其中一半是玩具性的)机械和医学、天文、植物等科学知识的书籍,而黑船带来的文化形态则是大炮、蒸汽机、铁甲舰以及由此而露骨地表现出来的霸权政治。于是这又成为日本国民勃发排外攘夷精神的一种动力机制。然而无论如何,这又把近代科学文化的实体很明确地展示给日本国民,虽说其是片段的。由利公正这样描述培理舰队进入浦贺港时的情景:

> 选派一侦探抵达浦贺。其至时恰遇军舰收起锚链,冒着黑烟去某处测量。一眼望去便觉是一庞然大物,即或从侧面亦难靠近之。军舰上装有巨炮,显然,用火枪根本不能将其击退,因我方由火绳枪装备,故被此等洋人观之,实为可笑。望其巨舰发动,其速难以比及。舢板、帆船与其相比,皆如树叶一般。至此,我深感那种迂腐之论无用。……阅读向幕府献策之书信,更多慨叹。往昔人不识世界交往相通之事,故以锁港攘夷之苟且之计来保其国体不变。然今观其巨舰之威后略加思索,便觉原有国策实毫无用处。由此始知攘夷只是空论。彼国何以能有如此精锐之装备,应必引日本人深思,以究其根源之所在也。①

《德川实纪》中有这样一则故事:

> 前天晚上,姐小路少将在其住所附近被杀。由于他是攘夷论者,负责造船等事宜,对当今国外之事有些了解。②

从这一事例中,可以看到当时与进港的西方军舰的接触给国人的西方观带来怎样的根本变革。而且即使是对于那些只是望到海上的军舰而并不了解实质的人们来说,也开始明白与之一战的结局。《大隈伯昔日谭》中曾这样说道:

---

① 三冈丈夫:《由利公正传》,东京:光融馆,1916年。
② 经济杂志社:《文久三年五月二十日条》,《德川实纪》《国史大系》,东京:大同馆,1912年。

此事颇为奇怪:被称为明治文明先导之萨摩、长崎两藩其始却皆尤为厌恶洋人。故一同与洋舰战争。从而两藩无疑得以知晓洋人优势之所在,始知如不假于精锐之武器,终将难以与之抗争也。两藩因而力图改革,于是面目一新,为其后于维新变法中逐鹿中原而奠定基础。①

此后欧美诸国使团长驻日本,而且西方人作为一般市民的居住者也日益增多。西方的风俗与文化展示给普通国民的机会也愈来愈多。因此即使不去长崎也可随时随地接触西方文化。那么这又对国民加深对西方文化的认识起了何种程度的作用呢?

明治三十二年前后在驻地的某个西式旅馆里看了三场《罗密欧与朱丽叶》和一场《哈姆雷特》的演出。日本戏剧与外国戏剧的对白、动作、表情、布景等都迥然不同。从此明确意识到,两者的一颦一笑都有着自然与矫揉之差。当然,在此之前作为教材或参考资料也曾读过有关外国戏剧表演艺术的书籍和英美名演员演出的莎士比亚戏剧的场面记录,但是在艺术的细节上还是百闻不如一见。②

如其所述,连坪内这样的名家对莎士比亚的研究都必须依赖于居住日本的外国人的戏剧演出,可见与居日西方人的接触绝不是徒劳。明治七年津田真道便在刊物上发表文章,呼吁允许西方人去内地旅行。

洋人去内地旅行之事宜应果断许之。而吾等民众至今所欠者乃为知识与开化也。以开化、知识及教育使社会渐进,又惟有兴学校之教育。此实非一朝一夕之事。大抵欧美诸强之所以有如此知识、财富、开化,亦非他故,乃为彼等通商交易,五大洲无所不至之经验积累而已。故吾人民之知识应由

---

① 大隈重信述,元城寺清编:《大隈伯昔日谭》,东京:新潮社,1914年。
② 坪内雄藏:《在中国观赏的外国演员出演的莎士比亚戏剧的印象以及日本的莎翁研究》,《明治文化发祥纪念志》,东京:大日本文明协会,1924年,第160页。

磨炼而增,开化应由交际而成也。若以是观之,使今日吾人民知识之增长、开化之进步之最上策者为使吾人民多去国外旅行,经受磨炼,扩大交际,并且需将此事由空谈而赋之于实施也。……既然如此,今日洋人亟请去我内地旅行亦实为幸事,宜应速速允之,以使吾国人民之知识开化在与洋人交往习练中得以增进。①

明治二十年,井上馨在呈文中也持有同样的主张:

夫一国之民,先应为勇敢活泼之人,独自致力于大业。……当务之急是如何将此等敢为之气势、独立自主之精神注于我三千八百万人民之脑中。依臣之见,应使日本民与欧洲国民相接触,摄取西洋活泼之知识也。使日本人具备文明开化所需之活泼之知识、敢为之气势。如此方能使日本开始真正进入文明之领域。……若如此,则必以海外人等自由往来交际为手段。反之,则会使当今外国贸易自由交往以特殊形象出现,即排除日本于万国大交际世界之外。由此而言,对外国人闭关不许其进入内地,实为固陋背理之举,并可成为外国人陈其苦情,欲行不轨之口实也。今亦有人出如此言:今若将吾国向外国人全然开放,必有害于日本经济云云。臣不以其为然也。

试将日本今日之状况与三十年前相比,即便此间商界亦每每叫苦,然则无关大局也。日本国富日增乃为事实,我各种物产,特别是丝茶之类输出品较三十年前大增。同时货物运输亦有极大改进,三十年前国人不曾梦见之汽船、铁路、电线等物,今日已纵横于我海陆。我商人悟到昔日之诸多不便皆由知识贫乏之所致。而有今日之进步,实乃为与西洋有为之士往来接触之故。岂止如此,即或日本全部之改良进步亦皆为与西洋人往来之所致也。呜呼,今日现行之条约囿外国人于掌中居留之地,其所发之刺激力尚如此之大,如若开放全国,使日本人民所在之处尽与外国人相接触,其所受刺激之

---

① 津田真道:《内地旅行论》,《今体名家文抄》,甲府:内藤传右卫门,1878年,第24~28页。

效力又将是如何之大！臣函请上惟思此大益，识充分开放全国之价值。①②

明治二十二年，吉田熹六在《论内地杂居之利害》中主张外国人与日本人杂居：

> 物有利弊，若惟因弊弃利，以此偏见来察天下万物，则无一物不于人生有害也。倘若日本国民不卓立于世界，与万国并肩而立，岂能日日进步而入文明之域，达于与西洋同等之地位乎？吾等除以凌驾其上之决心奋发作为之外别无他路可行。为此吾等必须锐意进取，与其交往，与其争战，取彼所长补我所短。若允彼入吾内地与国人杂居，可谓促使吾邦文明开化最便利之道也。在高崇吾邦之民族地位，推动吾邦进入文明国度之途中，或许会多少乱我族民俗，或许会有迷信西洋而泯灭我民族之正气者。但若因此小弊而疏绝交往，废弃西洋之制度、文物，最终将不能进入文明世界，依然是东洋一未开化之国而已。③

通过外来居住者认识和接受西方文化是过于消极的方法。但是限于大多数国民不可能踏上西方的土地，因此虽说这种通过与外来居住者的接触而认识西方文化的方法是极其偏狭和表面的，但迄今仍没有完全丧失其意义。从这一意义上讲，目前日本战败，美军占领日本，不仅是日本政治史上未曾有过的现象，而且从文化史的角度来看，也必须承认这具有极为重要的意义。因为这一事件开始为日本国民全面地、直接地接触近代西方生活和文化提供了一个极好的机会。当然这种接触也有明显的局限，不但不能接触美国文化的整体，而且即或美国文化也仅是近代西方文化的特殊一例。日本人身居家园而能接触到海外文化的精华，可以算得上是战败的一个意外结果吧。但是这种仅仅带来美国文化的影响，

---

① 译者注：经译者查证，本段文字的出处不是《世外井上侯传》，而是《世外井上公传》。
② 井上馨侯传记编纂会：《世外井上公传》第3卷，东京：内外书籍，1934年。
③ 吉田熹六：《论内地杂居之利害》，《国民之友》第67号。其他出版信息不详。

而且代价又过于巨大的文化接触,是否真的为日本文化的发展起了积极的作用,我对此颇为怀疑。

以上所举的事例,都是在与以政治、经济为目的而来的西方人相接触的结果。此外,我们不应该忘记那些从一开始便以传播西方科学艺术为目的而来的西方人士。这类人物中,在长崎向日本西学者亲自教授西方医学并被称作最早的外籍教师的西鲍尔德堪称第一人。从幕末到明治时期,被日本聘来的学者、技师,以及为了传道而自行进入日本的宗教家等西方人士,为数不少。这作为接触西方文化的一条渠道而完成了其重要的使命。

前面所说的两种接触方式,都是日本人在国内迎接来朝者所带来的西方文化的方式。这可以称之为消极性的接触形态。与此相对,由日本人远渡重洋踏上西方的土地,进入其文化之中的方式,可以称之为积极性的接触形态。自古以来日本摄取海外文化常以这种方式为主。而从整个历史过程来看,闭关锁国不过是极不正常的时期。在那一时期里,因为严禁国人渡航海外,所以与西方文化的接触就正如前面所说的那样,仅限于依靠与来日通商的荷兰人交往的消极方式。但是,即使是在那个时期,渡航西方的机会也并非完全没有。也曾屡屡发生船员因海难而漂流他国亲身接触西方文化的事件。这些漂流民多是缺乏文化教养的船老大,他们不过是被不可抗拒的灾难送到了西方国家或西方的舰船乃至西方的殖民地的,所以他们丝毫没有用自己的见闻来效力于祖国的意图。但是在锁国时代里人们若不是遇到意外的灾难就不可能踏上西方的土地。因此从文化史的角度看,他们所带回来的文化体验有重大的意义。关于这一点,从伊势藩的光太夫、陆奥藩的津太夫等漂流归来的船老大们的《俄国见闻谈》对日本西学者的影响中,从中滨万次郎漂流美国归来后的活动对增加维新开国机运的贡献中,都可以得到很好的证明。①

对西方文化实质的认识,莫过于直接派人赴西方留学。因此渡航海外的禁令对于那些急欲接触西方文化的人来说,实在是难以忍耐的束缚。吉田松阴冒

---

① 这些流民的体验记录收录在:石井研堂编《漂流奇谭集》(《帝国文库》),龟井高孝校《北搓开略》,大友喜作编《北门丛书》,新村出编《海表丛书》。

着生命危险企图渡航海外的动机也正在这里。由于外国的强烈要求,虽说到了幕末时期,日本与西方诸国缔结了友好开港条约后,国人公开渡航海外逐渐开始,但这也仅限于幕府向欧美派遣的负有外交使命的专使。至于国人中一般有识之士绝对不会堂堂正正地去海外考察。因为使团中不乏灵活敏锐的青年,所以他们对过去在洋行式的环境中学不到的西方文化的具体形态有了直接体验,从而对他们增进了解近代西方文化知识起了巨大的作用。《怀往事谈》中这样回顾使团的欧洲之行:

> 虽然我等按其官人引导,对欧洲文明之事物得以耳闻目睹,然而,此举大抵多为随意浏览,真留心用意者三十余人中仅数人而已。但即便如此,待其归国之时,此次欧洲之行之功绩亦能直接或间接显示也。①

由此可见,这种体验未必被全面地活用于现实之中。但是作为万延年间遣美使节团成员,福岛义言在日记中写道:

> 日本人中将欧洲人视若犬马者十有八九,甚至欲杀者亦有之。……然而西洋人并非如此。彼等视外邦人如若兄弟,其中美利坚国人性尤为温和。正如前之所言,彼等爱我朝人甚于兄弟,无论老幼,其情意深挚难以割舍,可见其正直善良也。如若我朝人见之时,无论如何也不应有杀彼之心。况且彼国为官者亦无侮下人或炫耀权力之事。而平民奉承高官之事亦无。国泰民安,和平富庶。我朝人中愚昧者若见彼风俗,必倾心于彼也。然此行我朝来者共七十七人,盖半数皆怀有恶彼之心。虽如此,但待知其实质,人们皆要如梦初醒,痛改前非也。②

我们从这一见闻中可以看到当时由于对西方文化的无知而形成的西方观的

---

① 福地源一郎(福地樱痴):《怀往事谈》,东京:民友社,1897年。
② 福岛义言:《福岛义言手稿:航美日记》万延元年四月五日条,《江户》第6卷,东京:江户旧事采访会,1917年,第16~28页。

可笑。同时这又成为改变这一观念的绝好机会。当时的外交使节未必把对西洋文化的考察作为自己出使的目的,而从一开始便立志于考察、研究西方文化而渡洋的考察使、留学生和偷渡者们的收获便显得格外重要了。伊藤博文这样回顾自己早年偷渡英国的情景:

> 虽然当时我亦为攘夷论者,但当我初渡海外,目睹欧洲之大势,察其文化之进步后,方觉攘夷论实无立足之处。列强文明开化之状况与日本实不可同日而语,而锁国之论调亦渐不可取矣。我以为锁国即害国也。归国之后我即向上进言道:攘夷之说不可行,应倡导与外国和平共处,接受欧洲之进步文明。①

同样,久米邦武在回忆明治五年的美国之行时也有类似的体验:

> 一年前,丹羽雄九郎笑着对我说,当时同行赴美的使节中的两三个攘夷论者,在还未踏上美国国土前竭力主张排外。但在桑港上岸后,却发生了有趣的变化。在火车站上看到开出的火车鸣着汽笛,从加州平原的铁路上驶过,我们目送着它直至从遥远的视野中消失,真有些茫然若失,目瞪口呆。觉得原有的激昂的攘夷豪气从口中泄出,好像变成了棉花人,嘴里只是喃喃道:"真是……真是……"从此,我们便把那个车站称为攘夷论者的泄气场。②

平山成信在明治六年参加了维也纳的世界博览会,他在回忆录中写道:

> 因我初次出洋,故对所展物品皆甚为惊奇。虽然我曾读过诸多洋书,见过许多有关照片,但今日所见仍甚觉意外。见各国物品尤其机械与工厂皆

---

① 伊藤博文:《明治三十二年二月十三日于大磯地福寺演讲》,《伊藤侯演讲集》,东京:日报社,1899年。
② 久米邦武:《久米博士九十年回顾录》下卷,东京:早稻田大学出版社,1934年。

超出以往之预想也。①

《大隈伯昔日谭》中，记载了最初反对铺设铁路的黑田清隆在出洋后的一段感受：

> 说来可笑，距今一年前，我还处于蒙昧状态。不知世界之大势，不悟时代之趋向。以为诸君募集外债铺设铁路之计划实有害于日本，故视诸君为误国之奸臣贼子，……然而待我负命巡游欧美，目睹彼地之制度文物，交游各处伟人杰士，亲闻其议论，方始知文明之由来也。之前曾对诸君之计划施以偏激攻击，实属愚昧。②

他认为这完全是自己愚昧所致。于是渡边几治郎在明治十七年上书政府，力主迅速铺设铁路：

> 明治初年，清隆等铁路反对论者奉命巡访欧美各国，最先抵达美国之桑港，后乘火车横穿大陆，驰至纽约，为此颇有感受与启迪。清隆以为美国之国力所以充实强盛即在于此。惟铺设铁路，方为富国之要求。为此清隆深感最初之见实乃谬论，归国之后将此所感向铁路赞成论者尽述，赞成铺设铁路。③

由此可见，出洋的直接体验使过去在国内书桌上思考形成的西方观从根本上焕然一新。文久二年八月二十一日松本安弘在一封信中谈到出洋的目的：

> 此次欧洲巡视之后始知世事也。曾欲去荷兰购书，然全备之奇书未有

---

① 平山成信：《昨梦录》，东京：平山成信，1925年。
② 大隈重信述，元城寺清编：《大隈伯昔日谭》，东京：新潮社，1914年。
③ 渡边几治郎：《大隈重信自叙传的再检讨》，《明治文化研究》第4辑。其他出版信息不详。

一本。且虽说为日本人,然而皆读法国德国书。……并且去此处各学校参观,学生所读之书亦皆为他国书也。荷兰诸事若与英法德相比,不及其百分之一。故我等归国后,再劝初学者勿要仅留意于兰学也。①

渡航欧洲带来对西方文化的进一步了解,人们开始认识到西方文化也没有永久的代表者,从而对荷兰文化的实质也开始有精确的认识。这也是幕府及明治政府派遣留学者有组织地积极学习研究西方文化的原因。但福泽谕吉认为,出洋留学不仅仅是认识西方的一个重要途径,而且也是认识日本的一种有效方式:

人们旅行于国外,最初易将祖国与他国相比较,随即便生夸耀祖国之心。今日本人去欧洲旅行,若能细细将诸外国与日本权衡比较,焉能有惟日本国是崇,扬名于世界之理乎?②

为了能亲身接触西方文化而去欧美国家做实地考察,当然是最完善而有效的方法。但如果只是到英国殖民地的香港或俄国统治下的西伯利亚等地的话,从某种程度上说,也有接触到西方文化的可能。因此,高杉晋作的上海之行便也取得了很大的收获。

以上是本人对日本国民接触西方文化诸形态的思考。下面,我还想就接触西方文化的诸种反应以及如何确定摄取西方文化的态度,做一些必要的考察。

第二节　对西方文化的拒斥

近代西方文化的摄取从锁国时代开始,至今仍然继续着。在此期间,具有最

---

① 松本安弘:《夷匪入港录》第1卷,东京:日本史籍协会,1931年,第245~249页。
② 福泽谕吉:《或云随笔》,《福泽谕吉传》第2卷,东京:岩波书店,1932年。

重要意义的时期,当然是从锁国攘夷到开国进取的幕末与维新相交的时期。这是日本国大转变的时期。这个转变是政治、经济的转换,也是文化的转换。大转变的中心主题大致是从对西方文化进行绝对的拒斥到认识西方文化的优秀之处,继而进行全面的摄取。遣外使节见闻就体现了不同时期的日本人对于西方文化的不同态度。如果把最早的遣外使节,万延元年赴美使节村垣范正的日记与明治五年《特命全权大使美欧回览实记》相比较的话,就会发现两者对西方文化的态度相距之远,竟有天壤之别。而如果在二者之间插入《在法日记》的话,那么三者间的联结变化便可以画出一条流畅的运动曲线。在村垣范正那里,始终对西洋文化表现出强烈的拒斥态度,几乎不承认其有任何长处。而《在法日记》中,却屡屡称赞西方文化的先进性,并在许多地方暗示这些西方的先进文化能有助于日本文化的发展。最后到特命全权大使巡访欧美的时候,则自始至终贯穿着为了日本文化的改善与进步应该如何学习西方文化的研究态度。这三者之间的运动曲线正是日本西方观变迁的写照。在这里,我想以村垣范正日记作为主要材料,从这最早的对西方文化的拒斥态度开始,依次整理不同时期人们对外来文化的不同态度。像村垣范正那种直接接触西方文化时的拒斥态度属于一种反射性的拒斥态度。这种反应在当时较为普遍。与此相比,那种从一种固定的思想体系出发,对西方文化做一种理论批评式的态度则较为少见。下面,我想把这两种不同性质的思想态度区别开来加以思考。

一、反射性的拒斥

如前所述,万延年间的遣美使节村垣范正的拒斥态度在当时最具典型意义。我们甚至可以说,他对自己亲眼所见的西方文化的一切几乎都有一种反感。

首先,他对美国的建筑做了苛刻的批评:

> 屋顶皆为平面,上敷柏油与沙砾。屋檐高有三尺,若高高之船墙。举目远望,高楼林立如塔。房屋多尽涂红色,更无雅致之风景。如见火灾之痕

迹,此地便称之为华盛顿也。①

同样,玉虫谊茂对美国的白宫也做了类似的评价:

(总统住所)整个房屋高有四五层许。富丽堂皇而使人惊奇。而构造样式则与日本不同。……似日本之寺院,然更无风雅之趣。②

村垣范正对火车这一近代文明的骄子也大为不满:

火车凄厉哀鸣驰过,突突之声真乃大煞风景之物也。③

近代西方自然科学的实证精神在村垣范正看来,也是非人道的:

在角落中用玻璃罩有三具人之干尸,据称已经千年矣。干尸于野外晒成,皮肉皆干瘪几若骸骨,但仍可分辨男女也。因究理于天地间万物,以至于如此将人之骸骨与鸟兽虫鱼等同并置。观此景令人流汗无语,可知彼实应难避夷狄之名也。④

对于西方的音乐,他也颇不以为然:

海兹之妹名为比亚娜之少女拨动数弦,若八音盒之声,既而歌者高唱,其声若深夜犬吠。西洋人之声实在不佳,闻之不禁令人喷饭。然而为掩饰

---

① 村垣范正:《万延元年四月朔日条》,《遣美使日记》,东京:东阳堂,1898 年。
② 玉虫谊茂:《航美日录》万延元年闰三月二十八日条,《文明源流丛书》第 3 卷,东京:国书刊行会,1914 年,第 60~61 页。
③ 村垣范正:《万延元年三月六日条》,《遣美使日记》,东京:东阳堂,1898 年。
④ 村垣范正:《万延元年四月十四日条》,《遣美使日记》,东京:东阳堂,1898 年。

之,只得与小童玩耍,然心中并不乐也。①

在旅馆内为奉行演奏风琴,因为胡狄之风韵而毫不足闻也。②

福岛义言对美国总统所称颂的歌舞也持有与村垣范正同样的态度:

其形状骚骚然,令人兴趣绝无。③
其男女交臂,足踏拍节,旋转如轮。其状惟飞转而已,更无趣味可言。④
彼方之贵妇绅士躯体贴拢,谓之跳舞,然我等观之全然不解。彼等挟风旋于客厅,其态十分可笑。最终又令人难以笑出,置身于此地实极为苦痛也。⑤

他们这般评价也许是情有可原的,然而对于西方的雕塑美术,村垣范正也充满了敌意:

石刻人头到处可见,历代大总统之首亦有之。观其状,若见日本之刑场也。⑥

在这方面,即使是明治时期对西方的政治、经济等往往十分推崇的岩仓具视大使一行也有同样的感想:

入英法之后,曾多次参观其绘画。除去所谓名画之宗教神像以外,尽是

---

① 村垣范正:《万延元年二月二十五日条》,《遣美使日记》,东京:东阳堂,1898年。
② 村垣范正:《万延元年四月朔日条》,《遣美使日记》,东京:东阳堂,1898年。
③ 福岛义言:《福岛义言手稿:航美日记》四月四日条,《江户》第6卷,东京:江户旧事采访会,1917年,第16~28页。
④ 福岛义言:《福岛义言手稿:航美日记》二月十七日条,《江户》第5卷,东京:江户旧事采访会,1917年,第8~15页。
⑤ 福泽谕吉:《福翁自传》,东京:时事新报社,1899年。
⑥ 村垣范正:《万延元年闰三月晦日条》,《遣美使日记》,东京:东阳堂,1898年。

猥亵邪恶之裸体妇人。①

（柏林美术馆）有一美丽妇人裸体卧于床上,据称为画家作画之模特儿也。……描摹人之肉体,乃是画家最倾心之技。然而为求精致而成此丑态,既而又令人作呕。②

（陶器制造厂）西洋之画风有求绮丽之势但又有缺乏神韵之弊。③

从以上的评价中,可以看出作者在观察西方艺术时充满了厌恶之情。至于对历来被日本称为邪教的基督教,当然也更无好感。尾蝇这样写道:

进入图书馆,其四壁挂满大小照片数千百张。图中有一人受磔刑于十字架上,又有妇人及生羽小儿环绕其周,堪觉可笑而又令人厌恶也。④

《特命全权大使美欧回览实记》中也对基督教发出非难:

其国人所敬重之新旧约书,吾辈阅之,只可称之为一部荒唐书也。其由天发声,死囚复活,一派疯癫谵语而已。⑤

这种对基督教的不理解心理后来被长期承袭着,即使对此作过专门研究的人也有相当程度的不理解:

至此为止,基督教在世人心目中已不含似邪说魔法之成分,人知其目的为归向平等社会保其道德也。然而,彼所言大致浅薄,恰如听天方夜谈。我

---

① 久米邦武:《明治六年三月一日条》,《特命全权大使美欧回览实记》,东京:博闻社,1878年。
② 久米邦武:《明治六年三月十五日条》,《特命全权大使美欧回览实记》,东京:博闻社,1878年。
③ 久米邦武:《明治六年一月十一日条》,《特命全权大使美欧回览实记》,东京:博闻社,1878年。
④ 尾蝇:《尾蝇欧行漫录》六月二十五日条,《遣外使节日记纂辑》第2卷,东京:日本史籍协会,1930年,第425页。
⑤ 久米邦武:《明治五年六月二十六日条》,《特命全权大使美欧回览实记》,东京:博闻社,1878年。

以为,对有学识者来说并无特别价值。①

不仅如此,甚至对连使攘夷论者敬服的欧美社会福利事业也不屑一顾:

　　此聋哑院有百余人也,传授手势以代文字,以备日常生活之需,此举乃特意向我等炫耀其国下至聋哑人亦受教育耳。但将身着华服之富家少年所患残疾暴露于我等外国人之前,诚为可怜。然彼却不以为耻。②

出于日本武士的自负,村垣范正对西方优越的军备也自不量力地加以蔑视:

　　彼之军法虚而不实,"劳麦兹克""波奥哈坦""娜依亚卡拉"等皆为彼引以为耀之巨舰,然而仅有精兵十二三人,其余皆如雇佣之农夫。只因其凡事皆动作迅速,日本人惧之。然此皆为我不谙枪炮之业之故也。西洋人一般之法妙在无论雇佣何国之人,皆使其动作如自己手足而已。而日本之大义彼等无一具备。③
　　骑兵虽为士官,然而步兵由商人充任者却过半,其多不知武道之实质。④

日本松前奉行曾和被囚的俄国舰长高洛瓦尼有过一次对话:

　　"请问俄国皇宫前架有几门大炮?"
　　"西洋的皇帝们在其宫前都不设防,所以也都不架大炮。"我做出回答后,最初以为这在日本人看来也该是正常的。可是,不久又愕然于他们所谓

---

① 久米邦武:《明治五年六月二十六日条》,《特命全权大使美欧回览实记》,东京:博闻社,1878年。
② 村垣范正:《万延元年五月四日条》,《遣美使日记》,东京:东阳堂,1898年。
③ 村垣范正:《万延元年闰三月二十四日条》,《遣美使日记》,东京:东阳堂,1898年。
④ 村垣范正:《万延元年四月二十八日条》,《遣美使日记》,东京:东阳堂,1898年。

"粗心大意"的指责。①

奉行问道:"为何你不穿更好的衣服?作为舰长却与士兵穿同样的服装,你不觉得有失身份吗?"我对这一提问付之一笑,说:"我们即使在俄国也穿同样质料、同样颜色的服装。官兵的不同,除了有显示官阶的徽章以外,没有任何区别。"可是这位奉行似乎以为自己的判断没有错误,竟然命令我今后要上下有别。②

作为一个日本人,对近代国家的国防特征的这种不理解似乎也是不无缘由的。这位松前奉行的疑惑之中包含着日本人对西方平等自由风习的不理解,这也是日本人每遇一事便对西方产生抵触思想的原因。《怀往事谈》中记载了安政六年某人在横滨港运输管理所的一段经历:

凡为官者虽轻亦贵,凡为商者虽富亦贱。我以当时日本之习俗私下思忖:虽说外国公使与日本老中③同级,领事与奉行相等,可是至于外国商人之身份,则似日本卑贱之町人,而又以往昔日本官人坐于席上,外国商人立于阶下相谈之经验来布置运上所④之房屋。然而,到开港之日,只见外国商人、商船船头⑤与领事官携手至运上所来,一同立于阶下接待室中等候。……岂有此理!我官员皆满腹怨怒。⑥

村垣范正连对美国军舰水兵的水葬也看不惯:

只见那水兵如狗一般被扔进海中,我等甚觉奇怪。彼等无礼仪之尊,无

---

① 高洛瓦尼著,井上满译:《日本幽囚记》下,井上满译,东京:岩波书店,1926年。
② 同上。
③ 译者注:老中,江户时代幕府官名,直属于将军而负责总理政务的主要长官之一。又称阁老。
④ 译者注:运上所,日本江户时代负责工商和运输的税收机构。
⑤ 译者注:船头,日本小型船只的船长,相当于中国的船老大。
⑥ 福地源一郎:《怀往事谈》,东京:民友社,1897年。

上下之别,唯求真实耳。①

玉虫谊茂在白宫谒见美国总统之后,曾作了如下描述:

  接待场面极为简易,……大总统更缺少应有之威严。他身穿普通黑罗纱便装,无其他特别装饰,出入时亦无侍卫相随,同平民无异。其座旁有官员,亦有妇人儿童列其左右,而男女之别更是全无。……尤甚者,其国中百姓尽可入内陈述而无人禁止,无异于亲戚家人相见。②

日本使节们曾在影院里遇到过美国总统,他们对美国总统与百姓间的平等关系产生了更大的成见:

  见大总统来,无人侍陪,如同平民。旁人亦皆不以之为奇,施礼参拜者皆无,惟我等起立列于其座旁。观此情景,使人不能辨其总统。今由此更知西洋风俗上下无别也。③

村垣范正一行到达桑港时,市政府曾举行晚宴,欢迎日本使节。宴席间,村垣范正有这样的感受:

  众人聚拢,随意说笑,虽然言谈诚恳亲切,然而,我总以为其形状与江户街头小店饮酒之町人无异。虽原以为异国之事毕竟不同于日本,然而相异竟达如此境地又实非所想也。④

---

① 村垣范正:《万延元年闰三月十六日条》,《遣美使日记》,东京:东阳堂,1898年。
② 玉虫谊茂:《航美日录》万延元年闰三月二十八日条,《文明源流丛书》第3卷,东京:国书刊行会,1914年,第60~61页。
③ 玉虫谊茂:《航美日录》万延元年闰四月十七日条,《文明源流丛书》第3卷,东京:国书刊行会,1914年,第71页。
④ 村垣范正:《万延元年闰三月三十日条》,《遣美使日记》,东京:东阳堂,1898年。

当美国国务卿举行舞会招待外国使节时,村垣范正更表现得愤愤不平:

> 此堪称凡礼皆无之国。宰相如此招请外国使节,何止限于无礼?彼等无礼无义,唯有亲而已。①

所谓礼仪,意味着伴随着森严的封建等级所构成的阶级秩序。也正是基于这一标准,当时国人才断定西方风俗为"无礼"。当年接待哈里斯的时候,中村时万曾充分地阐明了这一点:

> 侍卫随从等仪式也与外国不同,自己也有侍从数人。至于执政官等高官,即使平日行于府内,亦有从者数十人前呼后拥,……与西洋诸国之风俗相比较,西洋毕竟重自然更甚于礼节。②

总而言之,风俗习惯的不同妨碍了不同国度人们之间相互接触时的相同感。《日本幽囚记》中记载了日本代表高田嘉兵卫关于日俄双方会见的礼仪问题所提出的要求:

> 接见厅里要铺华丽的地毯,由两位长官坐在座席上。大家穿着鞋子是不能进房间的,因为穿鞋入室有悖于日本的固有习惯,而且有失礼仪。因此,请大家必须在门前脱掉鞋子,只穿着袜子进入接待室。这对欧洲人来说,简直是莫名其妙的要求,我顿时目瞪口呆。最后还是有些忸怩地对高田嘉兵卫表示,只是戎装佩剑而不穿鞋子,这怎么说也难以从命。在西洋,不穿鞋子而去任何地方,倒实在是失礼的,而且也有损自己的名誉。因为在我们那里,只有锁着铁链的囚犯才不穿鞋子呀!众所周知,使节具有特殊的资

---

① 村垣范正:《万延元年闰三月二十九日条》,《遣美使日记》,东京:东阳堂,1898年。
② 中村时万:《安正四年七月十二日条》,《续德川实纪》,东京:经济杂志社,1905年。

格,因此我能连鞋也不穿,就去拜访贵国的高官吗?①

在这本书中,作者还谈到日本人的另一种与西方人不同的心理习惯:

日本人无论吉凶,对所有的炮声都极为嫌恶。而向该杀的人开炮是应受到人们肯定和敬仰的信条,这是西洋任何时代都不可改变的习惯。②

柏利在《柏利提督日本远征记》中,对日本人的饮食习惯和礼节也很不理解:

宴会一结束,日本来宾们便都同时打开长长的纸卷,把它做成一个纸袋,然后把桌上的残菜剩饭全都拢到一起,不论酸的甜的,含蛋白质的还是含糖的食物,都统统装进纸袋里。即使是司令部里那位由巴黎培训出来的厨师的舌头,也绝对不能完全分辨出来其中的味道。他们这样做既不是贪吃的结果,也不是缺乏教养的结果,而是不同国家的不同风俗而已。他们把这些包得很差劲儿的纸包,或披进怀中,或是揣入袖子里带回去。他们这一习惯是具有普遍性的,不仅他们自己什么时候都这样做,而且美国人参加日本人的宴会时,也被主人强迫着这样做。司令官与其部下在海边常常应邀参加宴会,当要告别时,都要被劝说把吃剩的食物装进纸袋,并且硬要来客们带回去。这好像构成了日本人待客中的重要组成部分,无论何时拒绝这一点,日本人便都很生气。③

有关饮食习惯的不同,始终是日本与西方待客中的一个问题。这在冈察洛夫的《日本渡航记》中也可看到。

---

① 高洛瓦尼:《对日谈判记》,井上满译,《日本幽囚记》下卷,东京:岩波书店,1926年。
② 同上。
③ 柏利:《柏利提督日本远征记》,铃木周作译,东京:大同馆,1912年。

有关西方人的夫妻生活也使当时的日本人怒目而视：

> 妻子等候丈夫乘船归来,当从远处望见轮船到来时,便匆匆奔下,丈夫亦像小船一般飞也似地奔来,夫妻二人相对而奔,然后抱头痛哭,丝毫不避忌在场众人之耳目。接吻良久后,夫妻携手而行,入于房内而不出,其形状与犬无异。此非礼之行为,令人不堪入目。因在场的日本人多为勤番①者,故皆倔强耿介,不禁勃然大怒也。②

另外,日本人对西方夫妇间的关系也表现出惊异与反感：

> 妻女们置于上座,其后仆人等一同就坐,妻之薪水与丈夫相等,因而妻如丈夫,夫如奴仆也。③

最有趣的是在议会参观议员们开会时的情景：

> 一人站立大声谩骂,挥舞手臂如狂人。……另一人也扯袖大骂,副总统高高坐于上。此场面真如日本桥之嘈杂鱼市。④

从不兴辩论的国家传统来看,日本人觉得这种称为演讲的简单行为非常不可思议。

这类感想和印象几乎被习性化,成为渗透身心的传统。受这种传统的制约,对西方文化往往多产生反射性的拒斥态度。与此同时,作为既成思想的攘夷论则悄悄地成了这种思想态度的背景。反过来这种反射性的拒斥态度又更进一步

---

① 译者注:江户时代诸侯的家臣轮换去江户幕府工作,带有人质性质,称之为勤番。
② 川路圣谟:《下田日记》安政二年四月十五日条,《川路圣谟文书》第6卷,东京:日本史籍协会,1934年,第333~334页。
③ 村垣范正:《万延元年五月九日条》,《遣美使日记》,东京:东阳堂,1898年。
④ 村垣范正:《万延元年四月四日条》,《遣美使日记》,东京:东阳堂,1898年。

使攘夷思想加以强化,从而在此基础上形成了对外国文化的排斥思想。下面我想对这种攘夷思想稍稍做一下检讨。

二、排外思想的产生

如果通览日本对外思想史,就会发现一个重要的事实:以天正庆长年间(1573—1615)为界,在此以前的中古以至更远时期,完全不存在所谓的排外思想。希腊罗马人把异族人称之为含有"吃人"之义的"野蛮人",印度人把属于土耳其斯坦的游牧民族诗化为恶魔。汉族人在"戎,禽兽也"(《左传·襄公四年》)的观念下,把一切异族都视作禽兽(如"蛮、闽、貉、狄、羌"等都以虫、豸、犬、羊做字旁便是一个证明)。[①] 即把异民族视为劣等民族,忌避或排斥其文化的观点,完全不是日本民族固有的民族意识。例如蒙古大军攻来之时,虽说人们称"蒙古是犬之子孙"(见《八幡愚童训》),但因为这是出于对敌国的同仇敌忾之心,所以当然是个例外。这仅限于对待在政治上的敌国或近于敌国关系的新罗[②]和元朝,而且对其文化的积极接受态度却依然没有改变。这一点,我们有必要给予加倍的注意。《日本书纪》"钦明十三年"条目中曾记载佛教传入日本的事,"日本家之王天下者,恒以天下社稷一百八十神春夏秋冬祭拜为事。方今改拜蕃神,恐致国神之怒"。如前所述,这种思想不是客观性的史实,而是书的编者在书案上的作文。我认为,正如我在序论中所说的那样,直至中古末期在对中国文化或佛教文化的摄取上,从未产生过因其是外来文化的缘故而排斥它的事实或思想。可是,从基督教传教士渡日之后,在文化观上发生了全新的变化。在日本历史上开始出现以对基督教徒的传教活动进行抵制的排斥外来思想的现象。天正十五年六月十九日丰臣秀吉发布天主教驱逐令,其中第一条便是:"日本乃神国之地,绝对不可讲授邪法。"这可以说是日本排外思想的最早表现。产生这种思想的一半责任当然是由于对传统宗教的偏爱而向基督教发出挑战的态度。但无论

[①] 金泽庄三郎:《语言中反映出的原人的思想》第 4 章,东京:大镫阁,1920 年。
[②] 译者注:新罗,古代曾统一朝鲜半岛的古朝鲜国名。

如何，不能忽略这是最早在日本出现的排斥外来文化的倾向。因为这也促成了职业佛教徒对基督教的反感。所以这种"神国"对"邪法"的观点也似乎出于当时对神佛混合状态的推断，出于佛家的主张。庆长十八年二月二十三日颁布的基督教驱逐令中宣布：

> 日本者乃神国佛国，尊神敬佛，专行仁义之道，匡善恶之法。……彼天主教徒皆反杵政令，嫌疑神道，诽谤正法。……实神敌佛敌也。不立即禁之，后世必有国家之患。①

这个禁令虽说仅限于对基督教的排斥，但此后不久，由于实行锁国而与基督教国家断绝了政治关系。而且由于参加了儒教的排斥基督教的统一战线，从而强化了排斥基督教思想的政治色彩。接着又产生了对基督教的西方文化全盘否定的思想，再加上长期的锁国，断绝了与外国的交往，越来越助长了对外国及其文化的偏见。最终以至于形成了强大而顽固的攘夷思想。这具体表现为政治上的攘夷论、文化上的西方文化排斥论。江户时代的后半期，避忌西方文化的思想成为极其强大的思潮，影响着日本国民。安政五年五月《九条幸经赦答》中：

> 皇国从古昔始，严与夷蛮隔绝，上下相安而不失淳风良俗。②

在大桥讷庵的《邻疝臆议》中：

> 兰学者皆为禽兽，祸国之西洋之说必须立即禁止，以复日本国魂。我日夜盼望之，若大旱之中期盼甘露，屏息以待。③

---

① 作者未注明出处。
② 绵貫哲雄：《维新前后的传统意识》，《明治文化研究论丛》，东京：一元社，1934年，第1~6页。
③ 大桥讷庵：《邻疝臆议》，《大桥讷庵先生全集》，东京：至文堂，1939年，第243~268页。

本论　锁国后至现代摄取欧美文化的思想基础 | 103

安政五年一月公家①诸臣上书：

　　当今风习致于变革，亦有尊信西洋异风之族。此皆日本国之罪人，臣等甚为慨叹哉！②

同年十月十五日，长冈坚物在书信中写道：

　　为彼等时务适用之学所化，终至圣贤仁义忠孝之道。因而，如淫声美色，人当疏远西洋之学。③

以上这些观点是当时排外思想的典型例证，在这种思潮之下，日本的西学者们难免处于这样的一种逆境：

　　箕作阮甫读荷兰书于津山藩之陋屋窗下，朗朗有声，家人皆觉臭气难耐。年幼者掩鼻匆匆而过，年长者则以袖遮口，低声劝之。④

前面所引文章的观点，可以概括为西方文化总体否定论。这种总体否定论又成为对西方文化各个部分具体否定论的来源。因此现在我们试从下面的例子来看攘夷论者对西方科学与技术的观点。在会泽正志的《新论》中：

　　近来又有一兰学者，谬听西夷夸张之说，并盛赞之，以至于或有著书立说欲以夷变夏者，或有被西洋珍玩奇药夺目荡心者。其流弊之大，以至于使

---

① 译者注：公家，天子之家，皇室。名义上统制幕府的朝廷。
② 东京大学史料编纂所：《大日本古文书·幕末外国关系文书》第 19 卷，东京：东京大学出版会，1910 年，第 265 页。
③ 绵貫哲雄：《维新前后的传统意识》，《明治文化研究论丛》，东京：一元社，1934 年，第 1~6 页。
④ 吴秀三：《箕作阮甫》，东京：大日本图书，1914 年。

人反慕夷俗也。①

在佐藤一斋的《言志录》中：

> 泰西之说已有泛滥之势。其所谓穷理足以惊人。往昔程子②以佛子近理为害，而今洋说之近理，甚于佛也。且其所出奇技淫巧，导人奢侈，使人不觉急急然入于其中。学者当以淫声美色待之。
>
> 凡物有奇巧可赏者，有雅素可赏者。奇巧而可贵，一时之赏也；雅素而可贵，则无限之赏也。此方可谓之珍品也。荷兰人贡来之物，尽皆奇巧，我知其无雅致，但其精巧则可惧也。③

对于军备，他也认为，"枪炮之技，近来日渐实行，未必难及外夷之精妙，惟由诸家精心研究之即可"。与此同时，水户藩主德川齐昭上书说：

> 枪炮不及日本枪剑之长技。……然而，兰学者之说流行，恐惧外夷坚船利炮，称外夷不可战胜者大有人在。但此乃知其一而不知其二也。坚船利炮于近战时则胜负难定。……我择壮勇士卒，备枪剑之队，随机应变，以我长技制其所短，……若速战速决，则制彼夷贼若掌中矣。④

因为军备与科学技术一体化的西方文化具有实用性，所以迫使日本人不得不对此加以利用。但即使如此，这种实用性自身也受到苛刻的批评：

> 原来华夷之分在于义利两字。义利之势，如水火之不相容也。取义则

---

① 会泽正志：《新论》，《日本思想斗争史料》，东京：东方书院，1930 年，第 239~520 页。
② 译者注：程子，即程颐，中国宋代著名理学家，其学说对日本影响极大。
③ 佐藤一斋：《言志录》，东京：文魁堂，1898 年。
④ 东京大学史料编纂所：《嘉永六年七月十日上书》，《大日本古文书：幕末外国关系文书》第 1 卷，东京：东京大学出版会，1910 年，第 517 页。

害利，取利则害义，二者不可并存。彼西洋之族，不自止于失义，而只图谋利。故而万事以适用为宗，敏于其道，若非如此，便亦不称之为戎狄矣。日本之士大夫不注重于适用或不适用，而应唯以义与不义是论。与之相反，美化戎狄，竞相争利，忘义而求于适用，便与戎狄无异也。①

对于商业贸易也是同样：

夷书之趣，以煤炭至贱之物求金银宝货之利。……所谓无耻蛮夷之常态，实是可恶之至矣。日本古今之习俗，以义勇节烈为士大夫之宗旨，鄙视金银财货商贾之业，不美富贵荣华，其风俗于万国之上。而蛮夷之日夜常谈损益利害，在盖有国王大印，致他国之书中，亦公然称颂交易之利，此等不存耻辱之习俗，实为别样矣。②

天地开辟，人物化生，呈绝域穷岛之中，必有相生相养之道焉。有布帛菽粟，鱼肉之用焉。但丰饶贫瘠之异耳。今乃不安其分，不乐其地之所生，而垂涎于殊邦之丰膳美衣，此岂天地生人之意也哉。……若废祖宗之法，开关宴客与外邦相交易，彼此之情心相抵触，而争斗之端亦开。……孰若锁国闭关，与海外隔绝，国不相通，彼此可俱安矣。吾故曰，西藩互市之说，知其一而不知其二也。③

西洋各国轻男重女，阴阳无别，而且高官四方航海贸易，士与商贾难辨。……此皆是不知礼义之故也。④

我读过吉恩巴之《经济论》之后，心中大喜。仅从目录看去，也为极适宜国情之书也。为能看到其书之全部内容，以辨国人是非，因此我便迅速译之。在翻译过程中，遇到一个十分难译之词，经过反复思考，只得译之为

---

① 大桥讷庵：《辟邪小言》第1卷，东京：至文堂，1938年。
② 东京大学史料编纂所：《嘉永六年八月十日井伊直弼上书》，《大日本古文书：幕末外国关系文书》第2卷，东京：东京大学出版会，1910年，第74页。
③ 安积艮斋：《洋外纪略》，1866年，其他出版信息不详。
④ 大桥讷庵：《辟邪小言》第3卷，东京：至文堂，1938年。

"竞争"。但交呈老中审阅时，老中认为此词无论如何亦不稳妥。他责问道，所谓竞争究竟是何等事情？我答道，此类事亦毫不为奇。像日本商人那样，如果邻店在减价出售货物，本店则以更低价倾销。……或者某银行以低于同行之利息提供贷款，以求得本银行生意之昌盛等等。此类行为皆称之为竞争。老中听后仍不甚理解，说道，果真如此乎？由此可见，西洋习俗过于残酷。我答道，这并不能称之为残酷，这正是商品世界所决定之必然法则也。老中最后说道，如此说来，我已略解其旨矣。但是不论如何，使用此"争"字，于日本人言，仍欠稳妥。我至此私下思忖，老中无论如何亦不能解"竞争"之真正含义。从老中之言谈中，可看到他想见到者，是在经济书籍中应宣传有关人类如何在买卖中相互谦让之仁义主张也。……即使仅从此一件事中，也可以推察出整个幕府之时尚风气。①

这段逸闻，反映了日本幕府对以自由竞争为原则的资本主义精神的强烈反感。（以至于所谓"克服自由竞争主义"在此后成了新的课题。而且所看到的这种反感，当然也并非是出于对其弊害的考虑）

尤其有趣的是对西方夫妻道德问题的批评。会泽安的《迪彝篇》中：

禁止一夫二妻为西戎之习俗，即使国王亦限于一夫一妻。在外蓄妾之习俗不被允许。此乃不知大道之论。如若把男女视为同类，则以一夫一妻匹配为其道也。然此又是背阴阳之理之陋说也。凡天地之道，贵者少，贱者多，……阳贵阴卑，男女之道如亿万匹民共事一君。一家之中按一夫有妻有妾，众女共事一男，亦为天地之道也。娶妻之事，实为续祖先之后，使子孙不绝之大义。顺天地之道，娶妻蓄妾，为广育继嗣，亦为圣贤之教。西戎乃日没之方，阴气之国，故其风俗贵阴轻阳，好悦妇人女子。由此而言，其大力倡导此邪说亦有其理也。②

---

① 福泽谕吉:《福翁自传》，东京:时事新报社，1899年。
② 会泽安:《迪彝篇》，东京:和泉屋金右卫门，1843年，第122页。

在《辟邪小言》第 4 卷中：

> 虽有帝王之贵,亦只许一夫一妻,以不娶妾为贤,不以无后为罪,有持此说者,实不知阴阳贵贱之理。轻继嗣,绝祖脉,毁夫妻之常伦。①

这些言论都表现了攘夷派对一夫一妻制的强烈责难。

可是,随着对西方文化的认识和提高,以及面对其科学文明和机械文明现实威力的机会的增加,人们逐渐认识到,至少对西方文化这一部分的拒斥,已是不可能的了。而且,在前面所说的那种思潮的泛滥之处,为了合并充实这两种不相容的要求,必须在此做出若干妥协的解决。松平定信致下人信中这样写道：

> 自宽政五年前后,一直搜集红毛之书。蛮国精于理,或天文地理,或兵器,或内外科治疗等,益处甚多。然而,以好奇心为媒,又易生祸害,则愈禁愈不能止,况且又有利益存于其中。于是将其书籍发至非轻率之徒手中亦是可取之事也。②

一面承认"蛮国精于理""蛮学不乏益处"的事实,一面又不能消除由先入为主的攘夷意识所产生的危机感,从而陷于二者矛盾的苦闷之中。上面那样妥协性的态度便是这苦闷的表现。至幕府末期,对西方文化某些部分的吸收已成为现实的必要,并且是不可避免的大趋势。但即使如此,那种对西方文化仍要部分地限制的排外原则,依然被维持着。这种西洋文化摄取限制论,应称之为部分的攘夷论。

> 有人死记外国之文字,生搬硬套学习外国,相反,却轻视日本文化,甚至有称无外国者则一切不可行之误解之人。此说妨害各种政教,其害无穷。

---

① 大桥讷庵:《辟邪小言》第 4 卷,东京:至文堂,1938 年。
② 译者注:作者未标明出处。

再加上译书者各自不同,稍加润色,便直接出版外国书,杜撰误谬处必定有之。其中有不应翻译而枉费功时之书。应多多集中精通洋学者,成立翻译局,……早早传入有用之书,按原样翻译出版,广传于社会。依我之见,翻译之误可改也。①

这种观点是把对西方文化的吸收,限于官办的翻译局。

据闻,炮术之法乃蛮国传来之物,仔细考究,当时日本已基本通晓其法,然而西洋之新制尚未知晓,因而凡枪炮之名称、弹药及其他器械,均以蛮语呼之。传闻,军中有仿效蛮夷之举,以蛮语喝令进退之事。……此应将蛮语一概译成国语,以此来呼应。实难译者,则以另外词语代之,不仿蛮夷之举动。吾最终只是取彼方利器之要术,用于吾方之装备,船炮之外所用之器械,沿用蛮制,虽较为简便,然倘若嗜好新欢,唱和猥陋之蛮语,仿效夷风,则日本国风不存,实不可取也。②

这是当时主张禁止练兵时使用西洋用语。

军舰在与荷兰国军舰一同停泊于荷兰之时,注意衣饰等不染洋风。谨请各位立此誓言。③

穿异国短袖服装,戴异国之冠者,实与吾国习俗不同。然而近来多有秘密穿戴者,不知是何缘故,大概以后可以理解。尤其是军舰及其他大船之乘员与武艺修行者,不着西洋装束不甚方便。但应仅限于舰船之中或练武场上。而皮鞋之类亦仅限于军舰或船中穿用。④

---

① 藤森弘庵:《新政谈》,《日本经济丛书》,东京:日本经济丛书刊行会,1915年,第187~288页。
② 成岛司直:《嘉永六年十一月朔日条》《续德川实纪》,东京:经济杂志社,1905年。
③ 津田道治:《津田真道》,东京:东京阁,1940年。
④ 成岛司直:《文久元年七月朔日条》,《续德川实纪》,东京:经济杂志社,1905年。

禁止穿用洋装制度的立意,便是出于这种思想。这种思想即使到了明治初期,仍被继续维护着。明治三年(1870)大学的校规中,一面在课程中设置威尔逊、焦利的世界史,华兹恩波斯、伽缪的哲学以及列德里兹克、劳吉兹克、海劳罗佛的东西(第25条),一面又做了这样的规定:"学生不准着洋服,严禁无刀无袴。"①(第29条)

这种部分的攘夷论,对西方文化应吸收的部分也仅限于形而下的、技术性的,或者物质文化方面。而有关精神文化方面则给予彻底排斥,认为没有值得吸收的价值。这种独特的思维方式乃源发于排耶稣论。当初丰臣秀吉和德川家康把基督教作为邪教排斥,而又实行奖励西方货物进口的对外政策,不就已经显示出这种思维方式的原型了吗?而且进入江户时代,儒教成了唯一的普遍的世界观,在被儒教思想完全支配的知识分子中间,养成了蒙昧地否认与儒教经典相背的一切思想的价值的独断态度。对佛教形成排佛论,对基督教形成排耶稣论,从而对包含基督教的西方思想的排斥和否定也是其必然的结果。然而他们又不得不承认,西方近代科学及其技术具有重要的现实价值。而这正是儒教所缺乏的。为了中和这一矛盾,便形成物质文化可取,而精神文化不可用论。早些时候,明历年间(1655—1658)的向井玄松的《乾坤辩说》"序"中的一段话,便是最早的例证:

夫蛮学之为术,未曾知理气阴阳或五行之说。是故其教不通,穷理尽性之门学,徒就形器之上以论之而已。是以天地之形体,日月之大小,运行之度数,昼夜之际限。虽稍详,而形而上之义则晦盲不明,否塞不通。遂执形器之说以为至点。所以其为异端邪说者,在此之由也。②

这种思维方式直至明治初年,长期被承袭。新井白石也持如此观点:

---

① 译者注:作者说这一段文字出自《太正官日志闻十月》。其他出版信息不详。
② 向井玄松:《乾坤辩说》序。其他出版信息不详。

据说彼方多博闻强记之人,天文地理无所不知。……至于说到其教法,则一言难断。愚者瞬然变智,前后判若两人。然而人不知其中奥秘,彼方所学仅精于其形与器,即仅知所谓形而下者。而形而上者则闻所未闻也。从而至于西洋不知天地之大道,造化之运行之事也不足为怪矣。①

其他的儒学家也反复表述着这种观点:

西洋穷理,形而下之数理,周易穷理,形而上之道理。道理如根株;数理如枝叶。枝叶自根株生,能得其根株则枝叶从之。穷理者宜自周易之理而入也。②

日本中国政教之体以使人知廉耻为至重。故士民知耻则国家宁,众人忘耻则危亡立至。而西洋诸国则未必然,彼国风习以实为尚。我观当今之兰学者,往往不知耻之为耻。……我以为,兰学者应节取其长而弃其短。不至于以贪婪无耻之风施于政而误国害民。③

我阅西洋历史,何种英才也不乏其人,而称有德者则寥寥无闻也。……西人专务功利而疏于道德。④

著名的攘夷论者吉田松阴也认为:

修欧美之学,羡慕尊崇夷狄者,小如相辛,大如许行,最应辨拒。然而夷之枪炮船舰、医药之法及天地之学皆益于我,宜择而用之也。⑤

吉田松阴持如此说并不足为怪,那么接受儒家教育的一般人士的思想发生

---

① 新井白石:《西洋纪闻》,东京:白石社,1882年。
② 仁木松雄:《言志耄录》,《日本精神作与讲话》,东京:都祥阁,1935年,第53页。
③ 古贺侗庵:《海防臆测》下卷,东京:日高诚实,1880年。
④ 斋藤竹堂:《蕃史》乾坤卷,1867年。其他出版信息不详。
⑤ 吉田松阴:《讲孟余话》,东京:武藏野书院,1943年。

变化,也是很自然的了。

> 荷兰为夷蛮之地,不知圣人之道,似人而非人。简言之,为兽类无疑。然而,至于小巧之物则精妙无比。①

> 兰学以究理为旨,其弊端最终将不敬神佛,使父子之礼全无。而代代相承之法亦有被破之大忧。②

> 所谓西洋风俗,车上男女同坐,门内纵横出入,且有平民与高官贵人共礼拜之事,门外则数百男女杂还于路上。因而于礼法言,此行为如禽兽而不足取。唯器械之精密,远远胜于我也。③

> 西洋之法可用者,仅为器械之类。父子君臣等日常之事实难用也。④

持这种物质文化和精神文化分离说的人,不仅是儒教思想家,国学者和神道家们也多如此:

> 兰学乃疏离大道之物,虽说其中为大智者所笑之处颇多,然而也使究于小理之人耳目惊奇之处亦多,易合今日之人心。⑤

> 西洋擅长究理,细致入微。但是,对天文地理却不能引以为傲,彼未彻底查明太阳中心为神界之理,未彻底查明地球东端为万国之根之理。由此想来,西洋之理为当否之理。此外,……洋人亦看恩格尔神话,亦怀疑幽冥之事。因而称之为理学还为时过早。⑥

---

① 本多利明:《西域物语》,《日本经济丛书》第 12 卷,东京:日本经济丛书刊行会,1915 年,第 128~201 页。
② 东京大学史料编纂所:《安政四年三月海防挂上申书》,《大日本古文书:幕末外国关系文书》第 15 卷,东京:东京大学出版会,1910 年,第 734 页。
③ 玉虫谊茂:《航美日录》万延元年二月十八日条,《文明源流丛书》第 3 卷,东京:国书刊行会,1914 年,第 16~17 页。
④ 川路圣谟:《庆应四年二月三十日条》,《川路圣谟日记》。其他出版信息不详。
⑤ 黑泽翁满:《刻异人恐怖传论》,《文明源流丛书》第 1 卷,东京:国书刊行会,1914 年。
⑥ 大国隆正:《尊皇攘夷说辨》,《大国隆正全集》第 1 卷,东京:有光社,1939 年。

至于英吉利，男人从国王至庶人严禁蓄妾之事。有纵然断子绝孙亦不厌于信奉上帝之国风也。其民狡狯好利，贪而不知足。因而，其所言非仁义之言，唯利是图也。①

洋学甚于皇国之古传，讲究天文地理医术器械等之精义。而应严禁彼国教法之学。②

当时的社会思想以至产生了这种观点，可见这种思想占有何等的优势。不仅如此，甚至在西学者或者接受过西学洗礼的人中间，也受这种观点的支配。因此，大槻磐水说：

本邦治国之道，人伦之行，则上古圣王以神道君临天下。其教至于今，上下俱莫不崇敬焉。且加之周孔之道，佛老之教，极高大精深。而家家讽诵，人人服膺。又何苦不足而待之于荷兰哉。③

三浦梅园认为：

若达观之，群伦之道有圣人，天地之实测有西学。④

山片蟠桃说：

一切人之德行性质，应以古贤是取。至于天文地理医学，主张以古为是则为愚昧之言也。⑤

---

① 尾佐竹猛：《阳国阴国》，《维新史丛说》，东京：学而书院，1935年。
② 矢野玄道：《大学规则书》。其他出版信息不详。
③ 大槻磐水：《磐水漫草》，《磐水存响》坤卷，东京：思文阁，1912年。
④ 三浦梅园：《赘语之天人训下》，《梅园全集》，东京：弘道馆，1912年，第646~662页。
⑤ 山片蟠桃：《梦之代》第1卷，《日本经济丛书》第25卷，东京：日本经济丛书刊行会，1915年。

帆足万里说：

　　如近古西洋人所言：人伦之道以孔子为大，他教亦应以此为是。而天文地理医学器械之学，西洋胜于唐，近来应专学西洋。①

佐久间象山说：

　　仅治汉土之学难免空发议论，而且因西洋文学不言道德义理之教，纵然虽能成惊人耳目之大事业，然与圣贤之所为相差仍远。因而，不使二者合之，便难成完全之事。②

桥本佐内说：

　　时至今日，吾神州固有锁国之法，亦可公然变革几分，与世界各国互通有无。仁义之道、忠孝之教由吾传布，器技工艺之精则从彼取来。③

佐野常民说：

　　有人似乎断定，当时日本不如西洋诸国者，仅为物质性之开化。因此热心仿效西洋，扩充海军。在其诸器械制造及商业上，虽立国锐意进取，但只是自信人事上中国日本之教育远远胜于欧洲，便往往做如是言：人如若锤炼智德，心不能不以朱子学为据。④

横井小楠说：

---

① 帆足万里：《东潜夫论》，《日本经济丛书》第26卷，东京：日本经济丛书刊行会，1915年。
② 译者注：这一段文字出自写给小林又兵卫的书信。其他出版信息不详。
③ 译者注：这一段文字出自于安政四年十月二十一日写给村田氏寿的书信。其他出版信息不详。
④ 大隈重信述，元城寺清编：《大隈伯昔日谭》，东京：新潮社，1914年。

西洋诸国一味求利,而无一切义理……至于富国强兵器械之事,则诚然为惊人之事业。今日之盛大成就,为前古所未有也,可谓尽至矣。然仅应限于专门取用之事,至于大道,则尧舜孔子之道以外世界则无也。①

以上这类体用道器说,即使进入明治初年仍不少见。

多方思考,西洋之优如若为斗,其恶处则不可胜数,并且教化礼法除奉孔子之道之日本中国外,更无他国可比。因任何耶稣教谈论仁义之道时,实不真诚。②

欧洲雇佣外国教师,开设专门学校,专门取彼长技。其所取者应为学艺技术之法律学、医学、天文学、物理学、化学等。其他神教修身等学科,现在不宜取之。③

西洋之学术奇耀于世界,然不确究天道之有无,信耶稣之谬妄,野蛮之甚也。向欧美各国之所学,应为百工技艺之文明开化,而学其人伦之文明开化则不可。④

凡闻见欧美人之风习,益彼常自负曰文明、曰开化、曰自主、曰自由,曰男女同权等。其喋喋不休,夸耀自得,问其原因时。盖出于法律、医学、天文、地理、矿山、分析、测量、制造耳。此多为工职末技,应取之所取,以补日本之所缺。然而,至于彼之教法,则确于日本国及国民有害无益也。⑤

明治十八年,有贺长雄出版了有关文化的一系列论著:《西洋之开化源于理

---

① 译者注:这一段文字出自于庆应三年六月二十六日写给甥左平太大平的书信。其他出版信息不详。
② 西园寺公望:《欧洲纪游拔书》,1932年。
③ 译者注:这一段文字出自明治六年四月二十八日文部省布达学制二篇补充第189条。其他出版信息不详。
④ 佐田白茅:《耶稣评论》。其他出版信息不详。
⑤ 儿岛彰二:《民权问答》初篇下,东京:冰炭有花舍,1878年。

学》《理学不足为充分之文化》《论以理学正纲纪之不当》《西洋之伦理政理法理非万古不变之能》《论中和正纲纪之正当》《中和之美》《中和之美大事探源》等。通过详细论证，有贺长雄最后得出这样的结论：

> 以上所论证明，中国三千年之文化，并非为一大失策。其之所以能长久维持其大国者，全因文化之中和也。君臣父子夫妇之道，并非黄色人种之妄梦。自由平权之说教，乃因白色人种无文明所致。……同时，日本古来之文明与西洋传来之开化并非水火不相容也。相反，其大道所在，正是取其理学加之以文采之美，日本为东西接合之地，吉凶俱存。因此，既继承汉魏、隋唐、宋明，形成文章之美，又接受西洋理学之精。中和二者，以此必能开创古今天地，东西方未曾有之一大隆盛基业也。[1]

这一结论使这种思想达到了顶点。因此应称之为被一体化了的思想形态。而且这种观点在其后经过各种变形仍继续存在着，即使今日也依然在思想界发生着不小的作用。如果稍加注意的话，从人们的日常议论中就会重新认识并能了解到攘夷思想的巨大影响远远超出人们的想象。应该说以上各种各样的言论都是对西方文化常识性的理解，这就不免带来各种各样的西方文化观。或是形成东西方文化妥协论，或是形成像大桥讷庵那样的全面的西方文化排斥论者，或是成为像福泽谕吉那样的全面的欧化论者。犹如三浦梅园在《归山录》中所说的那样：

> 不施诱导愚民之神道，上至天文，下至地理，中至人事，以天地为则，以孝悌忠信引导民众以拒斥西洋文明。然而西洋文明已久充斥国中，国家虽说曾一度禁其传播，然而因天长日久已改人耳目见识，纷纷开禁取之所用。例如火器之利十分明显，从最初便难禁止。因此，西洋之书能得以传于世上，人们能得以知晓天文地理之大、人体肺腑筋骨之微，这种视天地如掌中

---

[1] 译者注：作者未标明出处。

果之事岂不快哉乐哉？然而西洋究理之法，几乎使人不食不饮，止于朝暮思考。如若使之活动，便只做引火上房之事，养成损人利己之心。因此说，西洋文明利弊混杂，难解难分，甚至与天地共存长久传播。①

这段论述与以前那种对西方文化不分是非的观念性的批评方式有所不同，它没有一概而论，而是具体地、个别地指出了西方文化的利弊。因此，完全有别于其他人粗浅混乱的西方文化观。这一点尤其值得我们重视。

三、排斥西方文化的思想本质

对西方文化拒斥的思想形态，大凡如前面所描述的那样。但这种思想是立于什么基础之上呢？这里有知识贫乏、单纯的不理解乃至误解的原因，也有由禁止基督教和锁国习惯而来的先入之见的原因。可是其中最重要的，是思想上的儒教思想的机械运用和社会上的维持封建秩序的企图这两大原因。我认为在思索西方文化排斥论的本质问题时，这两大原因是不可忽略的事实。正如前面所述，古代与中古时不存在排外思想。当时儒教思想还没有具备强大的实践性。其中很重要的一个原因是当时居支配地位的信仰是佛教。作为一个特别的例证，是"蒙古犬族论"。这是中世以前排外思想唯一的一次显现。可以说，攘夷论的渊源便产生于那里。幕末攘夷论是在中国思想的影响下形成的，关于这一点，当时的高杉晋作就已明确地指出：

《春秋》曰：公会戎于潜。何休曰：王者不治夷狄。夫夷狄者居障塞险阻之外。其性贪而狠，言语鸠舌，不礼不义而不知有君臣父子之道。是其所不可以王者治矣也。……虽然春秋之夷狄，非今日之夷狄也。今之夷狄者，其性强傲，才钝气豪。凡其为事，无所不究。寻其至极，其父始之，其子必终之。其子不能，孙必终之。其居也，亦稍知君臣父子之道。其接人也，能守

---

① 三浦梅园：《归山录》，《日本哲学全书》第8卷，东京：第一书房，1937年，第153~204页。

小信施小仁。而周流四海蔑视万国,至于天文、地理、航海、炮术、器械、药石之类,其所发明或有足以眩惑天下耳目者。然而悍然与神国为仇,是安得以春秋之夷狄视之哉？语曰:先即制人,后则为人所制。今之夷狄已非春秋。而议者犹殆执春秋之死例行不治之道,谬亦甚矣。纵使夫子生于今日,春秋必谓夷狄不可不治。不治必为夷狄所治而已。……今之腐儒不知时势,虽读春秋,何足以知夫子之志哉？①②

按照常理说,这是对观念性地简单套用《春秋》教条的痛击。关于这一点,在今天学术界里早成定论,然而有趣的是,前面所指出的那种部分性的攘夷论、东洋道德西洋技术的思想则完全出自于清代中国人的西方文化论。黄遵宪在他的《日本国志》中写道:

今欧美诸国崇尚工艺,专门之学布于世界。……今万国工艺已互相师法,日新月异,变而愈上。夫物穷则变,变则通。吾不可得而变者,君臣、父子、夫妇也。凡关于伦常纲纪者皆是也。吾可得而变者,轮舟、铁道、电报信件也。凡可以务财、训农、通商、惠工者皆是也。③

可见黄遵宪与张之洞的"以中学治身心,以西学应世事"的主张④很相似。我们略作考察分析,便可知道前面一些例论的观点,全都属于中国思想的范畴。因此视西方为夷狄的攘夷论者很容易表现出对中国文化屈从敬服的意识,从而我们看到他们对西方文化的矛盾态度也就不足为奇了。

藤田东湖曾这样说过:

---

① 译者注:作者说,本段文字出自《王者不治夷夷论》,已查明,书名应为《王者不治夷狄论》。
② 大苏:《王者不治夷狄论》,《文章规范文法明辨》第7卷,东京:晚成堂,1880年,第3~13页。
③ 黄遵宪:《日本国志》第14卷,上海:图书集成印书局,1898年。
④ 光绪二十二年的孙加鼎在《议覆开辩京师大学堂摺》中指出:以中学为主,西学为辅。以中学为体,西学为用。张之洞在《劝学篇》(光绪二十四年)中指出:以中学为内学,以西学为外学。以中学来修养身心,以西学来应对世事。实藤惠秀在《近代支那和外来思想》中认为这些说法反映了中国人对固有知识感到不安,意图保护固有思想。

及百济①贡吉师②,始有儒教。然儒之为教尤重五典。所谓亲义别序信者,皆为我所固有,特资彼文物以推弘之。……至于法兰西则不然,其为教先奉三宝,曰佛③、曰法、曰僧。此皆蛮夷之物非神国所固有。④

西土之为邦,智巧开,制度章典焕乎可观。则资彼有余以补我不足者,亦天地之常理而圣知之用心也。⑤

吉田松阴也持如此观点：

汉土确与日本风气相近,道亦大同。但欧洲、美利坚、西班牙诸洲因土地隔远,故风气不通,乃至人伦之大道亦失其义也。⑥

大桥讷庵认为：

日本与汉土风俗人情甚相近,且我天祖天孙之道亦与汉土之圣人之教极其吻合。……古之汉土不能以戎狄相称,而至于其余诸国,皆可列于蛮狄之列也。况且今日之西洋为伦理紊乱、不知大道而近于异类者也。因此岂能不贱之、贬之,称之为戎狄夷蛮乎?⑦

这些主张一方面把基督教和西方文化作为外夷的产物来排斥,另一方面又把中国思想作为唯一与日本之道相符合的文化来继承。这种观点正是他们依据

---

① 译者注：百济,古代曾统治过朝鲜半岛的三国之一。
② 译者注：吉师,即吉士。指出色的学问家,又指明代以后的庶吉士。
③ 译者注：佛,即上帝。
④ 冈村利平：《弘道馆记述义》上卷,东京：明治书院,1937年,第3~66页。
⑤ 同上。
⑥ 吉田松阴：《讲孟余话》,东京：武藏野书院,1943年。
⑦ 大桥讷庵：《辟邪小言》第4卷,东京：至文堂,1938年。

在中国思想统治下而形成的日本之道来观察、评价西方文化的最初例证。① 对中国思想如此无意义的盲从,即使在江户时代也已被很多有识之士所认识到:

> 为施教化而引入中国典籍,并将四书五经等用和语译注。众人被以礼义廉耻为宗教训之书所支配,因而多以自然之情为耻。由此可知矣。②

这种意见是对日本盲目奉信"四书五经"的批评。越前藩曾有人认为:

> 京师被西洋如禽兽之陈旧成见所束缚,一味丑化洋夷,高唱攘夷、攘夷。蛮夷亦已开施仁政,如今万国通信,蛮夷亦与古时已不可同日而语。素来天地间之人无不相同,若如京师之论,文王、孔子亦倡夷狄,攘其不可乎?③

这种看法不能不说是很充分地指出了某些儒教家思想上的弱点,他们由于对儒教思想的盲从而产生了排外论,这种排外论以先秦封建时代的思想为媒介,同时与封建秩序的维护精神有密切的联系。在一体化的德川时代,儒教的流行成为拥护幕府统治下的身份等级封建制的御用思想。这已经是人们常常意识到了的思想特征。

> 秦汉以后郡县之政,亦不可用于封建之治。独周家之制④颇合于今日。而又幸有遗经可征。则资西土之道者,舍之何述焉。⑤

---

① 大桥讷庵:《辟邪小言》第 4 卷绪论,东京:至文堂,1938 年。
② 东京大学史料编纂所:《安政元年三月事务官上书》,《大日本古文书:幕末外国关系文书》第 5 卷,东京:东京大学出版会,1910 年,第 578~579 页。
③ 中根雪江:《文久三年七月久留米越前两藩士会谈笔记》,《续再梦纪事》,东京:日本史籍协会,1922 年。
④ 译者注:周家之制指西周封建制。
⑤ 冈村利平:《弘道馆记述义》上卷,东京:明治书院,1937 年,第 3~66 页。

《弘道馆记述义》中这段话直接表述了儒教的社会性根据,同时可看到其与以攘夷思想为根据的水户学①相配合的历史现象。安积良斋说道:

> 唐虞三代皆公天下而封建诸侯,故国势强盛。虽有蛮夷侵犯不至大患。秦汉以来封建废,天下为一人之私。其当边陲之任者,皆朝廷官吏,其乘塞守峰者皆徭役谪戍之民。……莫有挺身赴敌者。是以戎狄之患一世甚于一世。……封建之制则不然。诸侯各有其国者数百年矣,士民感戴恩泽如父母。一旦有蛮夷之患,则君臣上下同心协力,守封疆护社稷,莫不慷慨勇决而争赴敌者。……御戎狄莫如任诸侯。②

浦贺、长崎、箱根三奉行上书建议:

> 西洋交易之利以政治为第一。虽然于日本有利,但日本毕竟为封建制度,而与外国之郡县制度完全相抵触。因此双方难求充分吻合。此已现于事实也。③

水户藩主德川齐昭认定:

> 封建之制度……为日本至尊。外国本缺乏仁厚义勇之风,郡县制度更使君臣之恩浅化,人民亦无决死为君王之觉悟也。……此为外国之卑劣之所在。④

松平忠国认为:

---

① 译者注:江户时代以水户藩为中心的儒教学派。
② 安积良斋:《洋外纪略》下,1866 年。其他出版信息不详。
③ 东京大学史料编纂所:《大日本古文书·幕末外国关系文书》第 11 卷,东京:东京大学出版会,1910 年,第 419 页。
④ 涩泽荣一编:《德川庆喜公传》第 5 卷,京都:龙门社,1918 年,第 116~127 页。

初去他国,知其多用郡县之治,日本迄今与万国不同,武家封建世禄之制度相袭而传,与彼仅为通商交易之事而已,岂可有取彼之法而改日本定制之理?①

以上诸家排斥西方文化的动机,实际上都是出于维护封建制度的情感。特别令松平忠国恐惧的是:

当时之形势姑且不论武家如何之疲弊,然而若随之而移权力于商贾,且形成交易之自由,使商贾获巨利。则武家之威益衰之势必定无疑矣。②

安政元年十二月十八日,幕府颁布下田港取缔令:"万一奸商愚民被彼方引诱,受贪图小利之异情腐蚀,则为日后日本不可免之大患也。"从幕府的担忧中,我们可以真切地窥视到武士阶层对市民阶层的发展与农民离叛的恐惧心理。这也是其排外思想产生的一个缘由。值得注意的是,在一般市民中间,并没有排外意识。关于这一点,已从前面的判断中得到证明。元文四年,俄国探险队到达日本。根据俄方的记录,在牡鹿郡时,日本人民来到俄舰上观看,俄国人拿出烈酒和美味的食品与日本人进行交换。在房州长狭郡,为补充淡水而上岸的俄国船员们受到多数村民的欢迎和款待。他们进入市街时,居民们给他们水果与酒。船员回船时,很多人尾随而来,互赠礼物,饮酒同乐。据说在此期间,两国人民在船上还进行了简单的贸易。《日本幽囚记》中关于高洛瓦尼被释放时的记载中有这样一段:

当时因为看守们并不禁止上舰,所以有许多日本人进来帮助装船,场上

---

① 东京大学史料编纂所:《安政四年十一月上书》,《大日本古文书:幕末外国关系文书》第18卷,东京:东京大学出版会,1910年,第450页。
② 东京大学史料编纂所:《安政四年十一月上书》,《大日本古文书:幕末外国关系文书》第18卷,东京:东京大学出版会,1910年,第450页。

呈现着一片欢乐的情绪。日本水兵们的愉悦劳动与前来帮助的日本人的热情工作,都令人赞叹不已。他们之间思想和教养都有着巨大的差异,而且各自国家又天各一方,相距遥远。但在此时,却好像同宗同族。他们互相亲切地拍着肩头,齐心协力一同劳作。这里的水兵们热心地招呼可心的日本人,拿出自己带来的伏特加和小吃。那边的日本人请水兵们喝日本人自酿的酒。人人都很活泼快乐。这一天真应该称为表现两个邻国国民友谊的盛大节日。①

《柏利提督日本远征记》中也有这样的报告:

平民对待我们远比日本的官员更为亲近,他们仅是害怕被处罚而被迫抑制要同美国人自由交际的愿望。这是很明显的事实。②

在日本方面,也有这样的资料:

荷兰人散步,国人也加入其人群之中,双方谁也不觉有所忌嫌。妇女儿童也皆并肩交袖互为欣赏。③

由此可见,实际上平民们也没有一点类似武士阶层的那种攘夷思想。也足可以了解到,排外论完全是从封建社会不自然行为中产生的思想。即使反思一下前面所看到的对西方文化的拒斥内容,也可以发现这一点。把没有"上下之别"视为无礼,讽讥为夷狄;把一般市民参加国防而作为"武士实无"的证据;把官吏参加贸易骂为"士商不辨"的不义行为等观点;其大部分都出自于封建的等级观念。毫不夸张地说,江户时代的西方文化拒斥论实际上是固执于封建制而

---

① 高洛瓦尼:《对日谈判记》,井上满译,《日本幽囚记》下卷,东京:岩波书店,1946年。
② 柏利:《柏利提督日本远征记》第19章,铃木周作译,东京:大同馆,1912年。
③ 东京大学史料编纂所:《安政四年九月十二日长崎奉行水野忠德书信》,《大日本古文书:幕末外国关系文书》第17卷,东京:东京大学出版会,1910年,第763~764页。

产生的对近代民主主义的一种反感。当然,广义上的攘夷论是以感受到欧美列强的压力的国民意识为基调的。这种国民意识很大程度上是由外国军舰的不逊行为和外来贸易所导致的物价上涨、国民生活穷迫而唤起的。另一方面,我们又必须考虑到攘夷的主张对"倒幕运动"带来的积极作用。作为没有承袭中国思想的现实意义,作为反幕府的一种言论(但不应忽略这并非是反封建的),攘夷论有着积极的进步作用。至少在我们现在的论题范围内是这样。因此说,我们不应忽略西方文化排斥论所包含的这一特质。假如初期的西学者并不是开国论者或倒幕论者,那么对西方文化的态度也必定孕育着朝向开国和统一(比倒幕更进一步否定封建制)的方向。这是被后来事实所证明的必由之路。一些评论者过分地重视攘夷论的反幕府运动,甚至认为这比开国论更为进步。根据以上考察,我们必须承认这种判断绝对难以令人置信。

第三节　面对巨大差异的惊叹

　　日本与西方诸国东西相隔甚远,整个历史上几乎没有任何往来。各自在特定的时空里形成和延续着各自的生活与文化。因此二者的习俗文化自然存在一些差异。乘船来日本的西方人士对日本的习俗与自己国家显著的不同感到惊诧。这在他们的留日记录中随处可见。《柏利提督日本远征记》中看到日本人吃饭时的感想便是一例:"他们像孩子那样直接用碗喝汤。"不言而喻,在日本人这面也产生了同样的惊异。从双方接触时的感受中,可以听到双方对彼此之间巨大差异的惊叹。这声音从一开始就不绝于耳。例如《环海异闻》中便记载了这样一件事:在看惯了旦角演出的日本人眼中,对西方女演员上场便大觉意外:"优伶中有男有女,男女自扮,无男人饰女旦角之事。"(第11卷)西波尔德在《江户幕府参拜记行》中写道:

　　侯爵(指奥平昌高)关于西洋舞蹈的批评也十分奇特。他使用如此幼稚的语言将其与日本舞蹈相比较:"荷兰人常以脚来跳,而日本人则多以手为舞。"①

漂流民彦藏面见美国总统时也同样惊诧:

> 吾当时于心中思忖:此贵绅士即为其国民之首长乎?从其场面观之,似乎颇不以为然。房屋壮观宏伟,日本难以见到之铁栅栏也极为坚固,但门卫则不很森严,无兵士把守亦无警察巡视。室内绢质窗帘及坐垫等物虽极为华美,但除此之外,未见其他作为此大国领袖居住处之物件。服饰亦与桑达柯斯相同之黑罗纱男礼服大衣。如若将其视为此国中一位普通官员则亦不疑也。如此尊贵之大总统,应有众多仆人,应有众多守门之兵士,应有众多青年侍卫立于近旁。桑达柯斯虽身为海关长官,然而与吾促膝交谈,若与同辈相叙。在日本之时,纵使面对小官亦不能有如此心安,必威仪森严而待之。不知其制度其政府之吾,对此则更难以理解。②

文久二年日本使节谒见拿破仑三世时,看到的是这样一身装束:

> 即使身为帝王亦仅有罗纱洋装而无替换之衣服。③

同使团的另一位随员柴田贞太郎在一封信中也记下了类似的感受:

> 抵达英国,见其执政官与店铺商贾混杂居住,房屋式样更无区别,唯于入口处置一门锁,门外附置门铃,按钮铃响经通报便可进入。正门也素来无门卫之类。即使去该国要员家中,同样也可按铃通报而入,然后有女仆接

---

① 西波尔德:《江户幕府参拜记行》,吴秀三译,东京:骏南社,1931年。
② 译者注:作者说,这一段出自《约瑟夫自述传》。其他出版信息不详。
③ 渡边修次郎:《欧洲派遣使节相关轶事》某随行人员日录文久二年三月十五日条,《近世丛谈》,东京:北海出版社,1944年,第91~100页。

待。实在令人慨叹也。①

这些感受表现出在充满森严的等级制的空气中成长起来的日本人,对西方习俗理所当然的惊异感。

美尔阿依兰德之近处有一称为巴雷依夫奥之地,有荷兰医生居住于此。至其医生家时,多有难解之事,其妻端坐于椅中侃侃应酬客人,而其丈夫则往还招待。此举实在可笑,全然与日本相反。按日本习俗,丈夫陪伴客人,而妻奔忙招待为当然之举。如若与此相左,则实为可笑矣。②
西洋待妇女如若日本之尊敬双亲。③
(文久年间使节团去香港总督官邸赴宴)奉行之妻及众外交官之妻亦参加,五六人对席。宴罢,皆妇女先退,人们以妇人指示为是。④

这种感受对于日本人来说,并非无稽之谈。所表现出来的惊异如果稍稍向一边倾斜,便会导致反感的情绪。在前面所说的反射性的拒斥之中,因为存在着太大的差异而往往不能产生同感。然而当这种惊异倾向另一方向时,便有可能成为倾慕西方的情感。尤其是那些日本没有而对方又是高度发达的文化时,其倾斜更是十分显著。例如交通之便:

(火车)其奇巧其精密每每令人惊叹。⑤
由柏林至法国首都巴黎,据称有五百二十英里。沿途多山少平原,铁路

---

① 松本安弘:《文久二年四月十一日书信》,《夷匪人港录》第 1 卷,东京:日本史籍协会,1931 年。
② 福泽谕吉:《福翁自传》,东京:时事新报社,1899 年。
③ 柳川当清:《航海日记》万延元年四月三日条,《遣外使节日记纂辑》第 1 卷,东京:日本史籍协会,1930 年。
④ 《文久二年一月七日条》,《某随员航海日录》。其他出版信息不详。
⑤ 玉虫谊茂:《航美日录》万延元年闰三月六日条,《文明源流丛书》第 3 卷,东京:国书刊行会,1914 年,第 46 页。

从大山腹中穿穴而过。谷中架桥,千方百计建成此条铁路,可谓令人惊骇之事。①②

谈到科学仪器的发达:

(从天文台望远镜中观看)月影形若地球仪。西洋人视月宫亦为一世界,命名为何国何港。几乎令人怀疑彼等攀云梯所见也。若再看木星,形如满月。土星绕有光环,其环之间能见其恒星。此实乃神奇无比之器械。③

谈到机器的精密:

去印刷厂参观,印刷报纸皆由机器控制。一人立于一端,转动滚筒,再将纸张卷入,待其由下端出时,文字已显矣。任其续入纸张,随意而印。滚筒旋转迅速,目不暇接,须臾之间便印数百张。其装置之奇难以用笔尽书。④

谈到园林建筑的精巧:

于凡尔赛宫庭园散步。广阔数里,到处有池、有山、有林、有园。一切皆清洁幽雅、亭榭阁廊等建筑颇有风格。加之西洋人有素爱华美之物之秉性,庭园布置极为风雅。置铜制之龙、蛇、龟、雁、鹅等于池边,其口中喷水,向上

---

① 丸山国雄:《益头骏次郎欧行记抄录》文久二年八月二十八日条,《初期日德交流小史》,东京:日德文化协会,1931年,第116~141页。
② 译者注:益头骏次郎是竹内保德的随从人员。
③ 村垣范正:《万延元年四月九日条》,《遣美使日记》,东京:东阳堂,1898年。
④ 村垣范正:《万延元年二月十六日条》,《遣美使日记》,东京:东阳堂,1898年。

高有七八尺许,淋于林木中。不知如何将此机械制得如此巧妙也。①

谈到雕塑美术的美妙:

(凡尔赛宫)第三室壁上有纵一间②横二间半许之扁额,上有老壮七十五人之照片,绝妙逼真。细思忖,该是近世会盟之图。下一室……左壁上挂有当时皇帝路易·拿破仑画像。右壁上则是皇妃之画像。皆若真人大小,笔势巧妙,呼之欲出。③

每厅壁上,皆挂有帝王皇妃太子及其他皇族画像。又有近世日本与他国战争图、出师众议图、出陈进发图。亦有阵中军装图、对阵图、发炮图、短兵接战图、袭营图、登城图、堡垒图、袭敌图、凯旋图、行赏慰劳图、盟会图、太平和乐图以及功臣肖像等,各画图皆极逼真。④

过总统府之后苑,……石坛上立以铜铸美国第二届总统亚达汉思像,戎装跨马。在另一园苑中,又有首届总统华盛顿之黄铜雕像,亦身着戎装,手提军刀,跨一骏马。两座雕像皆威风凛凛,因势形象,各具神态,如见其人。⑤

从以上对各种西方近代文化的感受中,我们可以看到日本人从单纯的惊奇到进一步走入由衷赞叹的过程。这种赞叹还处于拒斥与效仿之间,可称之为原始性的反应。因此下面我们就想沿着与这一中间点相反的方向考察日本人对西方文化的倾慕态度。

---

① 渊边德藏:《欧行日记》文久二年四月二十九日条,《遣外使节日记纂辑》第3卷,东京:日本史籍协会,1930年。渊边德藏是竹内保德的随行人员。
② 译者注:日制长度单位,一间等于1.8米。
③ 尾蝇:《尾蝇欧行漫录》文久二年三月十一日条,《遣外使节日记纂辑》第2卷,东京:日本史籍协会,1930年,第331~332页。
④ 尾蝇:《尾蝇欧行漫录》文久二年三月二十三日条,《遣外使节日记纂辑》第2卷,东京:日本史籍协会,1930年,第338~340页。
⑤ 木村铁太:《万延元年四月一日条》,《航美记》第6卷。其他出版信息不详。

第四节　摄取意识的产生及体现

当人们接触到同封建性的先入之见和传统风习的固执完全不同的西方近代文化时,人们只是非常反感,完全忽略其优点。在明治二年五月政府对官员的通告中,这种拒斥态度被称为"阴险偏固":

> 内地人民数千百年来沐浴中国、印度之教化,讥讽西洋人为禽兽夷狄,而称赞中国、印度为圣贤之域。然而中国、印度之人民为人,西洋之人民亦为人,……况且当今西洋各国比之中国、印度,其人事风俗超然卓越。故攘夷之论说变得阴险偏固,已成遍世所知也。①

这种变化与其说是出于不该束缚外来文化的宽容之心,倒不如说是由来于已感到要很好认识西方文化的优点,并摄取之的时代需要。留学英国的川路圣谟的孙子在庆应三年的报告中写道:

> 英国之行,得知伦敦繁华之极。此乃非天工而为人力。日本无论如何亦应成为此类富强之国。②

井上省三明治四年在伦敦留学时,也有这样的信笺:

> 此次旅行,见诸国之形势,痛感外国之盛远胜予神州百倍。亟请神州人

---

① 大塚武松编:《岩仓具视关系文书》第 8 卷,东京:日本史籍协会,1935 年。
② 川路圣谟:《川路圣谟文书》第 7 卷的书信,东京:日本史籍协会,1934 年。

民一致奋起,外国之侮则不存也。①

另外,井上省三从柏林致信中又说:

  实不必多言,日本之政体及人民生活等与欧洲诸国相比,吾辈之处境真可称之为居于河滩乞食者也。国人日夜苦虑、探求、不行开化,对外国无一言可论,实愧入其世界之秩序。再者,文学兴盛之事,西洋女子十二三岁时不通英、法两国语言者甚少。而男子二十五六岁修行者不可胜数。万事如此,有天壤之别,预想此类事,不禁朝夕独自流涕,我之国学固执外国人或为夷狄或为禽兽者,鄙人实不知谁可谓之禽兽也。②

我们在这些通信中所看到的文化反应典型地展示了那种对西方文化的倾慕态度。这既是对西方文化的总体反应,又是对其文化的各个部类的个别反应。试分类整理这些反应形态,便可知近代西方文化中哪些部分最使日本国民钦佩。因为这不久便成为决定摄取西方文化的具体项目,决定其摄取样式的基础。在这里,我想分类列举认识西方文化优秀性的实例。既然采取分类的方法,那么由年代上的差别而来的时间性考察就不能不放在第二位了。因此有把从久远的正德享保年间(1711—1736)直到近代的明治年代这么长的时期内的事例一概取之的情况。可是在这里我想把所看到的那种不拘泥于时间性变迁的一贯共通的态度,置于比时间性变迁更重要的位置。

一、衣食住行方面

  饭厅排满山珍海味,即便是怎样嫌弃西洋者也于口腹之中也绝无攘夷

---

① 井上省三纪念事业委员会:《井上省三传》一月二十九日附书信,东京:井上省三纪念事业委员会,1938年。
② 井上省三纪念事业委员会:《井上省三传》,东京:井上省三纪念事业委员会,1938年。

之念,皆欣然品味之。①

攘夷论者最忌短发洋装。对于穿洋服的非难,我们在前面已经谈到。如果排除这种先入为主的观念,那么洋装的便利是任何人也都不得不承认的事实。漂流民彦藏②的感想还是非常直率:

> 我若初起便着洋装,则实在没有不舒畅之感,反而觉得较和服温暖而动作亦方便也。③

关于妇女服装的样式,也有人礼赞欧洲:

> 妇人服饰艳若仙女,日本妇人之服装亦难与之相比。④
> 房屋构建极为牢固,……一旦建成,子孙相传亦不能损之。且不必顾虑火灾。⑤

可见西方建筑很早便从荷兰人那里传入日本,国人对西方建筑所特有的耐久性和防火性有着很深的了解,表现出极大的关注。帆足万里⑥说:

> 三都并大国城中之房宅仿效西洋之法,以石砖瓦建成。此建筑虽一次颇多费工力,但数百年亦不能损坏之。且不易燃烧,又因石屋砖屋皆建至三四层,故节省土地近半。⑦

---

① 福泽谕吉:《福翁自传》,东京:时事新报社,1899 年。
② 译者注:漂流民彦藏即滨田彦藏(1837—1897),出身于兵库县播磨町,日本漂流民,后加入美国国籍。
③ 出自《约瑟夫自述传》。其他出版信息不详。
④ 出自《明治以前外国旅行情况与出洋者之感想》。其他出版信息不详。
⑤ 石川淳:《荷兰问答》,《渡边华山》,东京:三省堂,1942 年,第 176~182 页。
⑥ 译者注:帆足万里(1778—1852),丰后国日出藩出身(位于今大分县),江户时代后期儒学者,政治家。
⑦ 帆足万里:《东潜夫论》,《日本经济丛书》第 26 卷,东京:日本经济丛书刊行会,1915 年。

本多利明说：

　　欧洲城市中，不论贵贱，万民皆居住于石筑屋中。偶尔失火，仅烧毁其内部木制品，甚至邻居都有所不知。……日本亦应立即规划建造如此能除火灾之砖石房屋。①

他们都主张尽快以西方建筑为样板，改造日本旧有住房。实质上，到过西方城市的人能更深入地了解其建筑的优点。曾经流落到俄罗斯的漂流民幸太夫说：

　　女王之宫不同于本邦宫殿建筑，其楼房门檐皆挺直筑造，并以稀石砌筑之，未曾用竹木。……其民房亦与女王宫无甚异制。……故无有火灾之虞。我在彼土曾遇火灾二次，然不过烧毁室中器械衣物等。故虽同居，或不及知之，况近邻乎。纵言无火灾亦不夸张也。②

福岛义言说：

　　（旧金山）街市之屋房……一切建筑皆由砖石构成，故地震不能毁之，火灾亦不能烧之。如若偶尔失火，亦不能殃及他屋。③

栗本锄云说：

　　我在巴黎滞留有九个月之久。此期间，房中未有蚤叮鼠啮之患。……且火灾地震亦无。真可谓乐土乐邦也。所以如此，乃因房屋皆六七层，砌石

---

① 本多利明：《经世秘策》下卷，《日本经济大典》第20卷，东京：启明社，1930年，第105~180页。
② 龟井南冥等：《奇观录》，《史渊》第16辑，1936年。
③ 福岛义言：《福岛义言手稿：航美日记（其一）》，《江户》第5卷，东京：江户旧事采访会，1917年，第1~7页。

为壁、为间,辗铁为板、为桁,柱础皆无。虽亦有木造,然而仅不过用于阶梯、门户而已。蚤蚊鼠火之灾理当皆无。①

岩仓具视说:

比较而言,居于洋房更为方便。②

天保年间,漂流马尼拉的"神刀号"船员们也从审美的观点来赞赏西方风格的建筑:

店铺之橱窗皆用玻璃制成,极为美丽。……仆人房间亦涂漆、粉壁,客厅铺有地板,上涂石蜡。二楼客厅亦如此,窗玻璃甚是美丽。③

西方人也将日本传统的建筑与西方建筑相比较,认为:"观看江户、大阪诸大名的住宅及其君侯宫殿,不客气地说,只不过是简易房与兵营的诸多排列而已。"(《英国使节阿尔米尼恩幕末日本记》)④因为西方也做如此评价,因此国人产生憧憬西方建筑的心理更加强烈。栗本锄云说:

汽灯之明亮使街巷之午夜与白昼无异,因而无醉歌盗争之喧哗。……灯照于街上,其明可以俯拾虫蚁,故虽暗黑无月之夜,风雨晦冥之时,亦惟行无妨。⑤

木村宗三说:

---

① 栗本锄云(匏庵):《晓窗追录》,《匏庵十种》第2卷,东京:九潜馆,1869年。
② 大塚武松编:《岩仓具视关系文书》第2卷,东京:日本史籍协会,1935年。
③ 新村出:《南国奇话》,《海表丛书》第3卷,京都:更生阁,1927年。
④ 阿尔米尼恩:《英国使节阿尔米尼恩幕末日本记》,松崎实、田沼利男译,东京:三学书房,1943年。
⑤ 栗本锄云(匏庵):《晓窗追录》,《匏庵十种》第2卷,东京:九潜馆,1869年。

巴黎之夜色,如日本山王祭礼明灯高照之时,因而可不必提灯而行。①

这些人对欧洲城市里的照明技术也给予了高度赞赏。

像前面所说的那样,即使是那些以为仁义忠孝仅存于东方的攘夷论者也不得不承认应吸收西方的机械技术。这种机器文明实在可以称之为西方文化优秀性的代表。木村嘉毅在美国一个叫贝奈夏的士官家里,看到缝纫机时慨叹:

其女儿缝制衣物,双足踏动而机关自转,缓急尽随人意,其奇巧无比。②

像村垣范正那样始终对西方文化抱有强烈反感的人,在参观了海军工厂之后也感到对西方的机器文明实在有摄取的必要:

蒸汽装置种种工艺实在令人惊叹,其精妙难以口述笔书。将钻头旋入大炮炮筒中,削去多余部分。在另一机械前,须臾之间炮弹便造出数百。碾铜板制成紧密排列之五管引信极为惊奇。此机械若用于日本,我以为必大益于国防。③

文久二年德川明令宣布:

蒸汽机为西洋各国所专用,诸物轻易可制,今欲于江户之近处建制铁所,诸物便可简便制之也。④

在这一思想引导下,终于设立了制铁所。关于蒸汽机之便,福泽谕吉在《西

---

① 栗本锄云(匏庵):《晓窗追录》,《匏庵十种》第2卷,东京:九潜馆,1869年。
② 大塚武松:《奉使米利坚纪行》,《遣外使节日记纂集》第2卷,东京:日本史籍协会,1930年。
③ 村垣范正:《万延元年四月五日条》,《遣美使日记》,东京:东阳堂,1898年。
④ 司法省调查科:《德川禁令考》第3帙,《司法资料》第174号,东京:司法省调查科,1934年。

洋事情》中特别写上了一笔：

蒸汽机不必有手足之劳，以一人之力便可成百人之功。其成本低而其制作精。蒸汽机首次问世，世界生产与贸易之形势为之一变。①

涩泽荣一说：

(伦敦《泰晤士报》)报馆为欧洲有名之大报馆。其所用印刷机尤为先进。四十位工人二时内便印报十四万余张，每日销往各处。其机械之精密巧妙难以尽言。②

栗本锄云说：

蒸汽机之效难以言表，唯有瞠目结舌矣。③

从这些言论中，可以看到人们最推崇西方机械文明。

对于以轿子、劣马为交通工具，悠悠然在国内旅行却并无不满的日本人来说，火车的飞驰该是何等惊奇的现象。福岛义言说：

乘坐火车旅行极为方便，晨时由巴拿马港出发，午时便行二十四日里④矣。……不用人力而只借用蒸汽机之力其速便如此，可见火车实乃一大宝器也。⑤

---

① 福泽谕吉：《西洋事情》初编第1卷，东京：庆应义塾出版局，1872年。
② 涩泽荣一：《涩泽荣一滞法日记》，东京：日本史籍协会，1928年。
③ 栗本锄云(匏庵)：《晓窗追录》，《匏庵十种》第2卷，东京：九潜馆，1869年。
④ 译者注：1日里约等于3.92公里。
⑤ 福岛义言：《福岛义言手稿：航美日记(其三)》，《江户》第6卷，东京：江户旧事采访会，1917年，第16~28页。

栗本锄云说：

　　巴黎为远离海洋之地，其一河不足以满足全城之漕运之用。而能有今日之繁盛，大抵为火车运行月增岁盛之故。且用此非人利器而能使人舒逸无比，故虽谓舟船自在之国亦应兴此利器。①

西园寺公望说：

　　自伦敦至法国首都巴黎，大抵一夜可达。噫嘻！火车轮船之便真乃天地之造化也。②

岩仓具视说：

　　公利之源在于便利运输。而且便于运输之事又未曾有胜于铁道之速、铁道之大者也……我平素虽孤陋寡闻，然而对此亦早有所知。有幸遇出使之美差，跨足于他域以来，开始目睹其实，相信所闻并非虚诞。其妙用有助于开化、富强，令人惊叹。诚然，仅此一例似乎并不明显，美国横亘大西洋、太平洋两洋之间，山野数千里，未开垦之处女地十有七八。至其西北，荒漠连天，皆未有人迹，不见禾苗庄稼，然而由于设有一条铁路，便使东西往来极为方便，不仅使运输之便、贸易之利大增，而且荒野遂垦，人烟随增，矿山即开。既而物产亦随之而丰。濒于西海之各洲仅经二十年便至今日之富足。此虽说盖因其人民勤奋天授其富，然而抑或因有铁路之所致。③

　　这种对交通之便的赞叹确实很有道理。尤其是当时在国内建设这种便利的交通工具和设施的计划遇到阻碍、面临困难的局面的时候，这种对西方交通工具

---

① 栗本锄云（匏庵）：《晓窗追录》，《匏庵十种》第2卷，东京：九潜馆，1869年。
② 西园寺公望：《欧洲纪游拔书》，1932年。
③ 大塚武松编：《岩仓具视关系文书》第5卷，东京：日本史籍协会，1935年。

的由衷赞叹,便成为不能停止交通建设的有力说明。伊藤博文明治三十五年在铁道协会的演讲中,批驳了"驱恶金贬火车之议"。其要点如下:

> 臣闻之,西洋诸国铁道相通若蛛网纵横,……难怪其富强如此。本邦孤立于极东之地,从中世纪以来未能与外域交往,因此不能知海外人事。由于运输工具不足,皆付之于航海,仅十里之津也必费数日方可到达。然而人们对此没有一丝疑问,反而十分满足,难怪国民耳目不开。如果由日本人视之,欧洲诸国似乎已充分发达,然而彼等仍不以此为满足,日究其巧,月增其术,年年使其国向富强发展。我若不知则已,苟且知之,如何不自惭形秽?……我谨视之,方今闭港之风犹存,苟且偷生之弊未除,管见之说、井蛙之论日甚。人们不但以此谬说议于街头巷尾,而且竟公然说于公堂。此实乃妨碍开化、有害富强之论。例如"不知将拒斥外夷以防其患为强国富民之术,反倒衰耗国家以赞赏外寇",多不过如此。……如果海外无人,天下独我,按此种论说建国犹尚可行,然而世间绝不能有如此之事。我谨愿诸位识国家之大体,弃蝇头之小利,……决然兴建铁路,开通火车,使国人亲自目睹其便。①

不仅火车铁路是这样,西方诸国所具有的一切交通通信设施的发达,在日本人眼里都是触目惊心的。正如俄国使节普契雅琴所夸耀的那样:"当今形势与古时完全不同。……其中航海贸易业又最为繁盛。由于蒸汽船航海业的兴起,使各国之间的距离大大缩短。如果古时经过数月方能到达的地方,今天只需数周便可到达。蒸汽机船可航行于风平浪静之海,亦不惧惊涛骇浪,除无法通行的两极极寒之地外,世界上无有不可探索之处。"②

阅昨日所借地图,知当今海外火车盛行。各国营建铁路,纵横交通,有

---

① 伊藤博文:《伊藤侯演讲集》,东京:日报社,1899年。
② 东京大学史料编纂所:《大日本古文书:幕末外国关系文书》第3卷,东京:东京大学出版会,1910年,第469页。

长至二百日里者。……呜呼,我邦即海国,火轮船却未成,何况火车耶?①

桥本佐内赋诗道:

电信传来快口陈,话机全赖两条纶。
自今羁客应无梦,万里云山如比邻。
山路才过悠水村,火轮宛转黑烟喷。
人间快事无堪拟,百里长城转瞬奔。②

栗本锄云说:

由于火轮船航于水中,火车驰于陆上,一瞬千里。所以昨日与土齐价之五谷,今日卖于薪桂炊玉之乡。移堆积多余之财物,充于山阻海隔之地。因此无弃货滞财,方圆三百里之内无不富强充实。……由此可知,运输为第一要素。③

某在法留学生说:

此国无论城乡何处,蒸汽机车之铁路畅通无阻。因此出兵于千里之外亦极为迅速。由于军队亦由蒸汽机车运送,因而若去难以想象之远国亦轻而易举。④

由利公正说:

---

① 东京大学史料编纂所:《西使续记》,《大日本古文书:幕末外国关系文书》附录1,东京:东京大学出版会,1910年,第394页。
② 桥本佐内:《西洋杂咏》。其他出版信息不详。
③ 栗本锄云:《铅笔纪闻》,《随笔文学选集》第2卷,东京:书斋社,1927年。
④ 《中外新闻》第21号,1868年闰4月6日。其他出版信息不详。

政府及各警察所、监狱等皆有电报相通。遇有火情或其他急事可以互相通报,即使是平常小事也可互得消息。以上各家对西方交通工具的发达十分钦佩。而且可以说,这不仅要摄取其运行迅速的特点,而且涉及对国家产业开发的意义的认识。①

大久保利通便持有这样的观点:

凡上面所说,政府之贸易或工业之盛大,据称为五十年内之事。若如此,则皆是指蒸汽机车发明之后而言,世界进入开化,贸易兴起也多半可看到火车之作用。②

海外交通必兴论也是本多利明及其后来开国论者的一贯主张。
佐藤信渊更指出,西方诸强的兴盛是基于航海的远大谋略,并企图以此来促使国人反省:

三百余年以来,欧洲诸国游洋至此洲,以武力消灭其他诸国,……将其地产金银悉数集来,运回日本。因此欧洲诸国皆国富兵强,所到之处无不为之震动。其他各洲国人只以蚕食近邻为专务,而无敢于建设远大策略之人。以彼大清国之强仍禁商贾之出,况其他国乎?夫兴国家大利者,未有航海通商者。哀哉!东洋之人只务于固守日本,以一时安逸为乐,……忘百年之后谋,举世皆软弱怯懦之人,而未有……高瞻远瞩之士。最终令俄国、英国等称雄于世,亦不可悲乎?亦不可悲乎?③

---

① 三冈丈夫:《由利公正传》,东京:光融馆,1916年。
② 大久保利通:《明治五年十一月二十日寄给大山严的书信》,《大久保利通文书》第4卷,东京:日本史籍协会,1929年,第468页。
③ 佐藤信渊:《西洋列国史略》,1908年。其他出版信息不详。

二、医学、天文历法、地理等自然科学方面

机械文明的基础是自然科学。西方近代文化的本质是以自然科学为核心的文化,即可以称之为科学文化。那么,对西方文化的向往,自然首先开始于对自然科学优长之处的认识。读过辛贝尔克的《日本纪行》,便可了解到国人对自然科学知识的渴望是多么强烈:

> (日本人)想要得到欧洲书籍的欲望非常强烈。而且常常努力想从由印度来的商人那里得到这类书籍。他们全神贯注地学习这些书,并且学后能如实地记忆下来。因为他们向欧洲人表示要获得什么新知识的要求太激烈,有时便显得十分固执了。即使随便交谈,最后都转到有关物理学、医学、博物学等问题上来,没完没了地寻问,从来没有满足的时候。①

由上可知国人对自然科学知识的强烈渴望,分为两个方面。一个是医学,另一个是天文历法学。这二者成为西方科学中人们最关注的对象。首先,关于前者的记载早在贞享三年二月德川纲吉会见荷兰商馆经理时,便"通过翻译寻问该国医疗及药名等事宜"。读过《德川实纪》②这一段记载便可知道,人们从很早开始就对荷兰的医学感兴趣,特别是医学家解剖实验的结果与荷兰医学学说日益符合后,更增加了人们对其的信赖。山胁东洋写道:

> 乡者获蛮人所作人体解剖之书,当时昏愦不辨。今视之,胸背诸脏皆如其所图,履实者万里同舟。③

柚木太淳在《解体琐言》中说道:

---

① 辛贝尔克:《日本纪行》,山田朱树译,《异国丛书》第4卷,东京:骏南社,1928年。
② 经济杂志社:《德川实纪》,《国史大系》第9卷,东京:经济杂志社,1905年。
③ 山胁东洋:《藏志》,1759年。其他出版信息不详。

我皇德化日敷，蛮夷年贡。采其科学而为日本乏室。蛮说亦不可弃也。①

这些人在汉医学中又摄入荷兰医方，开创一种折中的学说。进而产生了著名的前野良泽、杉田玄白的人体解剖学：

与随身携带之荷兰(人体)图相对照，无丝毫不同。但知古来医经所谓肺两大叶、肝左三叶右四叶等说多有差异，肠胃之位置形状也与古说大大相异。为见骨骼形状，便每每于刑场拾取遗骸仔细观之，亦与古说不同。相反，所见却皆与荷兰人体图不差分毫。众人皆惟有惊叹而已。②

这种惊叹以至于促使日本人更加进一步全面地转向西方医学。山片蟠桃在《梦之代》中写道：

西洋之医书，皆以求病因为主，……而天文医术工艺其功夫，和汉不及也。③

高野长英的《汉洋内景说》中有这样的话：

吾多年潜心着意，历观五大洲各方，就诸学技艺而言，精巧卓绝者皆不及西洋人。盖彼邦习俗以率直、质简为贵，据物征事不试于实践便不付诸言行。凡百事勤思勉力，费时劳神，究理之风俗相习。……其中尊医疗为众科之第一要术。而诊断尤是负有人命关天之大任者也。……解剖科为诊断之学之基础。所谓西洋医学从古昔始皆以此为标准。首先以明内情为务，而

---

① 柚木太淳：《解体琐言》，京都：丸屋市兵卫，1799 年。
② 杉田玄白：《兰学事始》，《国文鉴：教授参考书——5 学年用》，东京：文学社，1933 年。
③ 山片蟠桃：《梦之代》，《日本经济丛书》第 25 卷，东京：日本经济丛书刊行会，1915 年。

后讲其病因,别其生死,定其诊断,设其治法,配其方剂。以上诸事无一妄断方有其实效。其精巧出于宇宙奥妙之上矣。①

以上诸论点都表现出对西方医学的全面皈依之心。连攘夷论的巨魁德川齐昭在给儿子书写的家训中,也声称"卫生之事大抵依据于西洋医学之说"②。嘉永二年曾一度发布"近来兰学医师日益增多,闻世间信之者甚。其风土与吾相违,故医师中用兰方者宜应禁止"布告的幕府,到了安政五年也终于不得不提倡摄取西方医学:"荷兰医术前年虽有被禁之事,但今日正逢用万国之所长之际,医师中有志者亦应兼学荷兰医术。"③

国人对西方的天文历法最早从南蛮文化时代就已经表现出一种强烈的倾慕之感。而对在内容上更为先进的北欧系的科学,《文会杂记》一书这样写道:

西洋天文历法等极其精微,应向外国专门学其艺也。④

三浦梅园说:

天文地理之学,印度最粗,中国稍精,然而皆属思量摸索而疏于实测。西洋制器驾舟,足迹无处不至,其观天地若掌中果,实为千载之大幸事也。⑤

前野良泽说:

恒星七等以上者积数三千零一也,……此数为我直接从兰书中翻译得

---

① 高野长英:《汉洋内景说》。其他出版信息不详。
② 大隈重信:《德川庆喜公回顾录》,《开国五十年史》上卷,东京:开国五十年史发行所,1908 年。
③ 东京大学史料编纂所:《大日本古文书:幕末外国关系文书》第 20 卷,东京:东京大学出版,1910 年,第 684 页。
④ 汤浅元祯(汤浅常山):《文会杂记》,《少年必读日本文库》,东京:博文馆,1892 年。
⑤ 三浦梅园:《价原》,《日本经济丛书》第 11 卷,东京:日本经济丛书刊行会,1915 年。

出。……中国日本共不知者为一千一百二十八星,其数几乎近半。以此一事,可知荷兰人擅专天象学,其技精密。①

孔平信敏说:

窃闻,荷兰喜思,利用厚生,思而不已。世世相承,必尽其善。……余观其说,必据实物以研精,未尝虚设以空论。②

大槻磐水说:

尝闻,其邦人精于诸术,……究其物理之奥秘,极实际之至。医算星历为最。③

其为术也,近取诸身,远取诸物,施诸事,则亲切著明矣。岂其空言淫辞之所企及?夫西方之人,其性机巧,上自天文历数,下至凡百技艺,精工缜密,几夺天工。④

间重富说:

西人用意于测验,尽心于器物之事,天下万国无可类比。⑤

《气海观澜》的"序"中写道:

西洋之学科,各有其书,其事尚实,其文务精。……理科之义理最为重

---

① 前野良泽:《管蠡秘言》,1777 年。其他出版信息不详。
② 大槻磐水:《兰学阶梯》上卷,1912 年。其他出版信息不详。
③ 大槻磐水:《磐水漫草》,《磐水存响》坤卷,东京:思文阁,1912 年。
④ 同上。
⑤ 间重富、高桥至时、涉川景佑:《星学手简》。其他出版信息不详。

要,可为诸科之纲要。实在足可以与圣贤之书并传也。①

佐久间象山说:

吾曾暗自思忖汉土诸贤论物理多出臆度,流于虚诞。窃欲救此弊以西洋实测之吉久矣。偶得德国人宋墨尔所著《宇宙记》而读之,天地之大,日月之明,寒暑昼夜之运,风云霞雷之变,禽兽草木之微,无一不问其幽而挥其实。真可谓囊括宇宙终始古今者。②

羽苍简堂说:

我一向恶洋学甚于蛇蝎。近读德国学者玛高文所译之《航海金针》,其文章简洁而悉其意。又读《博物通书》,倍知西人学植深厚非华人所及。盖西人所尚在知之一字,故研究一理、造出一物,必先请订正于四方硕学,待无些遗感,然后镌之金石,颂之身车所及,以冀他之启蒙愚顿者。推其意,则公且忠也。③

以上诸家都列举了西方科学所具有的精密的理论性和确实的实证性特点,并且认为有学习吸收的必要。大体看来,西方文化中自然科学的普遍性已经超出了所谓"西洋"的特殊性。除极少数西方文化排斥论者之外,人们都不否认自然科学的普遍适宜性。福泽谕吉说:

开国之初,我等洋学者们之愿望是千方百计将多数国民引入到真正开国之途,欲将西洋文明变作东道之主。一面排斥汉学之固陋,一面亦谋求申

---

① 桂川甫贤:《气海观澜》序,《文明源流丛书》第2卷,东京:国会刊行会,1914年,第256页。
② 佐久间象山:《读宋氏宇宙记》,《象山全集》上卷,新潟:尚文馆,1913年。
③ 大槻如电:《新撰洋学年表》,东京:六合馆,1927年。

明洋学之实在利益,输入其无限之方便。其中,对一般人所言之物理原则的领悟更为有力。少年子弟或志成之辈即便读过一回物理之书,或听过有关论说,即从心底信之。其时,我等似乎已成为西洋化者,全然无复归汉学之意。①

福泽谕吉的记叙显示出当时人们对自然科学完全信赖。这种信赖不久便成为对西方文化全面信赖的契机。因为像我们最初所讲的那样,自然科学与机械文明具有不可分割的关系。鲇川昌行认为:

红毛地僻西南,风土虽异,至其器械,日月所照,霜露所坠,用之有功。②

人们从这种观点出发来赞美西方文化。这不仅是对科学优秀性的认识,而且是对更重要的、作为其优秀性渊源的科学精神的认识。大槻磐水说:

凡彼方国俗人之智巧所及之处,潜心竭力千绪万端皆是探究理之奥妙。……不只医学如此,其天文地理测量历算诸术亦多如此。其法其说精到简便之要论亦不少也。……此习俗之机智精巧不仅必然胜于其他国俗,而且可聚万邦之长。彼之习俗,好与四大洲各方互市交易,不仅求取产物器械,以获利润,而且凡有系于天地人物事言之善法良策皆摄取之,以裨益自国。竭尽全力编书、造器,穷其理而尽其巧也。③

渡边华山说:

大概西洋所忌者以闻雷塞耳,惧电闭目为第一之恶也。唯万物无不以

---

① 福泽谕吉:《绪言》,《福泽全集》第 1 卷,东京:时事新报社,1898 年,第 2 页。
② 大槻如电:《新撰洋学年表》,东京:六合馆,1927 年。
③ 大槻磐水:《兰学阶梯》上卷,1912 年。其他出版信息不详。

穷理为计,万事议论无不以穷理为务。①

佐久间象山说:

西洋诸术犹如山泉喷出而片刻不息,日新月异向前推进,新事物新发明年年剧增。若我方疏于精心研究,终将不及彼方。②

以上论述都洞察到了西方科学兴盛的根源,所以涩泽荣一这样描绘香港:

英人修行汉学皆勤奋刻苦,自然亦不浅薄。为研究其教法之由来,而考察其学问之原委,历代沿革政典律令自不待言,从其政体风格到日用文章皆加以精心研究。译其书、著其说遂成其大业者不乏其人。③

在法国植物园中:

修学者结社于此,不分巨细皆尽心考察。对此吾颇有感触。④

通过目睹西方人士这种研究学术的精神风貌,从而对西方文化有了更进一步的深刻理解。因此人们不仅瞩目于西方科学的巨大成果,而且认识到其成果由来的内在根源。可以说这对日本树立近代科学事业具有极重要的意义。特别有趣的是帆足万里的西方观:

东方人敏捷仁慈,其弊在于移志而不能耐久。西方人强韧坚忍,其弊在于鲁钝而刻薄。故其穷理学说虽精,皆积年实验所得。精微之际,测术则无

---

① 渡边华山:《西洋事情御答书》,《华山全集》第1卷,爱知:华山会出版,1915年。
② 佐久间象山:《象山全集》下卷,新潟:尚文馆,1913年。
③ 涩泽荣一、杉浦霭人:《航西日记》第1卷,东京:耐寒同社,1871年。
④ 同上。

所不至。概卑陋可笑。①

　　西人精于解剖分解之学,故明形体之学必应从西法。西人尽数百人之力,经数百年之久,不惜费千万金而研究学问,可见西人愚钝而缺少通变之才,故多失之固执。连长崎之町人亦讥笑西人缺乏机智。

　　西人皆极强之耐力,学问技艺亦精。如今器械之使用,枪炮之威我方固然不及。然而正因西人耐力强,故而甚是鲁钝拙笨。长崎之日本工匠一日之工而西人则需三日方成。②

从以上例子中可以看出,人们反复称赞西方人的耐久坚韧的研究精神,但同时又一再强调其鲁钝固执的性格弱点。这种评价虽说不无遗憾地伴随着无知和误解,但是作为与以前盲目的赞美或盲目的排斥完全不同的立场还是应该值得重视。

下面,我们稍稍考察一下虽不属于自然科学但又与之有关的实用科学。

山片蟠桃说:

　　西洋诸国,于日本之地理、历代沿革之况,无不知晓,此乃天文地理之格物尤然之故。③

高野长英说:

　　西洋地理学者,详述万国治乱兴衰、人情世态之学也。诸硕学者,近多倾心于兰学,亦有弃儒入兰者。④

斋藤拙堂说:

---

① 帆足万里:《穷理通》第8卷,《帆足万里全集》上卷,大分:帆足纪念图书馆,1926年。
② 帆足万里:《东潜夫论》,《日本经济丛书》第26卷,东京:日本经济丛书刊行会,1915年。
③ 山片蟠桃:《梦之代》,《日本经济丛书》第25卷,东京:日本经济丛书刊行会,1915年。
④ 高野长英:《鸟鸣声》,《作文作例及批评》,吉川半七出版,1893年。

同住天地之间，闻见仅止于弹丸匣子之地。不知九州之外更有九州。信井底蛙耳。且当今四方可虑之时，而晏然安固陋，不肯求飞耳长目之方可耶。此地学所以当讲也。地学以西洋之说为精博。①

桥本佐内说：

九州之外有八埏，八埏之外有八纮。名山大川相通穴。此皆臆度论未详。……赤县文儒多空诞，实测岂容欧人赢。欧人艺术概巧致。就中最推长航行。舰大如城樯如塔，蹴破汹涛雄于鲸。所到风土仔细听。②

他们称赞了西方人地理知识的博大精深，认为日本处于锁国的时代，必然缺乏地理知识，才痛感西方人的地理知识价值的重要性。

三、历史、文化教育、艺术、哲学、宗教等人文科学方面

如下所述，国民对文化科学的关心，远不如自然科学，所以立志学习西方史学是明治以后的事。重野安绎在明治十二年说道：

西洋史类……布局剪裁与日、汉史颇异，略述于此，以供参考。其体也，依年月而编。事之本末必记于其下，文中要旨，多加论述，以启发读者，通常编年体与纪事体兼而有之。若出名人，则附略传，故亦有纪传体。编史之首，必记人种、地理、风俗等，先记国土人情，以备参照，实乃最切实之法。……本邦应异于汉土唯记事之法，以详述事之始末，使当今之事跃于纸上，其体诚可取也。③

---

① 斋藤拙堂：《拙堂启蒙跋》，《拙堂文集》第6卷，斋藤次郎出版，1881年。
② 桥本佐内：《读地理全志书》，《桥本景岳全集》下卷，景岳会，1939年。
③ 重野安绎：《论国史编纂的方法》，《东京学士会院杂志》第8册，东京：丸屋善七，1879年。

三宅米吉在明治十九年说：

  著者写此类书,唯着眼于政府、王室等社会之一部分,未及社会全体。《春秋》《史记》《汉书》,由其所述之时代而言,实乃杰作也。然今将之与欧美诸国之史书比,又甚不完全。盖欧美史家,皆着眼于社会全体,悉录社会事迹,所记处广博精深、事实、趣味皆备。其编纂法,乃诸体并用,得其所长,异于中国之流偏于编年纪传史话。①

重野、三宅所言,肯定了西方史学的长处,但这种学说仍属旧例。学问的发达,与文字有紧密的关系,这从修学的第一步多须从习字开始上可知。从这个意义上说,罗马字的优点越来越引人注目。山片蟠桃说：

  习兰人二十八字足矣,童女匹夫无知,此法岂不便利。和汉之人,始不学字,一生不可尽知假名、汉字。②

村田文夫的《西洋见闻录》也褒奖了罗马字,称：

  英语……文字简练,且语法简易……活字排版,仅二十六个字母即可缀文,尤为便利。汉字虽为活字,却无此便利。③

同时,新井白石肯定了西方发达的音韵研究,说：

  中土可尊者,文字也;音韵学则不及西方。④

---

① 三宅米吉：《日本史学提要：气候、人种、古物》,东京：普及舍,1886年。
② 山片蟠桃：《梦之代》,《日本经济丛书》第25卷,东京：日本经济丛书刊行会,1915年。
③ 村田文夫：《西洋见闻录》,广岛：井筒屋胜次郎,1869年。
④ 新井白石：《东雅》,东京：吉川弘文馆,1903年。

与文字相同,文章的形式也与学问相关。大庭雪斋注目于西方的言文一致,他说:

  方今欧洲诸国,新其文字,定学法、句法、章法,以作文章,使之与其口语无有毫末之差。于是,先觉者由师法笔已知之理,以告之后觉。其后觉复又愈精其理,而至与造化之妙同致。是以世愈降则日新愈积耳,人智之妙可与天地参也。①

中江兆民赞美了西方文章的文采:

  泰西之文,流畅富赡之极,重沓冗漫,而实每章句殊异,委婉曲折,真可喜也。②

科学的发达与国民基础知识的增长相关,与振兴国民教育相关。西方学制完备,教育普及,令人欣慕。渡边华山说:

  西洋……荐才育士之风,学校之盛,为日本、中国所不及。教学、政学、医学、物学称四学,其余为艺术。学校授技能,女学院、贫子院、医院,皆育士之道,恐胜于中国。荷兰虽为小国,然一校有3800人,由此类推,数学、政学尤甚。诸国中,德、法二国最盛,英国次之。……由上所述,地球上现今唯有欧洲诸国,以学术实践培育洞悉天地四方之人。五大洲中,除亚洲,大抵属西洋人之领地。③

菴原函斋说:

---

① 久米邦武:《久米博士九十年回顾录》上卷,东京:早稻田大学出版部,1934年。
② 中江兆民:《理学沿革史翻译凡例》,《理学沿革史》上册,东京:文部省编辑局,1885年,第3页。
③ 渡边华山:《西洋事情御答书》,《华山全集》第1卷,爱知:华山会出版,1915年。

俄国本不可与大国相比。百年来，设大学校，讲书撰文，收罗熟练技艺者，裁断小学所奏之事，评议外国新著诸书，将之译成国语印行，详论天文地理人事物品之条理旨趣，写传绘画，印行后发向四方。博闻广识之先生，皆集于此馆……设小学，教授初学，农工商僧侣医师之徒，大都初入此类小学，习书画，之后再入馆习诸艺。夫欲富国强士，兵壮钱足，必先兴学养士，渐合强盛之州成其国，扩大版图，延袤一万二千零五十四里。①

佐久间象山说：

读欧美诸国之记载，知年内死囚犯甚少，此悉教导之效。其民性不比皇国好，又皇国之民性本无彼不善。学校之创设、教法，东西诸蕃甚宜，皆效其法，晓谕孔孟之正道，毋为恶事。于农工商贾，则先教其基础，因材治学。是故，囚徒刑人减也，有用之工艺日兴，于天下多益也。②

麻生弼吉说：

国内开化之源，在于兴文学技艺。富国强兵，风俗淳美，暂可不提。西洋诸国之盛，尽人皆知，其中普鲁士对囚犯亦教文学，可推知其盛也。③

细川习说：

援考欧美诸国崇文者，皆有小学，有中学，而又有大学。三者之中又各

---

① 东京大学史料编纂所：《嘉永六年八月上书》，《大日本古文书：幕末外国关系文书》第 2 卷，东京：东京大学出版会，1910 年，第 280 页。
② 译者注：作者未标明出处。
③ 《议案录》5，东京：上州屋惣七，1869 年。作者不明。

有公学,有私学。盖无地无学,无人不学。每学规制皆具,教育之方实有宜取者。①

源春阴说:

思诸西国之状,……首都自不待言,处处兴办学校,十室之邑有好学之人,外国亦有此种可喜可贺之例。吾邦应有吾邦之风俗,然今异域之衣服冠履轻便,照样搬进其制度,悉废吾国之制度,而立所谓披发左衽之俗。为夷所变者,开天辟地以来,我君臣困苦艰难,保护神州者,唯惧此事。为保存与发扬我固有文明,必重教育。如西洋诸国,致力于教学,创设学校,藏书丰富,超过万国,故多出有才之士,游历四海,兴国利,弘国教,唯教学发达之故。②

这虽是传闻,但与目睹现实的人所说如出一辙。玉虫谊茂说:

(夏威夷妇女)拿出地图,彬彬有礼指示道:日本在这里,华盛顿在这里。女人也懂文字,真令人惊叹之至。③

狩野文库所藏《航美记》的笔者说:

举国妇女亦皆习天文地理。④

福泽谕吉说:

---

① 细川习:《和兰学制》序,《和兰学制》,内田正雄译,东京:开成学校出版,1875年,第2页。
② 源春阴:《幕末明治新闻全集》第3卷,明治文化研究会编,大阪:大诚堂,1934年。
③ 玉虫谊茂:《航美日录》,《文明源流丛书》第3卷,国书刊行会编,东京:国书刊行会,1914年。
④ 《航美记》。其他出版信息不详。

向北至普鲁士,人口 1800 万,民受教不分贵贱男女,无一不晓文字者。①

木户孝允说:

(在圣弗兰西斯科)吾访三所小学。其大者,有少年一千三四百人,其规模可见。亦有女子学校,男女混合学校。此实可促使日本常人开化,启发常人之智慧,若如此,国可独立自主。出稀世之才尤难,当务之急唯兴学尔。余平生思虑国是,应世人者甚少。而至于今日,其念尚勃勃。

中年以下之妇女,学习尤甚。如大藏驿迁褒功诸省,美国妇女大都有薪金,其工作比男人更周密,其他诸制造所,十之七八录用妇女。……或半天上班,半天上学。学校多少,各国稍异。耳闻目睹,皆令吾惊叹,其中美、瑞二国之教育尤为周密。②

田中不二麻吕说:

不二麻吕伏惟,因本职及为使游民得其利,奏欧美列国文明之治、开化之功:不二麻吕历涉十数国,各国立政之体虽不同,但彼致力于教育,皆如出一辙。入其境,无处不设学校,人咸存恬然之风。③

漂流民彦藏说:

(美国)学校为国提拔人才,优秀人物多出自好学之贫家,而少出于富家。④

---

① 福泽谕吉:《欧罗巴洲》,《世界国尽》第 3 卷,东京:庆应义塾,1869 年。
② 木户公传记编纂所:《木户孝允文书》第 4 卷,东京:日本史籍协会,1931 年。
③ 田中不二麻吕:《理事功程序言》,《理事功程》第 1、2 卷,东京:文部省,1875 年,第 1 页。
④ 滨田彦藏:《彦藏漂流记》,《异国漂流奇谭集》第 17 卷,大阪:福永书店,1927 年。

在日本看来,这种教育方法是很稀罕的,村田文夫的《西洋见闻录》这样写道:

> 在英国,凡学业顺序,先教孩童本国之语法、文法、书法,令其学算术等。……次令其研究本国之地志并历史,熟谙本国之地理,通晓历代沿革兴亡等后,讲究外国之地志历史,涉猎古今治乱兴废之事迹。……故虽儿童,亦多习熟地志历史,本国王朝次序或府县百姓多寡自不待言,亦谙外国。皇国缺此学典,学者多从事文辞,于本国国体,天下形势,外国实情,则茫茫乎不屑一顾,令人悲叹之至。我在英国时,十二岁少女尚对我讲述本邦之事,且作质询,其博识令吾愕然。①

《特命全权大使美欧回览实记》中:

> 欧洲各地皆尚自主,读本地之历史而承其志。……小学授诸历史,使先世之志渗透于脑,以代代相传,培养爱国之心,与东洋史之体裁大异也。②

他们发现地理历史知识的涵养是培养爱国主义及了解全世界的源泉。正如村田文夫所说的"洋人耽于本邦之新奇,以为不可掷却古物遗器"。③

西方教育之盛况,不单是校制完备,也致力于博物馆、动物园、植物园、图书馆等社会教育设施的建设。桂川甫周译的《俄国志》中有这样的记载:

> 1714 年建宝库,收藏天然人工之奇品异货,草木虫鱼不下数百种。……其后常收集四方之奇异珍品,于今,海内珍品无不收于其中。④

---

① 村田文夫:《西洋见闻录》,广岛:井筒屋胜次郎,1869 年。
② 久米邦武:《特命全权大使美欧回览实记》,东京:博闻社,1878 年。
③ 村田文夫:《西洋见闻录》,广岛:井筒屋胜次郎,1869 年。
④ 桂川甫周译:《俄国志》。其他出版信息不详。

关于欧美航运的实况,栗本锄云说:

咸夸此壮举,娱人耳目,茅塞顿开,亦善政之一端也。①

西园寺公望说:

(伦敦博物馆禽兽园)研修禽兽博物物产等学者,来此园一日,胜读灯下十年苦书。②

岩仓大使一行说:

往观爱丁堡博物馆,藏物虽不甚多,但按生物之生长过程陈列,颇益于学,可谓居于吾所见诸物之首。

西洋各都府有植物园、动物园,其外貌似日本之花圃动物参观所,唯大小之差尔。然其设置之本领相反,……都府之人为之募集费用,以其利润促进有形理学,发见农工商之实利,成为富庶繁荣之媒介。彼或笑东洋之无形理学对一草一木之研究,或夸其珍奇,却不可与贪图眼前之利同日而语。③

之后,大久保利通说道:

博物馆之主旨,在于收集网罗天造人工中外古今之物品于一处,详介其质地与实用,分类陈列,以供众人参观,扩大视野,提高技艺。……古人曰,百闻不如一见。学人智,促进工艺之捷径,在乎亲眼领教而已。是即近时欧洲各国皆设此馆,罗列宇内万邦之珍品要器,以供人民参观,观导披舞知识

---

① 栗本锄云(匏庵):《晓窗追录》,《匏庵十种》第2卷,东京:九潜馆,1869年。
② 西园寺公望:《欧洲纪游拔书》,1932年。
③ 外务省调查部编:《大日本外交文书》,东京:日本国际协会,1938年,第241页。

工艺。1851年英国始设大博览会,于是,英国人民才发觉本国之产物形状风致远流他邦,愤激之情聚起,明白研究技能之重要,遂用大博览会之财产及政府之投资在南凯新敦营建博物馆。设知学艺术之附属学校。由此,英国所制物品竟超过各国,十二年间,艺术品出口总额达四亿零五千美元。方今属凯新敦本馆之知学艺术学校已三千有余,边陲僻邑无不受其益。呜呼,其裨益如此洪大,效验如此灼然。①

所有人都深感社会教育的效果显著,认为日本建立社会教育设施非常重要。

别普廖特基将图书馆分成书房和书库。图书馆不仅藏书,还将古今书籍按类一一排列于书箱或书架之上,谁欲阅读、参考某书时,允许随意借阅,阅后放回原处。作者为参考、引证书籍,每天去馆亦不费力。按惯例,片纸亦不可带出馆外。②

这样,人们渐渐知道了图书馆的方便之处。
报纸亦可谓一种社会教育设施。福地源一郎说:

(文久二年于巴黎得英文报纸)阅之,见记有我使节一行之活动……新闻记者详知我等之事,且昨日之事今朝已尽载于报,速度之快,惊叹之至。……其后载有前年英国军舰赔款之新闻,报道英国议院争论炮击鹿儿岛事件。新闻记者攻击当时内阁,以为此乃非举也。于报上读此纪实,惊于记者意见之正大,感于其直言无忌,倍加欣美。其后随幕使再访英法二国……期间拜会巴黎、伦敦诸名家,问其报纸之事,答曰:左右有关内外政治之舆论,即新闻之力。余倘有才学文章,愿乘此时机当新闻记者,痛快地评

---

① 大久保利通:《明治八年八月十四日建议书》,《大久保利通文书》第6卷,东京:日本史籍协会,1929年,第398页。
② 《中外新闻》第4号,1869年3月20日。其他出版信息不详。

论时事。①

遣欧锁港使节池田筑后守等说：

西洋各国之新闻报纸，自各国联合征讨至闾巷琐末之事，悉载于上，随处可见……虽有讹传，然其记载采集四方之事，乃在上者通下情必要之径，可辟耳目，长知识。②

泽太郎左卫门说：

约一日后某早晨，……报纸上……曰：有关日本人之行为，前年渡来之使节随员，多下流之人，其行为极卑劣，颇搅市民，犹如蛇蝎。此次渡来之日本人，与彼有天地之别，真绅士也。于各商店之招待，颇表敬意，自是凡去购物，各店为之一变，热情接待。……由此可知报纸之巨大功能。③

福泽谕吉说：

闭居一室不见户外，相隔万里之域不见家信，然一读报纸，世间实情，即一目了然，恰如见其物。④

涩泽荣一说：

此等报纸（报道德国皇帝被狙击事件）迅速舶来我邦，诸人疾见。其时之新闻，虽冗长累赘，却颇迅速翔实，又可知国风。东洋之新闻，通过美国圣

---

① 福地源一郎：《怀往事谈》，东京：民友社，1897年。
② 中根雪江：《续再梦纪事》，东京：日本史籍协会，1922年。
③ 译者注：作者未标明出处。
④ 福泽谕吉：《西洋事情》初编第1卷，东京：庆应义塾出版局，1872年。

弗兰西斯科、印度、新加坡间的电线,不日可达。本邦、中国、印度之琐碎奇事,亦可迅速详知,读者之心情将何等舒畅。①

成岛柳北说:

昔静轩翁著繁昌记。当时之幕吏,怒出诽谤之语,捕翁入狱,焚书定罪,竟而逐之,世人笑其吏局量偏隘,而翁之书今犹行焉。子不闻,泰西诸国之报纸多诽谤咒骂,君主不治其罪,官吏不咎,君子不怒,小人不怨。争而读之,以博闻知戒。②

人们对报纸迅速准确地报道每天时事的巨大功能,不禁发出惊讶之声。

人们一致认识到普及西方科学知识的优越性。艺术与科学不同,各民族由于历史的原因,对价值评判会有显著的不同。具有优秀艺术传统的日本,很难迅速了解完全处于不同范畴的西方艺术之美。即便如此,像绘画一样,在壁障最少的艺术部门里,人们早就注意到它的优越性。森岛中良说:

凡初学荷兰画者,先画男女骨节,继而画人之裸体,然后画着衣之所。③

漂流民光太夫说:

有大画幅,长七尺宽五尺许,乃男女之裸体像,美国画家所绘,精妙极至,乃无与伦比之名画也。如见手之舞之足之蹈之,笑语发之。

今有荷兰来彼得堡之画师,因妙手极致,给俸银八百元。其画肖像,毫发不差,真如其人也。④

---

① 涩泽荣一、杉浦霭人:《航西日记》第2卷,东京:耐寒同社,1871年。
② 成岛柳北:《柳桥新志》,东京:山城屋政吉,1874年。
③ 森岛中良:《红毛杂话》第3卷,《文明源流丛书》第1,东京:国书刊行会,1914年。
④ 桂川甫周:《北槎略闻》,东京:三秀社,1937年。

本多利明说：

　　欧洲绘画与日本、中国殊异，何为焉？曰：彼国之画以状物细致，如见实物为旨。以追求立体感为其画则。有三面之法则，如欲正面画人之鼻子，画鼻梁时，日本画无斜样，而彼国之画于小鼻处画一阴，以示鼻梁之高。又欲画圆形立体形，为突出中间之高，日本画法不用斜线，而彼国之画用四周之阴影以显示中间之高。为有利于国，不应限制各家风格，而允许其自由发展。①

司马江汉说：

　　画者，如每每所云，非写真者不妙，非画也。所谓写真，乃画山水花鸟牛羊木石昆虫之类，每见之，觉有新意，画中之物悉如飞动，此乃西洋之画风。
　　西洋画法，以浓淡来显示阴阳凸凹远近深浅者，真情也。文字与实际相同，乃以文字记事，然而其形状则非画莫辨。故彼国之书籍多以画图来阐释。和汉之画则多为酒后玩弄小技，岂能与之比及。真乃实用之技治术之具也。②

山村才助说：

　　众所周知，西洋之画图极缜密精妙。③

大槻磐水说：

---

① 本多利明：《西域物语》，《日本经济丛书》第12卷，东京：日本经济丛书刊行会，1915年。
② 司马江汉：《西洋画谈》，《日本画谈大观》上篇，东京：目白书院，1917年，第114页。
③ 山村才助：《西洋杂记》第2卷，东京：文苑阁，1848年。

今兹享和壬戌,依旧得接西人。因复问人参之事。言未审明之。席上偶视一画谱,其图主载珍禽傍附异兽奇植。并有附说,画手妙工,印镌精致。逼真不啻。众皆惊叹。

有人曰:西洋画家例用侧笔及正笔。其用侧笔者,其形平而偏。故有二面而四面具。其用正笔者,其形直而尖。故有一面而四面具。在阴阳向背处,以细笔皴出黑影。令人闭一目观之,层层透彻,悠然深远。而向外楹挂,宛承日光瓶盎等物。又俱圆湛可喜。余常多观荷兰舶来画,信如此说。①

高桥由一说:

泰西诸洲之画法,贵在写真。眼前之森罗万象,既为造化主之图画,所写照之像,即人功中笔端之小造物也。夫图画虽如文字和实际同,乃以文字记事也,然其形状非画莫辨。……海外各国政府设画学馆,实治术之一助也。岂雕虫小技哉。……中日之画法,起于笔意,终于物意,西洋画法,起于物意,终于笔意。笔意损物,物意扶笔意。笔意起于轮廓之经,物意发于浓淡之阴。由是述洋画之奇巧时,犹如身处冥冥之宇宙、辉辉之日月,凹凸远近深浅之形状,一目了然。注目于此,可明悟人物之画法。故画有三面之法,观赏之,大图小图皆有远近距离之别。达此境者,素来究理以致逼真,活泼生动乃写真之可贵处,其基本在于着色浓淡。……浓淡乃人工不可缺之实技,推其源,乃造化之奥秘也。②

安政元年美国舰船来到日本,在下田登陆,有备忘录记载:

迎一画家,彼日日登岸绘画,十日不绝,其摹物描人之技巧在于写生。③

---

① 大槻磐水:《磐水漫草》,《磐水存响》坤卷,东京:思文阁,1912年。
② 隈元建次郎:《高桥由一的一生及作品》,《美术研究》第59号。其他出版信息不详。
③ 东京大学史料编纂所:《大日本古文书:幕末外国关系文书》第6卷,东京:东京大学出版会,1910年,第610页。

访问欧美美术馆的久米邦武说：

> 欧洲之画法，全主写生，描出真景实貌，取天然之法，绘山水风景，无虚构之图，必至其地视实景，熟览云雾、阴晴、朝暮、四季、雨雪之变化，择其佳境而画。以是，其人之精神活动，其地之胜境，及画家之气韵，皆露于画面，意味无穷。……吾邦以支那画山之法来画日本之山，犹如广东人骑萨摩马，笔力不足道也。①

参观了维也纳博览会、美术馆的平山成信说：

> 油画之种类无数，自山水雨雪之景，英雄硕儒之肖像，至美女佳人之真影，或鬼神鸟兽鱼鳖之类，可载万物而不漏，所画皆逼真。②

他们都从写实意义上来赞美西方油画。在日本人眼中，与其说它是纯粹的美术，毋宁说是一种科学文化。总之，和其他美术部类相比，西方油画对日本美术的影响是最悠久而且最巨大的。三宅友信在《华山先生略传》中说：

> 先生常醉心于西洋之画，虽片纸断册之画，亦必不惜钱银购之。然当时首都洋画甚稀，大抵古铜版类，后得进口石版画，愈赞西洋画技之绝妙。仿其意致，如胭脂着色牡丹花，以丹色着于日光照晒之花面，此比西洋晷影之法更花工夫，可谓本朝未曾画过之新法。③

如上所述，国画家渡边华山对西方绘画造诣很深，即使像浮世绘那样的日本画，也多吸取了西方绘画高超的技法。高村光云说：

---

① 久米邦武：《特命全权大使美欧回览实记》第4篇，东京：博闻社，1878年，第341~358页。
② 平山成信：《昨梦录》，东京：平山成信，1925年。
③ 渡边华山：《华山先生略传》，《华山全集》第1卷，爱知：华山会出版，1915年，第319页。

以往头发之雕刻法是使头发长于肉上。而西洋之画是将实物原样表现出来,头发为头发,它如棉敦敦盖于皮肤上。长短卷曲、光泽形状,无不惟妙惟肖。在我看来,以往之雕刻方法是无论如何不能将其准确表现于斯。所以,像西洋绘画之方法一样,我们于雕刻上非下功夫不可,而且像西洋画注重写生一样,雕刻也要写生。①

根据他的回忆,我们知道明治以后新兴雕刻艺术的发达,当初也是从西方绘画的写实性上得到启发的。

与绘画相似,戏剧也有付诸视觉的直观性,但最初人们所赞许的也只是西方剧场的结构设置。

戏剧亦是一种炫目之具,舞台、看场之壮观,灯火之辉煌,实在令人惊叹。剧场大抵可容观众三千至四五千人。②

吾曾观看华勒基斯索阿德鲁剧团之戏剧。此剧虽为中等,但奇丽壮观。③(罗马大剧场)舞台帷幕左右拉开,灵巧惊人。④⑤

直至森鸥外才开始理解脚本的艺术性。他说:

何谓演剧?谓演员登台表演戏曲者也。先有戏曲而后有演剧,彼主此客也。……盖戏曲兼具诗之诸种长处,吾邦古来无崇此之习,一旦向外邦征集时,不可掩蔽其诗体中之主位。

吾等初闻戏剧改良论,跃然而起,曰:此非空谷之音。闻其言而观其行,

---

① 高村光云:《光云怀古谈》,东京:万里阁书房,1929 年,第 184 页。
② 西园寺公望:《欧洲纪游拔书》,小泉策太郎出版,1932 年。
③ 三冈丈夫:《欧美视察觉书》,《由利公正传》,东京:光融馆,1916 年。
④ 译者注:作者标注说,本段文字出自《航西日录》。但是经查明,应该是《航西日乘》。
⑤ 成岛柳北:《航西日乘》,仙台:佐和正,1884 年。

余等颇惊叹也。彼等所谓戏剧改良,唯剧场改良而已,只模仿西欧现时之剧场而已。

演剧以戏曲为本,以剧场为末。……戏剧改良论者异口同声曰:剧场当模仿当今西洋大都之舞台,借其整巧完美之装饰,以娱观众之目。……于此,余等决不可首肯。余等一贯主张剧场简古素朴。①

人们虽然逐渐认识到西方戏剧的优越性,但是,由于日本具有悠久的歌舞伎传统,因此戏剧改革绝非易事。明治末年市川左团次访欧时发表感想说:

来欧洲一看,发现自己在日本感到的烦恼在欧洲是一百年前的人感到过的。打个比方,当时欧洲的戏剧界人士已毕业于左团次想进的戏剧小学,并且结束了中学课程,现在忙于准备进入专门学校。而刚从戏剧幼儿园出来的左团次面对老前辈的教室,一片茫然,这是合乎情理的。……左团次到巴黎的第一天,即明治四十年二月三日,看了拉巴鲁特二世在法国喜剧节上表演雨果的《欧那尼》,左团次曾在前年于明治座上表演过此剧。……我惊叹自己在日本表演的演技和眼前所看到的拉巴鲁特的演技之间的差距之大,为全场演出的整齐所感动,屡叹其舞台装置之华丽,其他诸物也都令我惊愕,感动不已。②

在西方看到女演员的日本人对此会铭记不忘,式亭三马在《往昔空自傲》中说:

日本演员多巧妆假扮,以其为女,却为男性;以其为老人,而于后台却见其为少年。……由此知狂言不假。西洋之演员真大演员也,且老人为老人,女人为女人,少年为少年,狂言无毫发不合情理之处。③

---

① 森鸥外:《惊于演剧改良者的偏见》,《栅草子》,第 1 号,1889 年,第 4~8 页。
② 松居桃楼:《市川左团次》,东京:武藏野书房,1942 年,第 103 页。
③ 式亭三马:《往昔空自傲》,《人间万事虚诞计》,东京:文泉堂,1888 年。

这样看来,实现戏剧改良是一种理想。然而,即使没有西方的影响,使用女演员也是可以想象的,倾向于西方戏剧势在必行。

关于与戏剧相关的舞蹈,涩泽在谈到巴黎剧场的印象时,也是仅称赞其舞台装置而忽视演技的:

舞台之景象,煤气灯反射于五色玻璃上,可自由选择光彩,舞女之容辉,或雨色、日光、阴晴、明暗之须臾变化,皆自在逼真。①

对音乐的评价,因人而异,如前节所见,固执的人当然对洋乐不可能有任何感奋。连佐久间象山这样积极引进西方文化的人,听了柏利军舰上的军乐队的演奏后也说:"不可闻者,惟音乐也。实在可厌。"②连作为文化输入领导者的二叶亭四迷也对其嗤之以鼻。

二叶亭对洋乐一向无兴趣,吾偶语对洋乐之兴味,其蔑之曰:洋乐乃居丧者哭鼻。③

上面这些事实并不意味着每个人都反对洋乐。文化十二年,北洋漂流船船长在鄂霍斯克听了俄国人演奏的音乐后说:

以钹、鼓、琵琶、胡琴伴奏,诚然有趣。④

《柏利提督日本远征记》中描写了在横滨被接见时的情景:

---

① 涩泽荣一、杉浦霭人:《航西日记》第1卷,东京:耐寒同社,1871年。
② 佐久间象山:《象山全集》下卷,新潟:尚文馆,1913年。
③ 内田鲁庵:《回忆诸家》,东京:春阳堂,1932年。
④ 池田宽亲:《督乘丸船长日记》,《异国漂流奇谭集》,大阪:福永书店,1927年,第148~305页。

> 美作守（日本人名）……心情舒畅，对海军乐队奏乐颇感兴趣，乐队狂奏时，他也手舞足蹈，不能自制。①

这说明西洋音乐并非不可欣赏，福岛义言简要地称赞说：

> 去邻居美国人家。……闻其弹八音盒，音声最雅。②

久米邦武则赞不绝口，说：

> 歌女……声玲珑，细切切，曲急调促，则如鹤唳贯空，流莺啭花。珠玉进盘金石鸣。高声一唱，铿锵金声，如余音袅袅，缕缕不绝。发其声，疑乐器置于其咽喉。……西洋之歌谣，以人声配乐音，歌谣之节奏和乐器之鸣，其音相同，此其妙也。③

其后，这种个别的赞叹发展成了积极摄取西洋音乐的运动：

> 音乐歌谣戏剧……今振兴之，第一须讲音律。音律基于格致学，又自成一家，循音作谱，奏谱为调。此法中国略有，而欧美诸国几近精妙极致。唯我邦未及，今讲之以补我缺。④

西洋音乐究竟能否传入日本？众人对此几乎陷于绝望之境地……然而，梅逊在幼儿园中集合孩子，用小提琴演奏蝴蝶曲，孩子们专心致志地唱了起来。因此，日本孩子能专心聆听真理，无须顾虑大人的攻击与冷落。这些孩子长大后进入学校，可以熟练演奏音乐，有人以不如等待时机到来而自

---

① 柏利：《柏利提督日本远征记》，铃木周作译，东京：大同馆，1912年。
② 福岛义言：《福岛义言手稿：航美日记（其一）》，《江户》第5卷，东京：江户旧事采访会，1917年，第1~7页。
③ 久米邦武：《特命全权大使美欧回览实记》，东京：博闻社，1878年。
④ 神田孝平：《振兴国乐之说》，《淡崖遗稿》，京都：神田乃武，1910年，第147页。

慰,也有当初坚决反对者一转变为支持者。

西洋的管弦乐……头脑顽固者不解其音,又不想学。梅逊选择感化力强者,对其弹奏小提琴、大提琴,问其是否古怪,答曰有趣。弹奏数回后,听者说欲自己弹奏管弦乐。①

文艺不同于造型艺术,由于存在着难以克服的语言上的障碍,不易介绍,一直到明治初年人们还几乎没有认识到它的价值。

学泰西之诗,其短者虽似我短歌,而其长者至几十卷,非我长歌之所能企及也。且泰西之诗随世而变。故今之诗用今之语。周到精致,使人玩读不倦。于是乎又曰,古之和歌不足取也,何不作新体之诗乎?②

西学东渐,初传其物而不传其心。举世皆知西人为机智之民,而不知彼也是德义之民,更况风雅之民乎。于是奉西学者唯利是图,无财不悦。……今一转此方向,西洋优美之文章与其深远之哲理,同入日本。文章之体裁,有抒情诗、叙事诗、戏剧,本不限于一体,然今以西欧诸州兴盛之小说为主。

欲言今人诗文,不可以邦人之歌论与汉人之诗论文为据,应以西欧文学家基于审美学而作之诗为准绳。③

如上面引文中所述,强调西方文艺的价值是明治中期以后的现象,这远远落后于时代的发展。森鸥外在德国时的体验是:

架上洋书已一百七十余卷之多。离校以来暂时闲暇,随手翻阅荡气回肠之作,有希腊大家索福克勒斯、欧里庇得斯、埃斯库罗斯之传奇,法国名匠之情史,但丁之《神曲》幽味恍惚,《歌德全集》宏壮雄伟。谁来分享余之

---

① 伊泽修二:《乐石自传教界周游记》,其他出版信息不明。
② 外山正一、矢田部良吉、井上哲次郎:《新体诗抄》序,《新体诗抄》,东京:丸屋善七,1882 年,第 1 页。
③ 森鸥外:《论栅草子之特点》,《栅草子》,第 1 号,1889 年,第 1~3 页。

喜悦?①

内田鲁庵回忆说：

> 陀思妥耶夫斯基的《罪与罚》最早打动我的心弦,我对它抱有崇敬之情。明治二十二年夏,我住在富士山麓的一家旅店里,从行李包里拿出《罪与罚》,三番五次地阅读,惊叹于俄国小说的宏伟壮大。……之后,我大致通读了他的全部小说,虽然也佩服砚友社诸位优秀文学家,知道他们有很深的造诣,但不为本国的爱情小说所感动。……但读《罪与罚》时,恰如旷野遭雷击,使我耳聋目眩,这是到今天为止使我感动最深的小说。仅仅是艺术,绝不能引起我严肃虔诚的感奋,而是作品所包含的作家的信念扣动了我内心的琴弦,我深深地感到了作家高超的本领。……从此以后,我对小说的看法完全变了。②

他们直率地表现出刚接触西方纯文学作品时的感动之心,这是正确理解德国文学、俄国文学的端绪。同时,从这时开始人们也逐渐认识到其他西方文艺的优越性。

文化科学和哲学比艺术更受历史条件和社会条件的支配,人们很难认识到西方文化科学和哲学的价值,尤其是在只图振兴自然科学这种实用技术的幕府时期,几乎没有学习这方面知识。然而,随着进口越来越多的西洋书籍,西洋学者们终于对此有了兴趣,西周在文久二年的书信中说：

> 小生近来阅西洋性理之学,经济之学等,实公平正大之论,与素来所学之汉说趣味殊异,令人惊叹。今西洋一般所奉耶稣教,而不信卑陋之极之佛法。"哲学"述性命之理,优于程朱理学。彼立基于众顺自然之道之经济之

---

① 森鸥外：《德国日记》。其他出版信息不明。
② 内田鲁庵：《回忆诸家》,东京：春阳堂,1932年。

根本,优于王政。美国、英国等国制度文物优于彼尧舜官天下之意,周召制典型之心。由斯道而行斯政,国何不富?兵何不强?人民何不聊生?祺福何不可求?学术百技何不尽精尽微?①

加藤弘之回忆说:

到那时为止,我一直不改初衷,为了研究西洋的军事学和炮术而读西洋书籍。然而当我在蕃书阅览室里看到在别处看不到的有趣书籍以后,就开始阅读哲学、社会学、道德学、政治学、法律学等书。……书上所说的事常使我佩服之至,首先是人人平等、天赋人权思想。在现在看来,那种思想虽有点陈旧,但当时我们非常钦佩西洋人有那种思想。因为以前中日两国都没有那种思想,所以我们把它看成是非常新奇的事,把它看成是真理。②

以上是西周和加藤在刚接触西方文化科学及哲学时的感受,他们这种哲学家的慧眼明显带有政治色彩。而中江兆民则称赞了西方哲学的伦理性。日本以后正式地学习西方哲学就朝着这个方向发展,这与初期大有情趣之别。

泰西理学……言论极缜密,分析有形及无形之事,据其所得,一一立其名,无遗事。③

在全社会实施禁教令的时代,人们不可能承认邪恶的基督教的价值。从实质上来说,在儒教的现实主义思想和实用主义的洋学熏陶下成长的幕末维新先驱者,虽然也只是在某种程度上消极地肯定基督教,但至少认为"近来之基督教非邪教""越前家一定之论……众人皆反对西洋邪教,然彼与古之基督教殊异,

---

① 森鸥外:《西周传》,东京:西绅六郎,1898 年。
② 加藤弘之:《太阳增刊号明治十二条》。其他出版信息不明。
③ 中江兆民:《理学沿革史翻译凡例》,《理学沿革史》上册,东京:文部省编辑局,1885 年,第 2 页。

无生弊害"①。遣美使节随员佐藤秀长在《旅美日记》中说：

> 寺院……犹如吾国教化佛教徒,不仅解释未来,且以天道人道为主,说法中止时,奏乐以和人气,松解人心之倦怠。②

佐佐木高行在明治五年《周游欧美日记》中写道：

> 美国之政体实妙。……且宗教可维持风俗,星期天,以大总统为首,高官皆去教会恭听说教,妙味无穷。今日之日本,孔孟不过是蠢人教,释迦也同样,太神宫尤不足道也。耶稣教当然是异端邪说,不重宗教即不能维持风俗。美国信仰耶稣新教,颇合人情。③

他们认识到宗教对欧美社会有精神教育的作用,取消禁教令以后,传布基督教对近代文化建设起了重要作用。例如,北村透谷认为,基督教精神不单在宗教上,而且对文化改革也有意义。

> 说地狱谈天堂,乃小乘宗教家之痴梦也。在诗之构思上,未有比地狱天堂更重要之观念。新教勃兴后之基督教国家,常把新活气加于文学。……基督之神性可至东洋之唯心思想不能到之所,撒旦之魔性可至东洋无恶魔思想之处。因无善美观,无丑恶观,无中心,无焦点,故诗中无远大高深之鬼神。④

但是,西方和日本都告别了宗教中心的时代,基督教传播的成功,也只达到某种限度。不久,基督教只存在于它的信徒中。

---

① 中根雪江：《续再梦纪事》,东京：日本史籍协会,1922年。
② 佐藤秀长：《旅美日记》,《遣外使节日记纂辑》第3卷,东京：日本史籍协会,1930年。
③ 佐佐木高行：《周游欧美日记》,《明治圣上与臣高行》,东京：自笑会,1928年。
④ 北村透谷：《对死后世界之观念》,《透谷全集》,东京：博文馆,1902年,第158~159页。

四、社会公益设施

本多利明在一封信中写道：

> 此处一本题为《赛欧加拉》之书中，记叙法兰西国之政事。其中亦有贫民救济金一事。其数目折合日本钱约十五万两有余。每年由国王发放此金，国中并设六处教济所以救助贫民。……任何与万民同生涯，供奉国君而老无所养之穷民，理当由国民供养。身强力壮之时为国劳作，缴纳年贡租税，尊敬圣上者，及年老筋骨疲弱时，虽兼有产业，而无亲子，则必然应由国君供养，此乃天职也。然而日本则无此道也。①

"督乘号"船长这样描述他在西洋的旅途见闻：

> 处处设置治疗病人之病院。若有病人，便可去此处接受治疗，其费用悉由国家所出。因治病救命之事皆受惠于国王，故国人深敬其王也。……举国尊王，即便童子病起亦先向国都方向敬拜国王也。②

> 据称彼处无贫者也。即或无父之幼子亦可入孤儿院抚养也。父之遗产均存入银行，待其子长成时与利息一并给予之。此法西洋诸国皆有，其中荷兰国最为完备。荷兰国处狭小之域，为使人心归服故而此法严密也。③

即使是吉田松阴这样的攘夷论者也说：

> 纵使西洋夷狄亦设贫院病院，行施惠下民之道，而吾美誉之大养德之国却无此制度，岂不为一大缺点乎？

---

① 本多利明：《七月十三日附寄立甚五郎书信》。其他出版信息不明。
② 池田宽亲：《督乘丸船长日记》，《异国漂流奇谭集》，大阪：福永书店，1927年，第148~305页。
③ 梅暮里谷峨：《甲子夜话》，《德川文艺类聚》，东京：国书刊行会，1916年，第476~488页。

西洋夷狄设贫院、病院、幼院、聋哑院等，匹夫匹妇亦得其所也。况吾神国之民焉可视如草芥乎？①

像村垣范正之类孤陋固执者也不得不承认西洋社会福利设施的完善：

去学校、病院、幼院、监狱等处观看，必定看到各处都有负责官员或医生。听其交谈，病院男女分席，男人由男人看护，女人由女人看护。据称有数百人也。……在幼院中，据称幼儿直至十四岁期间，衣服食物可充分供给。都市如此，少数人家聚集之集镇亦必有此院。此等事日本却未有，实乃一耻辱也。②

此外，村田文夫在他的《西洋闻见录》中也一一列举了"养老院""医院""精神病院""职业病院""眼科病院""足病院"等社会设施。南部藩中里行藏说：

民为国之本也，故以民之增殖为先。传闻西洋文明爱民生至实至重。……当时吾于调查救助贫民之事期间，深感应仿效西洋孤儿院之良法，设置孤儿教育场所，若此，可恩及枯骨也。③

安田次郎吉发表文章，认为：

近闻英国设置少年教化院，其法最为周全也。凡七岁以上十五岁以下之童子于父母殁后步入邪路者，皆令其进入此院，闻道习艺，点化顽愚。不论禀赋灵愚，百般学艺可随心所欲。或近其性者而选之，教学农业、木工、锻冶、金银匠、裁缝、鞋匠、乐器工、漆工、印刷及面包师、厨师等各业。……如此，经多方教导，顽劣之子最终亦能染良善之习，不迷于邪途也。日后生计

---

① 吉田松阴：《野山杂著》，《松阴先生遗著》第2卷，东京：民友社，1909年，第211~250页。
② 村垣范正：《遣美使日记》，东京：东阳堂，1898年，第81页。
③ 中里行藏、安川文久郎：《建立孤儿院之建议》，《议案录》第4，东京：上州屋惣七，1896年，第100页。

既可依赖,又可使之闻道感心也。进而日后成为无赖之徒或盗贼者应日渐少矣。在还未充分文明化之域,此法则毫无作用。①

明治二年有关设立幼儿院的请愿上书中,也谈到了这一问题:

西洋各国于都市及僻乡置有数十所幼儿院,抚育贫困难养之小儿,稍长便于学校学各自所志之学。待业成后有数年定限,或为官或做工,由其月薪中偿付以往所养之杂费。如定限已满,可尽己之意,许其归父母之家,以尽其孝道也。由此,西洋各国人口逐年增加,国富民强兴盛之极也。究其今日雄姿之根由,即在其得人种生育之良法也。此实可美之美事哉。②

工业学堂主事山尾麻三上书:

应如西洋各国,……虽盲聋瘖哑,不仅采取救恤之法,而且更使之入学校,施以文字、算数、工艺、技术等各适宜之教。继以勤奋进取,及成熟精到,在全世界亦能得到专家、老师之称呼者往往有之。臣曾亲入英国造船厂修学见习,同厂之图工、木匠、锻工中哑者亦不少也。与人谈话接应皆以手势,其敏捷可惊,毫不见苦窘之态也。而其技艺之精妙未有不及常人者也。以此教育之完善可推知彼国文教隆胜之景况也。依之见之,日本之盲哑者却不能得其适宜之教育,并无自存之能力而陷于饥饿也。此岂不谓皇国之缺点乎?故今仿效西洋各国,首先应创建盲学、哑学二校,……教导天下之盲哑,授之以适宜之工艺,随其成立,允许盲男哑女各选适意者婚嫁,以全天然之伦理也。进而以此法渐施于各种废疾之穷人,不需多年可不让于西洋各国也。③

---

① 安田次郎吉:《英国少年教化院之说》,《新塾月志》第 2 号,东京:北门社,1800 年,第 1~5 页。
② 《中外新闻》第 15 号,1969 年 5 月 15 日。其他出版信息不详。
③ 山尾麻三:《明治以后教育制度发达史》,东京:龙吟社,1939 年,第 848~849 页。

他们称赞孤儿院、养老院等社会设施之完备,并且认为这是其国家富强的一个因素。这样的救济机构在日本也并非古来所未有,但是大多都是佛教徒的慈善事业之类。而作为国家的设施,这种事业几乎从未经营过。因此接触到这些社会福利事业之时,儒教的仁政思想(即使这是观念性的东西)便开始发挥作用,所以感受也特别强烈。作为公共性的设施,公园也被人们所赞叹:

> 国君之园苑,不问何人亦允许日日去散步游玩也。此即可谓与民同乐之意是也。①
> 花草园游玩之处,集有种种珍奇鸟兽草木,又筑山于其中,置长椅于树荫之下,并造池浮舟,变化使用各种方式。纵使终日游赏亦有不尽之意也。尤至小巧之处,见夫妇相偕或携子怡然同游于此,彼等如遇知音忘乎所以美妙至极矣。②

涩泽荣一滞留法国期间在医院里记载下这样的见闻:

> 人在其家请医师看病,其亲属爱护、舐抚之。觇其病者之意,任其所好。……相反却蓄积疾病,遂至不治而咎于医者非少也。此实为邪途拙道也。故此地病者皆必须入院治疗。经过治疗得以延其寿命。此可谓重人命之道也。③

在此,作者对西洋人的精神表示极大敬服。

五、军事、政治、法制等方面

封建武士以不承认西洋武备的优秀性为高洁。而且攘夷论者中间又有这样

---

① 大塚武松:《航西小记》,《遣外使节日记纂辑》第 3 卷,东京:日本史籍协会,1930 年,第 495 页。
② 三冈丈夫:《欧美视察觉书》,《由利公正传》,东京:光融馆,1916 年。
③ 涩泽荣一、杉浦霭人:《航西日记》,《涩泽荣一滞法日记》,东京:日本史籍协会,1928 年,第 77 页。

一种论调:"美国、英国等国之舰船时常冲入日本,无志者正当此际而丧失信心,才是日本之所以只弱不强之根本原因也。"①这种嘴上强硬的自慰正是内心不安的表现。冷静公平地看,西洋军备远远优于日本才是明确的事实。即使在新井白石的时代,已经承认了这一点:

> 荷兰国乃彼处无可与之并肩而立之强国。……细考甲胄兵器等物七十年前已不再用,盖因枪炮笨重不便耳。仅借此一事可知其勇。若说以彼为商人而蔑之,实为羞人之事。②

况且后来随着海防问题的现实化,任何人都不得不承认以西洋的科学技术为基础制造的兵器所具有的巨大威力。佐藤信渊说:

> 战争之方式,古时兵器少而专以弓马刀枪,本邦、汉土、西洋皆大略相似也。然而百余年以来,西洋诸国火术流行,铸造伽农、白炮、高尼乙都尔、喀罗那达四种极具威力之大炮。此大炮可发射大炮弹,其弹落地可炸成碎片,毒火喷出有数十步远,击发焚烧之势甚为猛烈,可打击二十町③外之人马。因此,阵列之备立、军卒之战法皆为之一变。……荷兰人……与皇国④相亲近,朝贡达二百年之久。……然而军舰之制作以及航海驾船之术,大炮之发射,水战之法等亦应雇请彼国之人也。⑤

林子平说:

> 荷兰及欧洲诸国之船其制作甚坚实庞大也。如没有优于其之大炮便不

---

① 黑泽翁满:《刻异人恐怖传论》,《文明源流丛书》第1卷,东京:国书刊行会,1914年。
② 新井白石:《白石先生手简与安积澹泊书》。其他出版信息不详。此作品未出版手写书卷。
③ 译者注:町,日本长度单位。1町约等于0.109公里。
④ 译者注:皇国,指日本。
⑤ 佐藤信渊:《防海余论》,《佐藤信渊武学集》上,东京:岩波书店,1943年。

可碎之。……与唐山入之舢板有天壤之别也。……其妙言语不可尽传,日本、唐山等所不及也。①

佐久间象山说:

购西洋兵法火术之书以研究之,果然其器械技术极其巧妙,而和汉古今未曾有之事甚多也。至此,和汉兵家论定之阵法战术亦为之一变矣。②

吉田松阴说:

有声称与美奴③战于陆上而必然取胜之俗人,而吾却不信其说也。枪炮阵法西洋之制应成天下通论。④

西洋枪炮之事不可一言断之。因其为经过彼各国实验之实事,而吾兵家之论不过是太平以来一二名家座上空言耳。若将二者相比较,其黑白优劣判然也。⑤

至于兵术,宜早日变革为西洋枪阵。一日日延宕而失时使国家成巨大之损失。……法、美、英、德等诸夷之火器本长于我,彼若无火器时我尚不惧也。⑥

岛津齐彬说:

彼国今诉诸以战争,可以临实地试验,逐步考虑利器新法,而便利之义

---

① 林子平:《海国兵谈》,东京:图南社,1916年,第4页。
② 佐久间象山:《象山全集》下卷,新潟:尚文馆,1913年。
③ 译者注:美奴,对当时进入日本的美国水兵的贬称。
④ 吉田松阴:《吉田松阴全集》第5卷,东京:岩波书店,1936年,第164页。
⑤ 吉田松阴:《吉田松阴全集》第5卷,东京:岩波书店,1936年,第174页。
⑥ 吉田松阴:《吉田松阴全集》第5卷,东京:岩波书店,1936年,第369页。

多可有矣。①

玉虫谊茂说：

　　小炮大炮之外亦调练枪剑。即使为炮队,其武术之熟练亦非日本所能也。②

文久年间遣欧使团随员益头骏次郎在观看英国三军训练后慨叹道：

　　其变化之号令彻通于万人之耳,动作之整齐如一人之举动。西洋之军威凛凛然呈现于眼前。③

元治元年九月二十六日的《横滨新闻》报道：

　　西洋人长于兵事,且新制来福枪之锐利使日本人见之不禁有大感于心中。必当改革兵制,仿西洋之练兵也。④

庆应三年遣法使节随员木村宗三也在信中写下类似的感受：

　　法国陆军集六万人于首都巴黎之训练场。……观其训练,深觉日本之练兵实如孩子之游戏耳。⑤

涩泽荣一在英国伦敦观看炮兵训练时也颇有同感：

---

① 岛津齐彬:《昭国公文书》。其他出版信息不详。
② 玉虫谊茂:《航美日录》,《文明源流丛书》第 3 卷,东京:国书刊行会,1914 年,第 40 页。
③ 益头骏次郎:《欧行记》,《遣外使节日记纂辑》第 3 卷,东京:日本史籍协会,1930 年,第 1~125 页。
④ 大塚武松:《诸国新闻集》3,《夷匪入港录》,东京:日本史籍协会,1931 年,第 346 页。
⑤ 木村宗三:《明治以前旅欧状况及旅欧者感想》,《近世丛谈》,东京:丙午出版社,1921 年。

其举动迅速而规整,用马车拉炮及乘坐亦颇为精到。①

以上是对西方优良的兵器、严整的军队行动的由衷赞赏。尤其是像吉田松阴这样的攘夷论者,也认识到西方诸国兵器的优长之处,以至终于主张对西方文化至少限于军事方面的吸收是不可缺少的。从思想史的角度来看,这应该是具有重要意义的现象。

关于兵制与国防近代兵器就其武器的近代性说来,是由科学技术来支持的。与此同时,兵器作用的发挥又是以近代性的兵制为基础的。那么,对西方兵器威力的认识必须进一步扩展到对近代性的兵制,尤其是对征兵制度的价值的认识。堀利熙在与普鲁士的遣日使节奥伊艾林普尔克伯爵的谈话中便发出这样的问讯:"听说在普鲁士,无论是谁都必须服兵役,在下对此表示非常惊诧。请问连伯爵的儿子也要这样吗?"②从这段逸闻中可以看出,由封建性的兵制培育出来的日本武士最初听到征兵制度时是何等的惊异。对武士阶级来说,这种惊叹是变为赞叹还是变为避忌,存在着一定的疑问。但是,假如为了健全近代性的国防大业,军备不应该建立在阶级组织上则是理所当然的。考虑到这一点,西方诸国的征兵制度为这一问题做了很重要的提示。明治五年征兵制的实施表面上是向旧的律令兵制的复归,实际上是对西方近代征兵制的采用。与这一征兵制同时颁布的太政官③谕中写道:

西洋兵制是诸国经数百年来研究实践所定,故而此法极为精密也。④

由此可知,所颁征兵制的实质是对西方征兵制的借鉴。另外,涩泽荣一曾作为来宾在法国参加了对柬埔寨战争有功者的授勋仪式。他认为:

---

① 涩泽荣一、杉浦霭人:《巡国日录》,《涩泽荣一滞法日记》,东京:日本史籍协会,1928 年,第 475 页。
② 日德文化协会:《日本滞留记:第一回 德国遣日使节》,东京:日德文化协会,1940 年。
③ 译者注:日本明治初年的最高官府,相当于今天的内阁。
④ 陆军省:《陆军省沿革史》,东京:陆军省,1905 年。

为使任何于国有功者之事被国民普遍知晓,此仪式特意在公众环视之公开场合进行。国民中无论男女老幼皆敬重此等有功者也。吾闻见其实,深感赏士明正,奖励有功而使公众知晓乃是一士卒奔赴战场、轻己性命,为国家不惧其死之所故也。①

又如明治五年一月兵部省建议海陆军分立:

考察各国之例,海军与陆军其性质全异,并且有史以来海陆军官吏亦不混任也。②

明治十一年十月陆军省又提倡军令机关独立:

参观欧洲一二文明国之参谋本部,规模庞大,其长官之权力几与陆军大臣相抗衡也。其所任,战时自不待言,即使平时假若系有关军令者,必尽以使其长官尽知,不可有塞滞之事。机密之规划成于内,远大之谋略行于外。③

山县有朋建议创立军医机构:

若不设军医寮④,军事之基础便不能建立。即兵卒进营或入伍之际,在军医寮检查其身体强弱,有无病症,实为兵事之根本也。故在欧洲诸国除一般病院外皆另设军医寮。而在吾皇国还未有大病院之规划,更无此军医

---

① 涩泽荣一:《青渊回顾录》上卷,东京:青渊回顾录刊行会,1927年。
② 陆军省:《陆军省沿革史》,东京:陆军省,1905年。
③ 同上。
④ 译者注:军医寮,即军医所。

察也。①

这些建议都无外乎是出于对西方兵制长处的承认。所以对于岛津久光的兵制复古论,新政府也就一踹了之:

> 西洋各国兵制极尽完备精美,以此为法足矣。今用之本乃为适应时势之举,亦为国家之紧要之事。②

何况建立兵制的更重要的意义是为军备的目的服务。近代意义的军备完全是为国防而存在,并不是为国内的私斗而存在。封建制下的日本武士由于目睹了西方近代国家统一的军备,而开始认识到这一点。林子平说:

> 日本之武备应以知防外寇之术为当务之急。……欧洲诸国……有妙法能策,由于和亲之故而无同国讨伐之事,只相互侵略他国也,并以此世世相勉,决不动干戈于同国中。此为日本、唐山等所不企及之处也。③

佐藤秀长说:

> 此首都华盛顿皆无墙垛城郭,惟在海口与海岸备有炮台,以指示人民以四海为家之意而已。④

玉虫谊茂说:

> 即使美利坚总统之居宅,亦不营造城郭,与其他人家无异。唯于海岸之

---

① 德富猪一郎:《公爵山县有朋传》中卷,东京:山县有朋公纪念事业会,1933 年。
② 岩仓具视:《岩仓公实记》下卷,东京:皇后宫职,1906 年。
③ 林子平:《海国兵谈》自序,《海国兵谈》,东京:图南社,1916 年,第 1~9 页。
④ 佐藤秀长:《旅美日记》,《遣外使节日记纂辑》第 2 卷,东京:日本史籍协会,1930 年。

要地设置炮台固守而已。盖花旗国为共和政体,不可施独裁私行。善恶吉凶皆与民众相同,内乱之事决无。故而粗守于内,而仅专防于外寇也。①

此类记载对于那些仅知为了幕府和大名②而进行军备的保守者们来说,是全新的发现。对西方文化的认识进展至此,那种摄取移植的企图与科学技术的情形有所不同,必定动摇封建制度的根基(所谓攘夷论,实质上便是对这一倾向的防卫策略)。至此,问题更是超出了军备的范围,而涉及政治世界。

连称西方为蛮夷的时代,也未能贬斥其政治法律制度的完善。关于这一点,前野良泽作了较为客观的评价:

> 自殷周以下至明代,起而革命者二十余主,而同时不篡位者甚少也。……欧洲自中古以降,篡位而得天下国家为君者几无也。上无骄奢无道之桀纣,故下亦无革命伐罪之汤武也。
> ……
> 凡欧洲诸国君无子者,或缺官时亦皆用前面所述之法选人。无一用私嗣位或得官者也。③

三浦梅园在《归山录》中说:

> 西洋之法及国事等闻所未闻之事颇多。④

松平定信在自己亲笔写的《秘录大要》中把俄国上下不太隔绝作为一种良好风气给予赞美。而谈到英国人的习性情志时则说:

---

① 玉虫谊茂:《航美日录》,《文明源流丛书》第3卷,东京:国书刊行会,1914年,第60页。
② 译者注:大名,日本江户时代的诸侯。
③ 前野良泽:《管蠡秘言》,1777年。其他出版信息不详。
④ 三浦梅园:《归山录》,东京:弘道馆,1912年。

自中世纪改革之后，政刑法典皆由全国议而立之，王亦不能悖。政法乃国之政法，非王之政法也。执政权贵之威亦不足以御其下。与其相反，下民却能挫权贵之威，并以此为高洁。此君臣虽然说上下有别，然而其实如无。由此而成所谓宽和之政也。抑或称此仅为放恣无制之俗，然而政刑法典由一国议而立之，君臣如一遵而不惑，至此其国焉能不富乎？①

这些观点可以说是一部分人的清醒认识。当某种国家威力迫近现实之际，其威力不一定仅仅在于武器的精良，而必须认识到这种威力是基于因其政法完善而国家富强的基础之上的。渡边华山认为：

兵之义在于陆军海军互相分设……兵士执勤仅备非常之时奉公，平日兼勤之事皆无。其性质真有如江户之消防队也。因其人皆入政府、教堂、学校等处，故而国王出行之时侍卫亦极少。五六年以前有人谋反时，天子之侍卫仅二十五人。……如此者，据闻皆因培养人才，专于学问，实用专一之故也。②

中滨万次郎在谈到漂流美国的见闻时对美国的政事做了如下归纳：

一、王由国之贤者中选出，任期四年；
二、官员等往来绝无攫取权威之事；
三、黎民百姓亦可按学问之序而被举用。③

鹤峰戊申说：

美利坚合众国中，实行全国公民选举之法，圣贤者皆可参加竞选。因彼

---

① 松平定信：《秘录大要》，《史学杂志》第25编第8卷，1914年。
② 渡边华山：《西洋事情御答书》，《华山全集》第1卷，爱知：华山会出版，1915年，第35~46页。
③ 中滨万次郎：《漂流万次郎归朝谭》，《异国漂流奇谭集》，大阪：福永书店，1927年，第436页。

之国王是按亿万人民之愿望选出者,故而不应作不义之事。虽彼国原有风俗近于禽兽,然而后学西洋究理之道,新建国家,不便之旧习悉相改矣。万事之内,选人之事为第一。此尤为至重也。①

横井小楠说:

俄罗斯国……政事等变动之事一概下于学校由众论处之,不由公论所决之事国王政官亦决不可行。或执政大臣等要员,亦由一国公论而擢升罢黜。……或取于民之年贡仅为十分之一,此外丝毫不许多取。因而民间以至于殷富。……据闻此等之政事与西洋诸国大同小异也。

金银货币之事,诸般制度布告施行于天下之霸权,均成为德行一家之任意私营,绝无安抚天下以庶民为子之政教也。……安于锁国之制,割据自全之习俗。庆幸祸乱败亡之事不至。与此同时,方今万国之形势大变,各大开治教。在美利坚,华盛顿以来立三大规则。一是以不行天地间惨毒杀戮之事,顺承天意,平息天下战争为务;二是以取知识事世界万国,有裨益治教为务;三是以全国大总统之位不传以子而让于贤,废除君臣之仪、张扬公共和平为务。至于政法治术及其他百般技艺器械等,凡地球上可称为善美者皆取之以补吾之所无,并大扬厚生之仁风也。在英吉利,政体首先以民情为本,官之所行无论大小必悉由公众议之,随之便而随其好,官不能强制之。因此,与德国战与清国战,兵革数年死伤无数,计费几万虽皆是取之于民,然无一人怨嗟也。其他如俄罗斯等国各多文武学校不必赘言,并设病院、幼院、聋哑院等,政教悉据伦理,为生民之所急,凡至于符合三代之治教也。……据圣教,察万国之情状,利用厚生,大开经纶之道,使政教一新,富国强兵,以欲专御外国之侮,并非崇尚洋风也。②

---

① 鹤峰戊申:《开国始末》,《政治学丛书1:外交政策》,东京:有斐阁,1913年,第292~312页。
② 横井小楠:《国是三论》,《横井小楠遗稿》,东京:民友社,1899年,第44~89页。

桥本佐内说：

　　近来西洋各国专修政教，抚育民生，其法度纪律整肃或亲好不偏于一方。国王仅有侍卫十余人，出行轻便以巡游民间。体恤疾苦，明察苛政，查官员政务之不周，行升黜赏罚之规则。国王巡行之时，不设特别居所，无论行至何处亦皆以民宅为宿。租税亦仅取过去二十分之一。此国王不为自身口腹住行而谋，而重于救荒御灾之措施。国王居宅等亦简略至极，馆之周围不过二町，……不论何方来使来函皆直接会面答复，一一推问其事。官员之选举，首先基于国内之众论，举用贤明而有才学之人。国王之一族虽尊为贵族，但不贤者必不能干预政事。尤其是改兵法、勤兵革、起工作等国家大事，先下达于议院，在熟议之上汇论相定后申达于政府。即或政府亦由诸官反复讨论，待众议一同之后方可实行。因此，即使国王亦不可任凭己意独断专行。①

佐久间象山说：

　　如今外蕃与古昔之蛮狄有天壤之别，……即或用人，亦不论门第而唯才是举。因此，执事者皆杰出之人。②

吉田松阴说：

　　据吾所见，美夷之所为极有次序也。且立国之法亦宜，其国又不甚古老。吾以为应以此为最强敌。③

万延年间遣美使节随员柳川兼三郎说：

---

① 桥本佐内：《西洋事情书》。其他出版信息不详。
② 佐久间象山：《象山全集》下卷，新潟：尚文馆，1913 年，第 844~855 页。
③ 吉田松阴：《吉田松阴全集》第 6 卷，东京：岩波书店，1936 年，第 288 页。

其官人虽说有公事时着官服威风凛凛,然居于内时则与常人无异。……为首之大总统着便服独自散步时无一仆相随,并且市民见之亦不行礼拜之事。……若进入人家,虽为大总统亦脱冠而入。且国人只知为国行事,而不称为王作事,并且仅有国税而无田赋。①

狩野文库所藏的《航美记》中有这样的记载:

其政令不烦,官事不冗,礼仪简易,战伐寡少。无国赋而有关税,兴隆贸易,鼓励技艺,奖掖人民笃信耶稣,非杀人之罪而不乱加以诛刑。……凡政事皆由众议从民之所欲也。②

《福泽谕吉传》记载:

华盛顿定法宽而尽,汉土无如彼之人,亦为古来罕见之伟人也。即使对谋反者亦只罪其身而无没收财产之事,确实应称之为宽仁也。③

以上各家之言,或是称赞其社会组织的出色,或是称赞其社会设施的周全,或是称赞其上下关系的密切,或是称赞其公平而无独裁。立宪政治的志向就是在这样的社会氛围中被孕育出来的。大隈重信对自己少年时代修学生活的回顾,便显示了这种意义:

以荷兰书修地理、兵制、物理等泰西实用之学,……因此初步得以对欧美诸国之贫富强弱、土地之肥沃瘠薄、物产之丰乏以及制度文物等窥见一斑

---

① 柳川兼三郎:《航海日记》,《遣外使节日记纂辑》第3卷,东京:日本史籍协会,1930年,第339~480页。
② 《航美记》。其他出版信息不详。
③ 福泽谕吉:《福泽谕吉传》第4卷,东京:岩波书店,1932年。

也。而且当时刺激自己头脑最深者是荷兰之建国之法。吾以非常之苦心逐步读之,得其所记种种经国之要领,吾感叹夷狄之国竟有此良制而日本则不能,呜呼!此正是吾产生立宪思想之滥觞也。吾以往多年对设立立宪政体之苦心焦虑,完全是此种思想发展之结果。①

这里,我们介绍一下松平庆永文久二年前后对西方议会制度的推崇与采用的主张:

天下公论之所议、所用,必经众议院参议院或上院下院定夺。满清日本之制度掌握权力于政府,恣意自行赏罚升黜。观西洋诸国历史,于议会将国中政事公开议之,行其赏罚升黜。即使英王法帝亦不得自由行事也。今吾朝制度亦应变革,于江户创立上、下二院。此上院应由幕府大臣或诸侯组成,此下院应由诸藩士中名贤者构成。或者任命诸侯之藩士成立上院,而下院则由百姓或庶人参加,此亦为一法也。若如此,虽为天子将军亦不能动摇公论也。②

尤为特别的是,木户允孝还很敏锐地注意到西方诸国兵政分离的特点:

人称善之文明政体,其一是文武之任判然分立,亚洲诸国所不能及也。而帝王之国之帝王,共和之国之总统多为统帅,皆并非偶然。③

这些是对西方施政完善性的认识中最重要之处,发现了与日本不同的西方平等社会的特质。中滨万次郎曾谈到了这一点:

大总统亦有成为低级官员之时,因此其政事之行方可上下无隔也。若

---

① 大隈重信述,元城寺清编:《大隈伯昔日谭》,东京:新潮社,1914年。
② 松平庆永:《虎豹变革备考》,1862年。其他出版信息不详。
③ 木户孝允:《木户孝允日记》第2卷,东京:早川良吉,1933年,第261页。

有奏议,虽平民之身份亦可直接向大总统上书,而少有诸事有隔也。大总统平日随从者仅带一人,任意而行。万次郎曾与其途中相遇,并相立对话也。①

福泽谕吉也说:

士农工商之间无等级区别,不论门第,居朝廷之位亦不轻蔑下人,上下贵贱各得其所,丝毫不妨他人之自由也。②

栗本锄云从法国人那里也听到类似的事:

虽为农工商之子,然而聪明特达者皆可为士,士亦可因家道衰落不堪为士时转为农工商。……士无世禄。……虽为如此高位之官如其已死便无奉禄也。

一家之主与为众人拥戴之一国之君不同,故杀一家之主亦与杀平常人同罪。③

涩泽荣一很真切地说到自己对西方平等博爱思想的认识过程:

去海外……最初只以为其医学发达、炮术巧妙,而其他事则一向不使人敬服,所谓人伦道德等皆不足取。然而至其地一见,人以义相交,以道相守,一切均极为周到且发达也。日本人民中有严密等级,百姓町人终生不能被举用,以此作为制度。而至西洋无此等级制度,因此而更加令人敬服也。④

---

① 东京大学史料编纂所:《大日本古文书:幕末外国关系文书》第3卷,东京:东京大学出版会,1910年,第185页。
② 福泽谕吉:《西洋事情》初篇第1卷,东京:庆应义塾出版局,1872年。
③ 栗本锄云:《铅笔纪闻》,《随笔文学选集》第2卷,东京:书斋社,1927年。
④ 涩泽荣一:《青渊回顾录》下卷,东京:青渊回顾录刊行会,1927年。

这些议论因为都触及等级制问题,所以在对西方文化的向往中也包含了应该打破封建身份秩序的要求。这一点不应忽略。

作为政治问题的一部分,法制问题也被人们高度重视。例如,栗本锄云便谈到了整顿法制的问题:

> 法国有新定法律,称之为拿破仑法典。……此法典无丝毫遗漏疏忽之处。且其轻重赏罚亦昭然公布于世,天人皆知,无可容私之地也。故在上为官奉令者或在下为民受令者,共同受此法律制约,更无例外特殊者也。①

关于西方法律裁判的公平明正,巡访欧美的特命全权大使一行描述道:

> 西洋法律裁判中,即使刑事案亦有律师代罪犯辩护,其罪行无纷冗之忧。审其真伪,且其承认之后再定罪刑,无冤枉之事。而在证人一方,要当面保证其证词属实,不易有作伪之弊。而且必须有数名陪审员听证,因此不必担忧偏听偏信。其法可谓周密完善也。②

关于西方刑法的适宜性,佐藤秀长也给予赞美:

> 合众国定此刑法并不苛刻。反叛者、杀人者、强盗放火者处以绞刑,其余犯罪则坐牢及课以罚金而已。最重者亦仅处以绞刑,其意在于:人为万物之灵,且人体由天所予,不可使之身首异处也。③

给日本国民印象最深的是西方监狱制度的人道性。人们把这与幕府监狱制残酷严厉的现状相对比时,感受尤为强烈。很早以前,渡边华山从荷兰商馆馆长

---

① 栗本锄云:《晓窗追录》,《匏庵十种》第 2 卷,东京:九潜馆,1869 年。
② 久米邦武:《特命全权大使美欧回览实记》第 3 篇,东京:博闻社,1878 年,第 145 页。
③ 佐藤秀长:《旅美日记》,《遣外使节日记纂辑》第 2 卷,东京:日本史籍协会,1930 年。

那里便了解到了西方监狱的情形：

> 监狱亦是天下公道之处,因防止囚犯死于非命,故狱中亦有医师。因狱中少清新空气,久接触室内浊气而伤其身,故每月六天增加狱吏以使囚犯步行于室外。以饮食为第一,以养生为主旨,……一切皆不悖天道也。①

而曾亲身体验到日本监狱残酷的吉田松阴的观点具有更切实的感受：

> 古人曾说,罪人久拘狱中因其困苦而生善思,曰:智者以囹圄为福堂。闻此说初觉似乎有理,然则实多为书生纸上之论。吾久困于狱中,亲身观察囚徒之情态。久在狱中只有工于恶术者,而未见生善思者也。故久在狱中决不可治善。或曰:小人闲居而行不善。确实如此。但此仅对狱中不教者而言,若有教之时,任何人皆生善思之忧。吾曾观美利坚之狱制,往昔一旦入狱则多益甚其恶。然而近来有善书教导之故,入狱之时更可转而为善人也。如是牢狱亦应始称福堂也。②

此外,久坂玄瑞这样描述美国的监狱：

> 近读《美国总记》,各省政府皆置牢狱。狱内上下左右皆用大石,数人一房,或一人一房,皆极清净。开窗通风,房外绕之以栏楣,以便散步。狱官赐之衣食,劝之善言,各授之以业,而分善恶之途。善者居之宽处,恶者居之狭处。于是使善恶不得相杂糅。呜呼,夷狄用心于刑狱犹且如此,堂堂君子国岂可忽视劝善之道乎?③

涩泽荣一也感叹道：

---

① 渡边华山:《鸼舌或问》,《华山全集》第1卷,爱知:华山会出版,1915年。
② 吉田松阴:《野山杂著》,《吉田松阴全集》第2卷,东京:岩波书店,1936年,第83~176页。
③ 久坂玄瑞:《俟采择录》,1869年。其他出版信息不详。

参观(香港)英国监狱,壮观宏阔。囚犯之收容方式一切皆适应其罪轻重,而使之随各器局专营其职,并且于狱中设立教堂,常集合囚犯听牧师传道。所谓传道,即传善恶应报之道,使之忏悔。总而言之,专说戒恶赴善之事也。其中,据说有痛改前非,恢复本心,立归天性者。忧其困苦,恐其死刑,于是顺从皇天之意,悔过从善。我颇感其道恳切笃实也。①

《万国新闻》上曾刊载过在香港的日本人谷户喜三郎写的报道:

靠近美国纽约有一岛称为伦克爱兰德。此岛设有监狱。囚犯一人居一房间,房间内有床铺、被褥,甚为方便。……牢房每七日清扫一次。墙涂以白色,极为清洁。每逢礼拜日各自休息。……因狱制如此,罪人健壮,刑满释放之后可直接从事各自职业,病者至少。牢房中尤为清洁宽敞也。②

西乡隆盛说:

西洋刑法专以惩戒为主,戒除苛酷,极为注意引人入善。故对狱中囚犯确实缓和,给予可为鉴诫之书籍,因事可允许与亲属朋友会面。尤其设有特别牢房,对出于忠孝仁爱之心怜悯鳏寡孤独而犯罪者给予体恤照顾。……我深感彼确实为文明之邦也。③

成岛柳北说:

彼狱室内极为清洁,与我邦之囹圄不可同日而语,并且一室内只居一囚,或偌大室容有数人时,卧室亦必每人一处,互不干扰。……并有浴室。

---

① 涩泽荣一、杉浦霭人:《航西日记》,《涩泽荣一滞法日记》,东京:日本史籍协会,1928 年,第 14~15 页。
② 谷户喜三郎:《幕末明治新闻全集》第 2 卷,大阪:大诚堂,1934 年。
③ 西乡隆盛:《西乡南洲遗训》,东京:研学会,1896 年。

极为周到。狱中亦有旧教新教教堂。……另外设有医院。……并有囚犯与亲属会面之室。百事整备,严之极严,慈之尽慈。实不堪感叹也。①

这些人或依亲眼所见或根据传闻,对西方狱制给予了极大的赞美。

六、产业经济及商业道德精神

西方诸国兴盛的原因除政治、军备外,还在于其经济力量。
佐藤信渊说:

西洋之俄罗斯及英吉利等诸夷处于偏远之北海以西,……气候极其寒冷,米谷不生,物产不丰。然而彼二国之酋长等以无食无衣为玄业之基础,使用各种手段,上下一致建设国家之经济,因此,渐渐国富民强,以致成为今日世界有名之大国。我曾屡屡考察彼二国成为富盛之事,发现二者皆为偏远之夷狄,又并非有特别胜人之智虑,而能使其国富强,唯以立政简精为主,省略无益之烦杂。虽为国王者,亦禁止于正妻之外另娶妾妃,戒奢侈宽仁政,勤勉于国事,注重于物产,通交易以收互市之利润。因此,国无不富也。②

从佐藤这种表面上似有侮辱之意的话语里可以窥见到深层的羡慕之情。林子平说道:

即使国王如何命令,即使人们如何尚武,穷兵黩武之事定不能成也。……荷兰其国地处寒域,五谷物产不丰,因此不远万里通商外国,取诸邦宝物为己国所有,用大商之道以富其国,然后张扬武力,以小国威慑其大

---

① 成岛柳北:《航西日乘》,仙台:佐和正,1884 年。
② 佐藤信渊:《经济要录》第 1 卷,东京:玉山堂,1876 年。

国。同时自建国一千八百年来一次也未受他国军兵侵扰,而且将相隔万里之爪哇国,据为己有。又于美国加州中取一地命名新荷兰,使之成为自己之属国。美哉勇哉,可思可思。①

斋藤拙堂说:

俄罗斯之为国,在于极北大寒之地,食艰民乏,号为贫陋之区。及彼得大帝起,振兴庶政,大开互市之利,以瞻民财。子孙守其遗法,至今百有余年,除日本外,无所不通。而其国富庶,疆土日拓。呜呼,彼得开物成务之智随土制宜,遂化贫为富,变陋为华,成为天下至大之邦。谁谓西海不出圣人耶?②

横井小楠说:

观当今洋人之所为,精心研造以火轮船、蒸汽车、电报机、水车、棉花等为首之民生日用之便利之物,近来又掘红海海峡为海运通路,确成大利也。此外,又因交通万国扩展交易之利之故,彼等国家国富兵强,利用厚生,至于租税等也至轻至宽。真可谓经纶之伟业,圣人之作用也。③

这些有识之士称赞了西方国家各种盛况。特别是村田文夫更明确地指出:

宽和政治,安乐民生,使万民富庶。立赋税之法,由官府征收税银。而若论经济手段,以主张贸易,便利商事为最多。因此,大行火轮船、火轮车、电报机、自来水、下水道、瓦斯灯、报纸、银行等业。此诸法便于贸易而益于

---

① 林子平:《大尾略书》,《海国兵谈》,东京:图南社,1916年,第215~253页。
② 斋藤拙堂:《俄罗斯交易编跋》,《拙堂文集》第6卷,斋藤次郎出版,1881年,第42~43页。
③ 横井小楠:《沼山对话》,《横井小楠遗稿》,东京:民友社,1899年,第389~414页。

军事。其余便于日用之事务等自不待言矣。①

涩泽荣一说：

　　实地见闻法兰西进步之工商业，痛感欲使日本兴盛无论如何必须制订大力发展工商业之计划。②

明治年间出使欧美的特命全权大使一行深切感受到：

　　西洋有东洋绝无之事业。船厂、市场、银行、交易所等皆有。皆为商业缺一不可之事业也。然若观我日本商事，小店市场常益于买主，而使卖主受困，交易中又禁止兑换现金。搬运物产，求高价于商路。虽数里漕运，然而费用大增，如西洋万里航海之运费也。……之所以如此，皆因不重贸易，还未知商业之远略也。天地之力加于人力始兴大业，有昔日之劳方可有今日之富，今日之一小村后年使之成为大都市并非难事。能如此者，终归是依靠其国民之深谋与勤劳二力也。轻佻之举动不能开永久之利。……于此已由近来美国开化之历史得以确证。③

正如所说的那样，亲身踏上西方的土地，目睹其发达的盛况，不能不有更深切的感受。而且，产业中印象特别深的是在科学技术的基础上实现了产业革命之后的壮观的近代工业。这是使现在仍以农业和手工业为主，至少在经济技术上还未摆脱中世纪阶段的日本人最为惊奇的进步。津田真道在关于荷兰的见闻中说：

---

① 村田文夫：《西洋见闻录》后编第1卷，广岛：井筒屋胜次郎，1869年。
② 涩泽荣一：《青渊回顾录》上卷，东京：青渊回顾录刊行会，1927年。
③ 久米邦武：《特命全权大使美欧回览实记》第1篇，东京：博闻社，1878年，第72页。

访问制造煤气之工厂，真极玄妙也。①

同年，某位去伦敦考察的官员记叙道：

一、我曾去参观电报机、邮电局。与俄罗斯或土耳其之类远国通信，一二分钟内便可往返，其玄妙实在令人惊异。

二、也曾去军舰、商船之制造厂及其修理厂参观。从行驶于达米斯河之小汽船上下来，只见两岸新造或修理之军舰、商船、通信船等林立，此确为人间奇观也。

三、码头也极其广阔，辟有泊船之水域，使船停于岸边，卸货或装货。……水域中可容数千舰船并立，称为伦敦船坞，甚盛之极，为宇宙盛国也。

四、其余火车、发电机、病院、学校、铸造厂等也胜法国二十倍。据称伦敦有煤气制造厂十三座之多，法国仅为五六座，其多寡相比可知也。②

中井弘说：

（英国南安普敦港）岸边建有造船厂数座，甚为宽大。我最初见大火轮船之高，不禁触目惊心。当今我日本诸藩慕西洋诸国之风习，为开富强之道，士大夫常至港口，或航行海上，见其贸易之盛况，赞美其富强充实，以致消尽固陋之偏见，此实为可称赞之事也。……今日到达英国，窃睹其风俗之公平，富强之充实，屡屡仰天长叹也。③

涩泽荣一说：

---

① 津田真道：《航海中日记》。其他出版信息不详。
② 大塚武松：《外国行人书简集汇》，《夷匪入港录》第3卷，东京：日本史籍协会，1931年，第230~234页。
③ 中井弘：《西洋纪行航海新说》下卷，京都：堺屋仁兵卫，1870年。

爱尔兰之政府银行有金银货币铸造厂及金库、纸币印刷厂等。……制作精致,方法严密。一切皆按顺序分局摆设其器械,巨细无所不至。仅由此便可推知其国之富庶。①

岩仓具视说:

每日各处游览,亦参观诸制造工厂。……因此,见其能造任何器物之设备之精,工厂之大实在出人意料。其中,特别广大者每日有五六千工人劳动,而且厂内有长达十二英里之铁路。造蒸汽铁船、蒸汽机车,将厚钢板锻伸为铁轨,造玻璃,制砂糖,酿啤酒,亦造肥皂、橡胶等。车间宽敞,设备精致,以此来造金银工艺,纺织棉花羊毛,纺织细纱、天鹅绒,制造陶器,造纸张等,皆珍奇物品。依靠蒸汽力,水力节省人力,只需稍动手指,车即运动,其巧妙笔口难述,极令人惊异也。②

大久保利通说:

巡览中去各种工厂参观。在首都伦敦有各种工厂。其中大者有利物浦制造厂、麦琪斯道尔棉花纺织厂、克拉斯高炼铁厂、克利沃兹克制糖厂、伊契恩柯劳克造纸厂、尼卡兹绍尔炼铁厂、普拉兹德豪尔丝织厂、毛纺厂、斯兹黑尔德钢铁厂、银器厂、巴米恩柯姆啤酒厂、玻璃厂、琼斯达沃盐矿等。其厂皆极宏大,器械精工。而类似如此大小工厂不胜枚举,以此足可知英国富强之因。对其道路桥梁之通畅,感受极深,无论何其偏远,皆畅通无阻。到处以便利为先,马车自不待言,火车亦无处不至也。③

---

① 涩泽荣一、杉浦霭人:《航西日记》,《涩泽荣一滞法日记》,东京:日本史籍协会,1928 年,第 197 页。
② 大塚武松编:《岩仓具视关系文书》第 2 卷,东京:日本史籍协会,1935 年,第 215~224 页。
③ 大久保利通:《明治五年十月十五日予西乡隆盛等书信》,《大久保利通文书》第 4 卷,东京:日本史籍协会,1929 年,第 451 页。

久米邦武说:

(维也纳万国博览会)首先,钢铁机械为百工之本质。工欲善其事,必先利其器。……欧洲各国皆奖励工业,矢志以利其器械为务。①

以上言论表现出国人对西方产业的热情赞叹和强烈向往。因此,大久保利通建议:

外国政府保护其人民,奖励其工业之事,概多类此。……君臣一致,以其国天然之利为基础,盛大其财用,以成巩固国家根基之伟业。日本当今正值大有作为之际,宜应以此为规范。……诱导促激日本人中气性薄弱者,勉励工业,应为当朝执政者之义务也。②

在大久保利通的建议中,展示了日本国人由对西方产业的赞叹、向往转入到积极摄取的整个过程。

如果我们归纳一下有关对西方产业兴盛的认识,大致有如下几点:

若说大者,如铁路、栏杆、垣墙,或铁门,或铁桶。至于小者,如日用品及厨房餐具,全由铁造成。我邦以木片或竹片造成之诸器物,此地则多由铁造。③

西洋……无木造之房,大多为石或砖堆砌而成。阶梯由石垒成,栏杆也由铁或石造。此外,窗也为铁制,桶箍也铁制。而且,桥梁也无木造,多为铁桥石桥,船也多为铁船。……究其原委,多因西洋木材缺乏,而且由于蒸汽

---

① 久米邦武:《明治六年五月十九日条》,《特命全权大使美欧回览实记》第2篇,东京:博闻社,1878年。
② 大久保利通:《关于殖产兴业的建议书》,《大久保利通文书》第5卷,东京:日本史籍协会,1929年,第561~565页。
③ 村田文夫:《西洋见闻录》,广岛:井筒屋胜次郎,1869年。

机械发明以来,辗铁如切豆腐般容易。虽如此,但更大要因是彼等素来不安于现状,对万物穷究不已所致。如前所说诸物,不忧于火灾,也不受于风损。①

上述见解,关注于西方对铁的利用。

  总而言之,工厂中图纸设计有如人体与大脑之关系,是工业之纲领。……部门愈分愈多,诸器也日益精致。概括之,惟在于以图纸为雏形。……日本工事多粗糙不精致,其根本即在于不用图纸,惟恐多花费用。而仅靠心头一念,凭空臆想,大略考虑便施之于动作。成否全凭孤注一掷,不成便倾家荡产者比比皆是。工事不进,其根本要因大概在此。而学术不开,其要因也在于此。……欧洲人民性格迟钝,遇事先考虑周到,然后才付诸行动遂成事业。日本人民性情机敏,因而厌于周密思虑,最终有失发展。我只能认为如此也。②

论者慧眼识珠,看到了制图规划对机器制造以及工业发展的重要性。与对待科学的认识一样,最重要的是,不只在于对工业发展成就本身的认识,而在于对其源泉——立志于发展工业的近代精神的关注。栗本锄云看到:

  进入法国境内,田野悉数开辟,尽力使地力、人力结合,干旱湿涝不能耕作之地栽以牧草,不杂有一根荆棘,以供牲畜食用。树林中杂草也尽铲除,施以肥料。篱边田畔之空地也不见荒芜蔓草,使人大为惊奇。若使日本如此,地尽为良田,几欲又生一日本也。德国使节曾言,东洋各国土地皆极肥美,然而却失于其人多懒惰。西洋诸国虽大多土地瘠薄,然而其人甚勤勉。

---

① 古川正雄:《西行漫笔》,1874 年。其他出版信息不详。
② 久米邦武:《明治五年八月三日条》,《特命全权大使美欧回览实记》第 2 篇,东京:博闻社,1878 年,第 84 页。

今可信哉。①

久米邦武说：

　　合众国各州均独立，似封建之制。然而州民敢于互相对抗，常相执争，胜若待敌国。但其竞争更在于发展各种产业，互不相让，逞其能力。……因此，美国各州在无事之日竞争于利益，而封建各邦则在战中行其劫夺。其争表面相似，实则大不相同也。②

久米邦武洞察到西方产业的发达是以其人民的近代产业精神为基础的。桥本佐内进一步指出了西方商人商业道德的优秀性：

　　外国国民遵守商律以信义为基础，因此与日本所谓商人之心术不同也。③

在《大隈伯昔日谭》中记载了日本佐贺商人"与外国商人往来，见彼等心胸宽阔，观察贸易时机敏锐，处理商品时也灵活，守约严正，又甚珍惜时间，于是深为彼之精神感动和刺激"④。在细小事情上也表现出这一点：

　　在西洋诸国有所谓专利权，若译之可称为褒功法也。……盖妙术奇器等事虽属于末技，但百工之事必须以此为本。即以其发明作为开民富国之本源。西洋及美国等均设此专利之法。……当今日本人民之才艺虽很不及西洋人，但一旦效仿西洋之法设立专利制度，人民之才艺即可达上乘

---

① 栗本锄云：《晓窗追录》，《匏庵十种》第2卷，东京：九潜馆，1869年。
② 久米邦武：《明治五年六月二十五日条》，《特命全权大使美欧回览实记》第1篇，东京：博闻社，1878年，第347~354页。
③ 桥本佐内：《外国贸易说》。其他出版信息不详。
④ 大隈重信述，元城寺清编：《大隈伯昔日谭》，东京：新潮社，1914年。

也。……可速行此法，开奇器妙术于国中，以成为有助民生日用、富强国家之源。此乃是我等特别亟盼之望也。①

论者要求重视奖励发明对殖产兴业的贡献。农业为日本的主要产业，因此不一定必须全部以西洋为规范。尽管如此，明治四年伊地知正治仍在《劝农建议书》中写道：

与外国交易相开，世运随之开化。事无巨细皆与我无隔，应以采其所长为要义。在农业方面彼等新发明、新方法亦不少，苟一事不相开，使日本立国之力损失自不待言。因此，首先应得其原理、经验，使日本西学者两三人为一组，详细查对西洋原书，若上下有不落实者，可雇佣有专长之洋人，并可先开设试验种植场以试之。②

《特命全权大使美欧回览实记》中曾有一节专门写到西乡隆盛去英国某农场参观一事：

英国农业虽不免竟相投入财力与器械，然而其目的不外乎在于如何在狭小之土地上增加收获而已。对此，我感受颇为强烈。③

这里把日本人要学习使之发达的农业政策及技术的愿望表现得十分强烈。

以上谈到日本人认识了西方文化的各个方面的优秀之处，也谈到了日本人欲对之摄取的企图。可是，西方文化的魅力不单单表现在技术、学问、制度、组织、设施等外在形态上，而且也表现在人情、道德、风尚等处于文化背后并支撑文化的无形精神上。

---

① 大隈重信：《褒功私说》，《西洋杂志》第4卷，1867年。出版地为江户，出版单位不详。
② 伊地知正治：《劝农建议书》，《大西乡全集》第3卷，东京：大西乡全集刊行会，1927年。
③ 久米邦武：《明治五年十一月十一日条》，《特命全权大使美欧回览实记》第2篇，东京：博闻社，1878年，第438页。

七、人情、道德及礼仪风尚等方面

玉虫谊茂在访美期间,深切感受到西方人对情感的珍重:

父母携其三四岁小儿,让其小儿与我等握手亲吻,不离(日本人)左右。其情深如此。①

美国人与人送别,往往流下惜别之泪,情厚至此。②

不仅玉虫谊茂持如此说,而且其他西行者中也有不少人谈到西方人对情感的珍重。这大概是日本人从以抑制自己的情感表现为美德的封建习性出发,反过来对西洋人直率的情感表现感受特别强烈的结果吧。

如果从攘夷论者的眼光来看,西洋似乎是无礼无义的夷狄之国。然而,实际上却非如此。橘南谿子曾记录下自己的见闻感受:

近日曾随长崎长官去唐人馆、荷兰馆巡视。荷兰馆清净整洁,……礼仪严正而无丝毫有失体统之事。然而在唐人馆,闲杂人等多列道路左右,观望我等一行。或有人随便插入行列之中,或有人攀上树木、登于墙上高声说笑,无论如何制止也充耳不闻。无礼至极也。……据闻唐土诸事行文翳温顺之风,而对下贱之事法度则不严正。相反,荷兰则应称之为法度严正之国。即使朝鲜人来朝时也多有失礼之举动,其国之风习让人不解。③

那些亲身进入西方社会的人看到了更多的应加以张扬褒奖的风习:

(伦敦)公园中常多有城中之富人着美服悠然散步,使人感到此域确实

---

① 玉虫谊茂:《航美日录》,《文明源流丛书》第3卷,东京:国书刊行会,1914年,第63页。
② 玉虫谊茂:《航美日录》,《文明源流丛书》第3卷,东京:国书刊行会,1914年,第71页。
③ 橘南谿子:《西游记》,《东西游记:北窗琐谈》,东京:有朋堂书店,1922年。

是文明开化之国,岂能称其为禽兽乎？游于此园中虽不知何数千人,但不见游人醉倒等有失体面之事。而且人人自我约束,有如文明之国仁义之民也。①

西洋平素宾主之交际礼式多简易,与东洋相比极其直率。只是餐桌上之规矩及对待妇人之礼节甚是严正。饮食必须在饭厅中进行,席间如有交谈则谓之失礼。此等风俗在西洋为最应嘉尚者也。②

关于道德,虽然西方诸国被人称为无礼仪之国,但是在西方国家中作为西方式的优秀人伦之道的存在还是不应忽视。尤其是日本人民特别关注的,即从基督教时代就成为中心问题的夫妇之道。西川如见说：

中国或日本之规矩,无论士人或庶人多在正妻之外蓄娶爱妾。尽管贫贱士民未能如此,但不规矩之事也颇多。……据闻,荷兰国之规矩中,倘若男子具有二妻,则受刑罚。例如即或无子也是天命,倘若与其他女人合房以求生子也为法律所不许也。因此,有妻者而嫖妓将受刑罚。这已成其国法。所谓人道,并非仅为中国日本所有,而且汉人和人所作又岂不令荷兰人耻笑？③

安藤昌益说：

有妻而奸淫他女实为禽兽,夫在而女又交于他男亦为禽兽也。④

《红毛杂话》等书中也谈到了西方的夫妇道德：

---

① 西园寺公望：《欧洲纪游拔书》,1932 年。
② 久米邦武：《明治五年九月八日条》,《特命全权大使美欧回览实记》第 2 篇,东京:博闻社,1878 年,第 206~215 页。
③ 西川如见：《百姓囊》第 3 卷,《西川如见遗书》第 5 卷,长崎:西川忠亮,1907 年。
④ 安藤昌益：《自然真营道》,《大日本思想全集》,东京:大日本思想全集刊行会,1932 年。

嫖客都是独身者，有妻之人绝不登楼。①

在《西域物语》中：

西域之制度中有即使身为王侯有正妻但却纳妾亦为第一耻辱之说。②

《环海异闻》中：

国法规定，如若有妻不许置妾。
凡有妻女者，以不去青楼为好。③

《督乘丸船长日记》中：

在欧洲，上至国王，下至庶民，无论如何高贵之人，无论如何富有之家，蓄妾者皆无。纵使对贵人而言，若略微招使妾女亦将妨害家庭也。④

《彦藏漂流记》中：

美国规定一男一女结为夫妻，蓄妾自不必说，纵使买妓婢等事也皆禁止。若犯此，必蒙罪入牢。⑤

玉虫谊茂的《航美日录》中：

---

① 森岛中良：《红毛杂话》，《文明源流丛书》第 1 卷，东京：国书刊行会，1914 年。
② 本多利明：《西域物语》，《日本经济丛书》第 12 卷，东京：日本经济丛书刊行会，1915 年。
③ 大槻茂质：《环海异闻》第 11 卷，1807 年。其他出版信息不详。
④ 池田宽亲：《督乘丸船长日记》，《异国漂流奇谭集》，大阪：福永书店，1927 年，第 148~305 页。
⑤ 滨田彦藏：《彦藏漂流记》，《异国漂流奇谭集》第 17 卷，石井研堂编，大阪：福永书店，1927 年。

一夫一妇，禁止蓄妾。①

以上各种记录和谈话都对西方一夫一妻的道德观念、法令给予了充分的注意和肯定。涩泽荣一对埃及的婚姻道德做了无情的批评：

> 西洋与东洋各国不同，从帝王至庶人，皆仅一夫人而无妾。由此可从闺门推及天下之理。然而此埃及国有以多妻婢为荣之风习……尽管此地靠欧洲最近，然而其陋风不改，因袭过去而落后于文明开化。②

这种评论明治以后发展成为由福泽谕吉等人热心提出的遵守一夫一妻之道的主张。此外，在排斥多妻制的同时，对男色的排斥也作为西方的一种良俗而很早就被人注意到了：

> 西洋诸国时至今日禁男色极严。此皆因有背人伦之理。女色淫乱几乎似犬豚之行为。而男色甚至行犬豚不敢之事，背天理最甚。因此，称男色为同性恋。此为非法非礼，违反人之生理之意。③

与过去不同，涩泽荣一目睹西方的舞会，认为那是男女交际的一种适宜方式：

> 此不仅结好尽欢，厚人间交际之谊，而且使青年男女互相认容貌，……察贤愚，得到自己择偶求配之良机，并且可使彼等礼仪庄重，而淫欲之风自

---

① 玉虫谊茂：《航美日录》，《文明源流丛书》第3卷，东京：国书刊行会，1914年，第1~150页。
② 涩泽荣一、杉浦霭人：《航西日记》，《涩泽荣一滞法日记》，东京：日本史籍协会，1928年，第36页。
③ 山村才助：《西洋杂记》第2卷，东京：文苑阁，1848年。

然不存也。……此似乎类似日本盆踊舞①,然而实则大大相异。②

中滨万次郎说:

西洋夫妇之情深厚,家庭和睦而不同于日本。③

西周说:

西洋将配偶称为爱人。夫妇间敢于互相匹敌,无鄙视女子之事。而且一夫一妻定制更无妾婢。……所谓夫妇有别对西洋而言却不存在,结为夫妇便以相亲相敬为尚。有人对此却颇不以为然,声称夫妇无别实在应予以斥责,况且闺门如朝廷。我以为此谬论也是日本多妾婢之起因也。④

加藤弘之也指出了西方夫妻之间的挚爱之情:

大凡夫妇之间最重要者即是互相之间爱昵之感情。……然而夫妇之间具有真正昵爱之感情者,惟独仅限于文明开化之欧美人民,其他国家人民之昵爱感情不如欧美人深切。之所以如此,是因欧美女子接受中等以上之教育,其知识才能与男子相差无几,夫妻之间有其共同思想,共同欲望,互相之间俱能得其乐之缘故。因此,其昵爱之情亦自然不能不深厚也。以我东洋人视欧美之夫妻,真可谓其夫妻宛如朋友,人生乐趣至极也。……在半开化以下人民中,其夫妻之昵爱之情虽亦有之,然而只可谓近于禽兽之雄雌之昵爱。开明国度夫妻之昵爱专由心神产生,而半开化以下国度之夫妻昵爱,则

---

① 译者注:旧历七月十六日盂兰会时所跳的民间舞。
② 涩泽荣一、杉浦霭人:《航西日记》,《涩泽荣一滞法日记》,东京:日本史籍协会,1928年,第53页。
③ 中滨万次郎:《漂流万次郎归朝谭》,《异国漂流奇谭集》,大阪:福永书店,1927年,第420~450页。
④ 西周:《百学连环》,仙台:育英舍,1870年。

仅存在于肉体之间。①

不仅男女之道如此，即使是在东方不能见到的西方父子之道的纯真美好也逐渐被国人所认识。在很早以前，西川如见便写道：

> 尽管荷兰国被称为外夷，然而忠孝二字之真切仍可看到。尤其是孝乃为人之自然之天性，因而自然也是世界万国人类之常情。每年来长崎之荷兰人多在镜匣盖上嵌一画像，若问之此为何人之像，彼等答曰，乃我父母之像也。即使是在远离故国之异域，也一日不忘其父母，由此岂能说外夷无孝道？②

西川之后，稍近些的外山正一也认为：

> 有人言，忠信孝悌礼义廉耻之道为日本所固有而西洋却不存，因此模仿西洋文物风习之时，是背弃固有之道之作为也。然而，重礼义廉耻者西洋绝不少，真正之孝子、顺良之人物西洋亦绝不乏也。西洋诸国之亲子之情较东洋诸国更多一种趣味。③

栗本锄云追述道：

> 我与奥地利皇帝、法国帝后等共同至郊区观看十二万士兵操练，……帝于马上亦脱帽向左右挥动答礼。宛如对待同等人而毫无特殊。④

---

① 加藤弘之：《女子教育》，《东京学士会院杂志》第 1 编第 2 册，东京：丸屋善七，1879 年，第 17~40 页。
② 西川如见：《百姓囊》，《西川如见遗书》第 5 卷，长崎：西川忠亮，1907 年。
③ 外山正一：《关于德义论的意见》，《教育相关诏书焕发五十年纪念资料展图录》，东京：内阁印刷局，1941 年，第 51 页。
④ 栗本锄云：《晓窗追录》，《匏庵十种》第 2 卷，东京：九潜馆，1869 年。

栗本的描述使人进一步看到了东方所没有的西方君臣之道的善美。大槻磐水说：

> 荷兰有劝学警戒之语，大意是：人生在世，以食为天，然而又不可仅为饮食而生。如若进一步解释，则含有教人应专务所爱之职，建立有益于天下后世之功业之意。此为我个人所解也。①

平田笃胤说：

> 据荷兰人言，即使于旅行时食用旅馆之食物，也应视之为上帝之恩赐。不思其恩，不立功于世，并非人道，应觉何等惭愧也。②

从以上记录，可以很清楚地知道西方的道德规范，并且似乎已经被国学者们视为权威性的规范了。

比道德与礼仪更不易把握的可以说是作为文化和生活根本动力源的精神气质了。西方文化的优秀性到头来就是依据于崇高的精神气质。这种观点可以说是对西方文化优秀性认识的最终高度。关于这一点，我们要通过下面的一些事实来专门论述。

首先，是所谓世界发展的胸怀问题，这是踟蹰于锁国小天地的日本人所难以企及的。因而当时日本人对此颇多感叹。山片蟠桃首先感受到了这一点：

> 彼等容万国三千世界于胸中，行远国易如通邻居。我辈则泛舟湖中犹恐寒身，其大胆远不敌西洋，实非同日而语之人也。③

川路圣谟也说：

---

① 大槻磐水：《兰学阶梯》上卷，1912年。其他出版信息不详。
② 平田笃胤：《灵能真柱》，1913年。其他出版信息不详。
③ 山片蟠桃：《梦之代》，《日本经济丛书》第25卷，东京：日本经济丛书刊行会，1915年。

德国人布挺离国十一年,隔家一万里,以海上为家,为扩其疆土,为富其国家而尽心费力。去年始,英法两国海军与德国作战,他于海上一度参战。在长崎见到他时,知他已失去船只,是求助于一艘军舰而至此地。他曾三四次来日本以争国是。这年十一月四日他遇到海啸,再次受挫于神力,所乘军舰沉入几千丈海底。但他毫不气馁,就再次造一小舟驶向中国定海县水域,后求乘大舰抵达日本。从即日起,他便日日不休乞求签订两国条约。虽说日本官人常斥之为"布挺奴",但细想来,他比日本幕府万众之中最为勤恳之左卫门尉更要劳苦十倍、百倍,与左卫门尉等相比,他乃真豪杰也。[1]

哈里斯在与下田奉行谈话中说道:"暂且打算去中国,设法把事情办得顺利一些。"下田奉行听后感叹道:"因彼等感到五大洲如握掌中,故而自然能出此言,行此事也。"[2]同样,桥本佐内对哈里斯也是佩服之至:

两人凌驾万里波涛昂然向我都府而来,其气宇轩昂使人难以想象。此乃为真风俗之练然也。我由此既对外国人确实佩服之至,同时又深感生长于我神州圣明之域男子不及其女子妇人。二者比较,相距几何矣。至于过去枉然对洋人之蔑视又是何等迂腐。实为不可与语者也。[3]

福岛义言写道:

此日疾风暴雨如潮飞泻,海浪如山,船震动倾斜达四十度。……我于心

---

[1] 东京大学史料编纂所:《川路下田日记》,《大日本古文书:幕末外国关系文书》附录一,东京:东京大学出版会,1910年,第143~144页。
[2] 东京大学史料编纂所:《安政三年八月三日下田奉行所对话书》,《大日本古文书:幕末外国关系文书》第14卷,东京:东京大学出版会,1910年,第643页。
[3] 东京大学史料编纂所:《安政四年十月二十一日村田氏祝寿书信》,《大日本古文书:幕末外国关系文书》第14卷,东京:东京大学出版会,1910年。

中思忖，西洋诸国官民为使自国富强，不惜远渡如此险恶之大洋进行交易，其志实在令人既感动又恐惧也。①

我去一书市购买地图，……一妇人取出一张大地图，详细讲述其上航海路线及经纬度长短、世界地理与城市乡村、群岛众屿。又有一位十岁左右小儿亦述此理。观其状实在令人感叹。……此国风日本不及也。可见，航海术之开展，于日本而言，实在大有必要。②

一名文久使节随员写道：

在此期间，一位意大利妇人携六岁小女也来旅馆投宿。……一日，见小女携一位三四岁小儿一同游戏。我于是问之：此男孩可为你之妹乎？小女答曰：否，这是西班牙之小儿。听此言，我不禁惊叹再三。呜呼，西洋之小女犹有将千里之外异国视为比邻者，我等却常对洋夷环海周游不屑一顾，岂为适宜之举乎？③

类似的例证还有很多。"虽是女子但更不惧外人"，这也是基于以世界为家的精神气质的一种举动。

其次，西方人也富有一种公共精神。这种精神首先从尊重学问的公共性的事实开始，逐渐为日本人民所了解。间重富认为：

西洋之理学，不在为自我，而是为人类、为天下也。勿论人我，死而止事。此公心确实可嘉。④

---

① 福岛义言：《福岛义言手稿：航美日记（其一）》，《江户》第5卷，东京：江户旧事采访会，1917年，第1~7页。
② 福岛义言：《福岛义言手稿：航美日记（其三）》，《江户》第6卷，东京：江户旧事采访会，1917年，第16~28页。
③ 尾蝇：《尾蝇欧行漫录》，《遣外使节日记纂辑》第2卷，东京：日本史籍协会，1930年，第249~562页。
④ 间重富：《伊能忠敬》，东京：岩波书店，1917年。

琼浦荷兰公馆乙名末次忠助描写道：

　　彼国时常向民间出示问题，对能善答者给予褒奖自不待言，并且将其事公之于天下，使人尽知。因此，彼国人智能超过古人也不言自明。①

佐久间象山说：

　　我所讲述之学问，乃得之于西洋图书。西洋学者挥笔成书，公开印行以传之于异域，毫不吝惜。可见其胸怀与知识俱广大非凡。与此相比，日本人往往仅识一二，便讳之莫深，或仅诉诸邦人。可见，日本与西洋人实在不可同日而语也。②

涩泽荣一说：

　　大凡西洋人治学兴事，不单为自身或个别人，多谋全国全洲之大益。我尤感其规模之宏大，其目光之高远也。③

人们看到了西方人治学中的这种公共精神，并对此给予充分的肯定。

　　西洋无怪异之醉徒、狂人，无往来喧哗或折取道旁草木花卉者，无公共场所中冲撞或高歌者。……戏剧、音乐、赛马等活动极为盛行，但举行此活动时，看台上一律不许吸烟饮酒。而出入口等处之把守者也颇温和礼貌。④

木村的见闻涉及西方严谨而进步的公共道德，这种道德也正是公共精神的

---

① 乙名末次忠助：《甲子夜话》第18卷，《德川文艺类聚》，东京：国书刊行会，1916年，第476~488页。
② 佐久间象山：《赠柏木生》，《象山全集》，新潟：尚文馆，1913年。
③ 涩泽荣一、杉浦霭人：《航西日记》，《涩泽荣一滞法日记》，东京：日本史籍协会，1928年，第33页。
④ 木村宗三：《明治以前旅欧状况及旅欧者感想》，《近世丛谈》，东京：丙午出版社，1921年。

一种体现。由此可见,如此富有公共精神的西方人不会缺乏爱国之心。

> 当今美国人之爱国心之炽盛实在令人惊奇。……在这次西部战争中,不仅英国人种,而且爱尔兰人种、意大利人种、法兰西人种、德意志人种、犹太人种等皆作为美国公民而倾注全部热情以爱其国家,各种人种超越种族界限而为国家奋战劳作,这是世界公认之事实。……鄙人过去曾多持自古以来大和魂独为日本所有之保守论,自信比之他国,日本人爱国之心最盛。然而,见此事实,始知所谓国魂乃为世界各国所共有,非日本之专利也。由此也始觉国人井蛙之管见之耻。①

这是作者同在美国的友人通信时,所感受到的深刻体验。关于舍己为公的公共精神并非是日本人的专利这一问题,很早以前山片蟠桃便敏锐地指出过:

> 一切西洋人皆以利为重,以邪宗为其次,轻己生命。在这里,所谓的利当然是指公共的利益。②

再者,西方还有崇尚简易的精神。这与着意于形式上的繁文缛礼的封建性日本之风有极大的不同。去过俄罗斯的日本人很早便注意到了这一点:

> 漂流民去皇官拜谒,其仪式极其简略而不造作,使人深感此与东方之风俗有极大之差异。③

村垣范正则拘泥于封建传统风习,把西方这种尚简精神解释为是因为其族缺少礼仪的结果。然而,在西园寺公望那里又做了另一种解释:

---

① 《大和魂之自我反思》,《世界的日本》第 3 卷第 30 号,东京:柏书房,1901 年。其他出版信息不详。
② 山片蟠桃:《梦之代》,《日本经济丛书》第 25 卷,东京:日本经济丛书刊行会,1915 年。
③ 大槻茂质:《环海异闻》第 10 卷,1807 年。其他出版信息不详。

我等去会见大总统，……整个过程无多余之修饰，但却显示出真诚与愉悦。美国人不用类似英国人讲求礼仪威严之做法，但仍不失为一种可嘉之爱国风尚。①

由利公正说：

我曾去大总统府参观。此宅邸虽为美国政府之所在，然而其简易程度令人惊愕。②

大鸟圭介说：

西洋人之所作所为，表面看去似乎骄恣无礼，可是若察其实质，则确俭朴真挚。节约日夜无用之费用，谋求起居之经济，虽一文钱、一页纸也不轻易抛弃。西洋之德意志、荷兰、俄罗斯等诸国中，最质朴节俭者应称美国。尤其是其田舍之风俗质朴，似日本之僻乡，但到处却不乏豪农富户。……我曾游于美国之煤矿区，也曾在矿主家留宿数日。其家属于美国中产阶级，有资产百万余元。其妻年约四十，有女儿两人。每朝妻女俱早起入厨，调理家人及仆人十数人之食饮。家中仅使用婢女一人，不问寒暑风雨，每日必完成规定之事，从不懈怠。听此言，我对其不甘劳苦之精神，不禁钦慕万分。③

另外，西方人还具有一种坚韧持久的精神。西方文化的巨大发展与历代相承就建立在这种不屈的努力之上。这一点，人们予以了极大的关注。高野长英指出：

英吉利国……人皆勇健，诸事勤奋不怠，喜好文学，研究工艺，磨炼武

---

① 西园寺公望：《欧洲纪游拔书》，1932 年。
② 三冈丈夫：《欧美视察觉书》，《由利公正传》，东京：光融馆，1916 年。
③ 大鸟圭介：《俭素论》，《东京学士会院杂志》第 4 编，东京：丸屋善七，1879 年。

术,以富民强国为专务。①

西乡隆盛说:

　　西洋人皆有耐久之天性,十年不成待百年,自身不成靠子孙,最终必定成其事。因此才有今日之兴盛。义勇昂扬虽为日本人之天性,但做事不能耐久又为日本人之通病也。②

中村敬宇说:

　　我近日又读西洋古今英杰之传记,……知其文教昌明名扬四海者,实由于其国人皆有勤奋忍耐之力。③

内田政风对西方人这种坚韧持久的精神也满口称赞:

　　西洋各国……具有勤奋耐久不为难事所阻之气质。因此,从政治始,执着探究千绪万端事物之理,长于对各种事物作专注长久之考察。……不怠于家业,致力于创造,谋社会之利之事不胜枚举。如就人之造物而言,其往往矢志不移,父辈不成由儿辈接替,儿辈不成由孙辈继续。因此,从中世纪到大开明之时代,日盛一日,竞相致力于国,积切磋琢磨之功,经几百年之冷雨寒霜,终成今日之极盛。实在可叹可羡也。④

正是由于有了这样的不懈努力,才能建成富有生命力的有机体文化:

---

① 高野长英:《梦物语》,《文明东渐史》,东京:聚芳阁,1926年,第377~387页。
② 西乡隆盛:《意见书》,《岩仓具视关系文书》第8卷,东京:日本史籍协会,1935年,第115~124页。
③ 中村敬宇:《西国立志编》第1编,《敬宇文集》第2卷,东京:吉川馆,1903年。
④ 内田政风:《明治八年意见书》,《岩仓具视关系文书》第8卷,东京:日本史籍协会,1935年,第156页。

整体智慧与东方人所谓大智虽然方向相同,但性能不同。整体智慧是以坚固基础的巨大梁柱有序构成,是以经纬大小的疏密纵横的组织构成。时以积渐之久,人以累邦之众,方能达此境界。整体智慧是地球上从古至今惟欧洲人民所特有之智慧。偶然一时一代一地所成之智与此不能相比。而且也不可与那种以一人之能合众人之智相提并论。整体智慧乃宏观思考,众智丛生,浑然一体之智也。①

这种宏大雄魄的智慧的另一面,即精微细致的一面也必须为日本人所认识:

我曾游于欧洲,颇悉其事情。所观凡百事物,可概括为二字:浩大。如市镇乡村、道路桥梁、宫殿楼阁、官府学校、祠宇教堂、幼孤哑盲癫狂疾病诸院、分析铸造金银硝瓷诸工厂、考古博物禽兽草木诸馆园、枪炮船舰海陆诸军兵具战器、火车电线邮政银行商店诸设施等,凡触目入耳者莫不使人愕然惊叹也。及退而阅考其历史学术之书则惘然若失,深不可解也。盖因其理论之艰深、其论说之详确,不啻兔丝牛尾,日本人不能甚解。因此,对此又可概以二字:精微。……精微者为本为因,浩大者为末为梁。能尽其精微,故能致其浩大也。难怪当今自学开化、口倡文明之徒,能仿其浩大而不能学其精微。由此可见,不问培根养本而焉能求结果硕大?②

这种富有生命力的有机体文化精神进一步呈现为一种进化创造精神:

中国人之开化,自唐虞以来,数千年始终如一,宛如死体一般。与此相反,白人之开化,日夜前行,须臾不休,日新月异,突飞猛进。因此,时至今日,白人意气昂扬,充塞天地,压倒其他各色人种。③

---

① 西周:《说智》,《西先生论集·偶评》,东京:土井光华,1882年,第340~398页。
② 西周:《致知启蒙》自序,《致知启蒙》第1卷,东京:瑞穗屋卯三郎,1874年,第1~4页。
③ 津田真道:《我如是观》,1876年。其他出版信息不详。

最后，西方人还具有一种自主自由精神。津田真道说：

> 人才辈出之原因不易知晓，当然也非一言所能尽也。尽管如此，畅发有专长者之才气，不压抑其自由创造力乃是其中要因。即每舒发人性之自由自主、独立不羁之天性之际，便是人才辈出之时。当今欧美人才繁盛之原因，即在于抒发人之自由天性，而非其他。亚洲之风俗乃为君主专制政治，故而束缚人民之才能。①

阪谷朗卢说：

> 欧洲文明诸国深明国家公共之理，制定上下同治之政体。于是，谄谀者无谄谀之处，卑屈者无卑屈之时。……人人勇于奋发向上，个个争相爱国为公。由此自去以往陋习，富国强兵，建功立业，尊夷之业随之穷盛也。②

政治小说《佳人之奇遇》中的主人公铁砚子也赋诗道：

> 田间老妪解自由，
> 间巷苍父说国势。
> 谁能令如此，
> 其基在法制。
> 反想日本事，
> 忧患堪歔欷。③

后来欲想建立立宪政治的愿望可以说即是从这种认识中来的。

看到诸种如此可嘉的西方道德与精神，那种视富有自由精神的西洋人为夷

---

① 津田真道：《人才论》，《明六杂志》第30号，东京：明六社，1874年。
② 阪谷朗卢：《尊王攘夷说》，《明六杂志》第43号，东京：明六社，1875年。
③ 《佳人之奇遇》。其他出版信息不详。

狄的观点,就不攻自破了。很早以前,本多利明便说过:

> 某人对我设问:如果西域皆为夷狄,则不应知圣人之道,如此又据何而治国?我答道:地球之大,拥有万国,世界之事,千端万绪。因此,圣人也非仅为东方所有,西域也应层出不穷。即使在今日乱世,也应有几位圣人。天下浩大无边,世界气象万千,非小智所能及也。①

大槻瑞卿说:

> 西洋诸国如虎狼残暴,杀戮成习,谁知竟有如此仁慈之风。实在可嘉可嘉。……呜呼,当今有鄙视外国而斥之为非类者,有称西夷为民贼者,反倒自称为仁义之士,其实,此种所谓仁者又在非类之下也。②

佐久间象山说:

> 我邦如此纲常明正之君子国,犹彼汉人以夷狄相称。而今日我邦又仿效汉人之误,一味贬斥外邦外国,将学术技巧制度文物比日本更为完备之强国,称之为戎狄夷狄,又该是如何可笑。③

岩仓具视说:

> 当今外国已非昔日之外国,倡导信义,明正礼仪。因此,我亦应以诚相待,不应存有骄慢侮辱之心。
> 凡生于宇宙之间横目竖鼻者均是人类。因此西洋红毛碧眼者也同样是人,同样有君臣之道、父子之伦、夫妇之爱。岂可以夷狄而蔑视乎?宜应以

---

① 本多利明:《西域物语》,《日本经济丛书》第12卷,东京:日本经济丛书刊行会,1915年。
② 大槻瑞卿:《远西纪略》,东京:焦阴书屋,1856年。
③ 佐久间象山:《文久二年上书》,《象山全集》下卷,新潟:尚文馆,1913年。

朋友之礼相待。①

《大隈伯昔日谭》中的一段回忆，可以说是这一时期人们思想变迁的概括：

当值此时，日本人对外国人之情感依旧，无甚变化。以为外国人皆为夷狄，近乎兽类。声称我神州男儿当不齿于与之为伍，况且洋人比我所强者，又仅在于兵制之整备与器械之巧妙而已。因而，以为若成攘夷大业，只需取彼所长，研修物理化学，铸造大炮，制造巨舰等为急务云云。……可是，等到亲身体验外国人之真挚情感，读过有关地理制度历史及其他种种洋书之后，始知外国亦有君臣、政府，其制度法律等秩序十分完备，开始觉悟到外国此类文化乃至其宗教文物等，亦应摄取以为我用。于是，以往之臆想完全破灭，知晓外国人之所长者不仅在于器械兵制也。②

综上所述，我们看到了西方文化的优秀之处在文化的各个方面都有呈现。而且，作为摄取西方文化动机的思想态度也正产生于这里。即使实际的摄取西方文化的过程，未必都是以有关各方面的思想表现为基础的，但正是这种对西方文化优秀性的全面认识，才成为摄取动机产生的根本前提。对这种优秀性的认识，客观地看来，未必都是正确的。因为在锁国时期，人们是通过零星的见闻来接触西方文化的。因此有些认识是荒杂、不充分并被夸大了的海外知识。而在幕末时期，对西方文化又是通过最初步的外交形式来接触的，所以，最初见到异国的风俗、文物时所产生的惊奇感，又使人们对西方文化优秀的一面难以做出冷静慎重的判断（即有褒有贬的如实分析）。由此可见，这种认识并非都是公正合理的判断。可是，将这种判断与那种纯粹因为固守封建习惯，而对西方文化优秀的一面不屑一顾的人相对照时，我们绝对不能否认其思想上的进步性。从今天的观点来看，前面所引的诸家言论虽说当时疏忽于对西方文化优点的全面认识，

---

① 岩仓具视：《岩仓公实记》，东京：皇后宫职，1906年。
② 大隈重信述，元城寺清编：《大隈伯昔日谭》，东京：新潮社，1914年。

但想到他们作为率先的发现者和倡导者,并且是同当时固陋的排外论苦斗的,即使是有些失当或溢美之辞,也不应一味给予指责。而且,如此注重西方文化的优点,其中自然包含着几分把西方生活全面理想化的倾向。而这一点,又恰好与那种仅仅依据儒教典籍来思考中国文化,便把现实的中国想象为圣人之国的汉学家们一样。例如,嘉永六年高村隆圆在上书中声称,看到美国军舰的蛮横行为,便怀疑那上面不该有美国政府的使节。这种被理想化了的美国观与现实发生了矛盾冲突,从中暴露出西学者认识上的破绽。辛贝尔克在《日本纪行》中便认为,与封建时代的日本相比,事实上的西方社会有更多的缺陷:

> 据说这个国家中,最底层的国民完全成了奴隶,其实这是不正确的。如此说来,比日本的庶民被更残酷榨取的欧洲的仆人和士兵,毋宁说更是奴隶了。[1]

黑斯赛尔的《日本风俗备考》中也说:

> 日本人还不知道西洋也有终生为奴的不幸者。[2]

高洛瓦尼在《日本幽囚记》中也有类似慨叹:

> 在日本,即使是怎样下贱的人也能用假名记事,……但俄罗斯的水兵,四人中便有一个人不会写字。[3]

西方人对日本的这种认识,大概也是在绚丽的近代文化的背后,令人厌恶和恐惧的黑暗面不断扩展的结果吧。人们在赞美西方文化的时候,常常回避这种

---

[1] 辛贝尔克:《日本纪行》,《异国丛书》第4卷,山田朱树译,东京:俊南社,1928年。
[2] 黑斯赛尔:《日本风俗备考》,《文明源流丛书》第3卷,山田成卿译,东京:国书刊行会,1914年,第227~426页。
[3] 高洛瓦尼:《日本幽囚记》,井上满译,东京:岩波书店,1926年。

黑暗面而不去言明。当然,我们应该看到这些西方文化的摄取论者对此未必是不知的。在与西方没有充分接触的幕末时期,对西方文化的评价还不能达到有褒有贬的程度。因为东西方文化的巨大反差使其注意力过于集中在其优秀处。然而到了明治维新以后,西方文化摄取论者在很多场合就对其黑暗面给予了充分的关注。例如对西方文化充满钦慕之情的《特命全权大使美欧回览实记》一书,便指出了议会政治的不足之处:

> 官员由公众选举而任,法律由公众通过而决。其表面似乎确实极为公正。然而其参议、众议两院议员毕竟未必都是最优秀之人才,许多远见卓识之说也未必都能感动庸人耳目。因此,异论沸起之后最终被通过之决议,常有废弃上策而取下策之事。①

连福泽谕吉这样的全面欧化论者也发出了如下的言论:

> 西洋文明虽说远远优于日本数倍,但也绝非是十全十美之文明。若统计其缺点亦不胜枚举。可见,彼之风俗皆美之说也并非可信,我之风俗皆丑之论也不可不疑。……尽管西洋文明固然可美,日日美之学之也不为过,但轻信所不应信者也实不可取。尽管彼之富强诚然可慕,然而其人民贫富不均之弊则不可仿效。虽说日本租税并非宽和,但若与英国小民被地主所虐之苦痛相比,日本农民之状况又实可庆幸。虽说西洋诸国尊重妇女之风,为人间世界之一大美德,然而亦有无赖泼妇飞扬跋扈,甚至欺侮其丈夫;不孝之女独断专行,甚至轻蔑其父母;此类丑行则决不可学。②
> 我辈虽对西洋妇女之活泼不羁之性格美慕不已,但其同时也难免有放姿专横之病。因此其极端之病亦非可取。西洋诸国女子往往轻蔑男子,其女子头脑虽颖敏但内心却污秽,不以家事为重,飘飘然好风流,此断不可为

---

① 久米邦武:《明治五年正月二十七日条》,《特命全权大使美欧回览实记》第1篇,东京:博闻社,1878年,第201~206页。
② 福泽谕吉:《劝学篇》,《福泽全集》第2卷,东京:时事新报社,1898年,第780~968页。

日本女子之模范。反对男子之跋扈却唆使女子跋扈,若最终女子归于胜利,则无异于以暴易暴耳。①

大鸟圭介在给涩泽荣一的书信中写道:

在下滞留英国前后约近一年,彼国文明开化至极为世界所知。总体似全国百事顺畅,然究其内情,恶弊之事不胜枚举。虽开化有百益无疑,随发之弊病亦着力消除,然此大抵非人力所能及,唯叹息叹息。②

古川正雄在《西行漫笔》中写道:

长居于此,会找到西洋各种弊端,有诸多不应有之事。有穷人,有乞丐,有赌徒,有小偷,有说谎者,有报虚价卖劣货者,有酒徒,有文盲……亦有无所事事之男女官吏者,有妓女,甚至据说有男女私通者。③

中井弘的《漫游记程》中记载:

经过欧洲时,漫步于繁草歌笛之地,令人眼花缭乱,不禁对其善美赞不绝口。若深思熟虑,亲自去欧洲各国内地旅行巡览,初时之繁华便如梦初醒,心中颇多感慨。

我断然曰:进行文明开化,阴险奸恶之风亦必随之增长。……伦敦每日警察局之报告中,盗窃、欺诈、奸淫、凶杀、自尽等案件百出。较日本之盗贼奸恶多出几倍。尽管其一夫一妻制极其严正,然而背地里秘密通奸、秘密约会之丑行确实盛行。蓄妾于外室,聘妓以取乐层出不穷。此皆由于其邮政传信之发达,房屋建造之方便,以致养成此隐私瞒污之习性。上面所举之

---

① 福泽谕吉:《日本妇人论》,东京:时事新报社,1930年。
② 大鸟圭介:《大隈重信关系文书》,东京:日本史籍协会,1935年,第55页。
③ 古川正雄:《西行漫笔》,1874年。其他出版信息不详。

例,并非为我以偏概全,只是欲举其弊端以解偏信文明之国无弊恶之惑也。

　　文明诸国亦依据自己与他人之便利为取舍,破坏交际之行,吞食争夺之念日益增长。与邻国兵戈相见,虚虚实实,按其精巧之操练,奉长官之命令,战斗于原野。……待两军相逢,……弹丸飞过空中,弹片散于四野,刀光剑影,黑烟阵阵,炮声动地,尸体蔽野,鲜血成河。双方尽力死战。此又为文明国之一大怪事也。①

以上诸家谈论的都是亲自旅行欧美之所见所闻,对其文化赞叹的同时而又没有忽略其实际的弊端。随着时代的发展,更进一步地对西方近代文化的时代制约性即资本主义的缺陷也有了一定的认识。植村正久依据基督教精神对西方文明做了如下批评:

　　贫富悬殊极甚,一方面如《圣经》中所见之富人奢侈骄恣,睥睨下人;一方面穷人如猿般群居,惨不忍睹,反而比日本之穷人更为贫苦。因今日之文明时代以争于利益之商贾为根本之故,所以有如此之弊。如若不加注意,日本亦将与彼相同也。②

酒井雄三郎在社会主义思潮的启迪下这样描述西方近代社会:

　　大凡各种科学之进步与器械之发达,都能极大增进近代社会之生产力。近代社会财富也因此而日增月进。这是无可怀疑之事实。实质上这也是"近代文明"所给予近代社会之宏大恩惠。然而这恩惠并未施及社会之多数人,社会所产出之财富多被少数人所享用。……生产之最大要素多数人之劳动被少数富人所压抑而不能自我发挥。……"近代文明"又能教我辈以人权平等之大义,……日本也早已体会此之大义,已于民事、刑事等方面

---

① 中井弘:《漫游记程》,东京:中井弘,1878年。
② 植村正久:《1888年7月23日从伦敦寄家书》。其他出版信息不详。

确认国人应具有人人平等之权利,即使政治上也将确定这一平等之权利而开放门户。……权利之平等似乎已在国法上确定,然而事实上之不平等却比昔日更甚。①

这是较早讨论贫富分化乃至阶级压迫问题的一篇文章。关于这一方面的问题,从极其敏感的明治中期的国粹主义阵营中也发出了警告:

我熟察欧洲今日文明之表象,确如世人所极力称赞那般,政治机构健全、教育制度完备、农工商业进步,其兴盛远非东洋诸国所能比及。然而尽管如此,当深入其内部看破其真相时,很容易看到其中隐伏的甚为可怕之祸害,其萌芽勃勃然日益增长之实况。请讨论探究西洋文明之结果,择出包藏祸害之原因,还为时未晚也。

若翻阅欧洲诸国之历史,通观古今沿革之大事,彼国一变古代之武力专政制度为今天之金钱专政制度。此种金钱专政装饰着今日欧洲全土之文明,使之包藏着更大祸根,实际上比武力专政之毒害更甚。……社会组织大体上由资本家与工人两极构成,一富一贫恰与古代之贵族与平民相似。一边是少数巨商豪农私有万贯家财,饱食暖衣,炊玉焚桂;一边是亿万贫民饥寒交迫,哀告无门。其惨状使见者为之泣下。②

另外,关于夏目漱石在西方文化摄取思想史上的作用,我们在后面将要详述,这里先引用夏目漱石在英国的几段日记,来看他如何对待西方文明:

与普鲁斯特夫人谈话,听她讲过去在社交活动中的旧事,英国人的品行不端可见一斑。究其实,比日本人还不如。

日本人动辄就称英国人如何如何,似乎认为英国人从一生下来便十分

---

① 酒井雄三郎:《社会问题与近代文明的关联》,《国民之友》第 97 号,1893 年。
② 先忧居士:《欧洲文明之结果》,《保守新论》第 10 号,1889 年。

高尚。岂不知他们大都由愚人、奸人、俗人组成。学其俗、奸、愚而扬扬自得者，世界上恐怕就只有日本人如此。①

夏目漱石的看法，大概是很有见地的一例。但是，总而言之，对西方文化的摄取运动绝不是在对西方真相毫不了解的情况下发生的。我们必须明确这一点：对西方文化的摄取与过去佛家对印度的崇拜、儒家对中国的崇拜是根本不同的（虽然有"西方文化的缺陷是其文化构造的内在本质"的观点，但这个结论已成为西方文化的拒斥论，所以与本章的论题无关）。

---

① 夏目漱石：《日记明治三十四年三月十三日条》。其他出版信息不详。

第二章
摄取西方文化的动机

摄取西方文化的动机,是在认识到西方文化优越性的前提下产生的。事实上,将西方文化移植到日本有诸多必要的动机和理由。然而,以何为动机、以何为目的来摄取西方文化呢?这可能是判断摄取西方文化历史本质的最根本问题。现在,我想借助主张摄取西方文化的各种观点,已明确揭示了的内容,来探讨一下这个问题,并将其结果分门别类整理出来。前章所引的诸文献中已有不少有关这方面的适当的资料。因此,本章引用的资料将尽可能不与前面所引文献重复。如有必要,诸位可以通过回想、复阅的方式参考前文,以弥补不足。

第一节 出自好奇的心理

任何国家、任何时代,都存在着对新奇事物憧憬、爱慕的心理。对他国物产的欲望是引起对外贸易的一个有力动机。大陆、南洋等地的珍奇原料、产品以及动植物之类的奢侈品的输入,在日本对外贸易史上所占比重很大,就是基于这个原因。摄取西方近代文化的动机,也产生于这种本能的心理。《出岛兰馆日志》中记录了在长崎奉行官邸举行的一次会见的情景:

白炮城门爆破机(炮术师拜鲁特与吾辈至江户一事,已为世人所知)及钟表,双方均未提及。据译员透露,此等物品,今已不为人所看重。珍奇之物,乃价廉物美之洋货也。①

这里所披露的情况,是当时人们向往西方文化心态的真实写照。所谓"兰癖",就是这种心理的典型表现。式亭三马的剧本《早变胸机关》中有这样一段台词:

恕我鲁莽,先生。你穿的短外套真够新奇的!啊——是白绸料子!荷兰货?怎么瞧都像是洋货。请您再靠近点。啊,奇绝!奇绝!真牢靠!海内称得上奇的,都涌进贵府了。②

由此可以窥见当时人们对"兰货"倾心至极的心态。但是,这仅仅是为了满足好奇的本能。除此之外,便没有任何有意义的、立足于现实需要的精神成分,难怪大槻磐水在《兰学阶梯》中发出哀叹:

日本对荷兰之术,慕其奇巧,效其制作,可拟制者众矣!……世有喜好荷兰者,然其多数皆为贵富骄奢之徒。若有可供观玩之器械、书画之物,皆不厌其价昂贵。欲呈华美者甚愿附庸风雅。文房所储,徒为美观之计。世风如此,凡几百年有余。及至彼世,慕此美者,尚有限欤?然,取彼之长,补吾之短者无之,悲乎哉?③

然而,即便是开国以后,人们仍然以同样的态度对待欧美文化。这一点可以从柏利的《柏利提督日本远征记》中找到佐证:

---

① 村上直次郎:《出岛兰馆日志》,东京:文明协会,1938年。
② 式亭三马:《早变胸机关》,1810年。其他出版信息不详。
③ 大槻磐水:《兰学阶梯》上卷,1912年。其他出版信息不详。

日本人屡屡乞讨纽扣。一旦得之,便忘乎所以,如获至宝,将其珍藏起来。他们对一粒纽扣竟如此艳美,推崇至极,大概是物以稀为贵之故吧?说起来真有些不可思议,纽扣既简单又便宜,可是,日本人却不用它。似乎细绳和宽带才是束紧衣服的唯一手段。①

由此可见,日本人当时的幼稚心理同最高级、最复杂的精神文化之间相去是何等遥远!箕作阮浦对这种情况也发出了无可奈何的叹息:

方今少年子弟有一种陋习,厌弃陈腐,竞趋新奇,开口辄说蒸汽船。然及询其施设之法,则惘然莫辨一二。②

这种轻薄的态度走向极端,最终导致了明治初期出现了既滑稽又盲目的欧化热。人们对当时的"开化"是这样描写的:

热心于花毡、钟表等表面的虚饰。戴尖帽名曰文明,披西服则称开化,……视粗俗为开化,穷奢极欲而称其为英吉利风尚;放荡恣睢且美其名曰法兰西美俗。开化似昙花一现,不知其真髓。然口中尚念念有词曰:"开化、开化……"③

《安愚乐锅》的主人公也说过:"老夫已老,习文亦欲读些翻译之物。真乃无西洋则无文明也。"这可以说是当时情况的典型报道。到了明治中期,一部分知识分子敏锐地感到了无批判地憧憬西方的现象日益严重,于是发出了"反省"的呐喊。二叶亭四迷就是其中的代表人物之一。他借作品中平凡的主人公之口,对现实进行了辛辣地讽刺:"靠似懂非懂的语言能力,一目十行翻阅难解的外国书物。读罢,幼稚的脑袋唯觉其有趣。……仿佛外国小说字里行间,浮现出人生

---

① 柏利:《柏利提督日本远征记》,铃木周作译,东京:大同馆,1912年。
② 箕作阮浦:《蒸汽船说略》序,《箕作阮浦先生诗文》,吴秀三译,1917年。
③ 假名垣鲁文:《安愚乐锅》2编下,东京:诚至堂,1872年。

的真相,而且以为西洋诗人皆胜于东洋诗人之上。"这种态度的存在也是引发反对摄取西方文化的一个原因。然而,仍难否定它对摄取西方文化起到的重要作用。尽管如此,我们必须清楚:它绝不是全部动机。如果我们认为摄取西方文化只缘于这一动机,并以这一判断为前提,对摄取西方文化加以批判的话,将是非常严重的错误。摄取西方文化的本质并非如此单纯,这将在下节中做进一步的论证。

第二节　保障国家独立的现实需要

一、直接的技术上的需要

如果按照时间顺序来说,摄取西方文化首先摄取的应该是医学、天文历法。然而,从大局上观察从江户后期到明治时代摄取西方文化的大的时代潮流,可发现最强烈的摄取动机是为保全国家独立的现实需要。如果不摄取西方文化,在西方列强政治、经济势力东渐的情况下,日本就会失去独立存在的权利。安政四年黑田齐溥在上书中痛陈道:

迄今为止,心中不挂异国之辈,皆为昔时漫蕃夷夷狄者,十中可有七八?又颂古之旧习,可信服者非少。世界之情态,当时蕃夷夷狄者做难之事荡然不存,唯自谢神国而视异国如猫犬者众。……然,世界之仪不可见通者有之。方今四面,异国军械排山倒海,日本武器不可与之对垒,此乃实情也。然,不识此时务者俯拾皆是。①

---

① 东京大学史料编纂所:《补遗》,《大日本古文书:幕末外国关系文书》第18卷,东京:东京大学出版会,1910年,第516页。

正是这样,西方已不是攘夷论者所想象的夷狄了,而是难以抗衡的强国。想击败他们,谈何容易?这一点在元治元年上演的戏剧《开席料理三者论》中也有所表现:

> 昔是昔,今是今,人亦变,地亦换,世界已打开。夷狄亦非昔日之夷狄,唐亦非昔日之唐。日本亦异于昔日之日本。神风魔鬼,老幼皆知之世。若欲倡攘夷之论,第一,须博取六十余州之众望,整备器械,观兵粮足否,查诸国海岸之守备及运输之便利可否,修整街道。如是,则可誉为贤明先生。然,枕不前移,目不远视,一味因循,纸上谈兵,不腻味乎?君且豪言壮语曰:"一对一,舍命搏洋人。"夫此言不足畏也。①

松本顺在《兰畴》中是这样描述自己接受近藤勇来访情况的:

> 余答(藤勇)曰:"……西方诸国专以兵戎角逐霸主之尊。故,天文地理、化学之功用无所不至。尤其军舰之坚,大炮射程之远,皆依此等。为便利器械运用,日日改良其制作,严格海军之纪律,无一年不与别国交战。然西洋者,其中大者四五国,小者六七国,皆境界毗邻,时而交战。故制作利器,练强兵,十二三国相交,遂可伺机侵略印度,为寇于支那。如此之事,已数十年矣。……然汽轮船发明之时,恰逢余十二岁。据闻,荷兰国王馈幕府此物。今君不耻下问,余将尽教之于君。"遂出地图、战图、器械之性能图,娓娓说与其听。时而释疑,时而令其阅读。至其明白全部乃止。彼大悦,顿首曰:"承蒙先生教诲,余多年之疑念,今一朝皆烟消云散!今日久劳先生,容他日更不吝赐教!"言毕,乃去。②

由此看来,即便是攘夷论者,如果不学习近代西方的精锐兵技,也不得不承

---

① 《开席料理三者论》,《旧幕府》第3卷第5号。其他出版信息不详。
② 松本顺:《兰畴》,《明治文化全集》第27卷,东京:日本评论社,1930年。

认自己的无能。会泽正志在《新论》中指出:

> 水操之战,巨舰之制,皆海国之先务,不可不及间暇而审议之也。……火器亦虏之长技,非我所持以制虏者也。然大炮之用,所以摧坚,在于攻城守城,必不可厌。而水战者,以巨舰相当,犹两垒相抵,则大炮之制不得不精。①

《枪术问答》中有这么一段话:

> 御国武士重廉耻,有义勇气象。然今日值专行枪炮之时,唯恃廉耻之勇,徒手空举,挺身突向持枪刀之夷狄,实乃愚蛮之至。故欲敌彼之炮击,我亦须振炮迎之……②

这说明虽为攘夷论者,也不得不例外地研究输入进来的西方兵术。像水户齐昭这样的人,松平庆永在《闲窗秉笔》中也说他:"水户烈公如众人皆知,乃首倡尊王攘夷论者中最魁者。吾拜谒烈公之时,公曰:'位居公卿之尊,鄙人专事主张尊王攘夷。然熟虑方今日本之景况,攘夷一事,尚无十全之望……不可妄动也。'初去时,吾知其攘夷主张甚于世人,今见其更无变化。"③在《两窗闲话稿》中也有类似的记载:"某日,余拜谒烈公。越前殿下问公曰:'日后作何打算?尊王乃自古之规,然攘夷之事何如?'余思忖今日之况良久,对曰:'日后攘夷尚无十全之望,公与余之思同然。……攘夷之事,实无良策。第一,外国之大小炮、军备十分完善,且外国皆非似日本小国。以昔日武田流不切实际之军备,无可为战争之事。较之此举,开港与外国更举贸易,方为上策。余之愚思如是。然余身为众

---

① 会泽正志:《新论》,《大日本思想全集》第 17 卷,东京:大日本思想全集刊行会,1932 年,第 393~435 页。
② 涩泽荣一编:《枪术问答》,《德川庆喜公传》附录 1 第 5 卷,京都:龙门社,1930 年,第 114~129 页。
③ 松平庆永(春岳):《闲窗秉笔》,《松平春岳全集》,东京:三秀舍,1939 年。

所周知之攘夷家,今决无反顾之理.'"①可见其内心很清楚攘夷在技术上是不可能的。正如柏利乘船来日本时,在《柏利提督日本远征记》中所说的那样:

> 日本官员在我再次乘船来日本之际,兴味盎然地检查我兵器,观看大炮操作、炮弹装填法及其他有关军律、军事上的实际操作演习,屡屡露出艳羡之色。其好奇心毋庸置言,已觉察到他们自己的最大弱点。②

所以,基于取洋人之长以制洋人的动机,兵器便成为人们特别关心的对象。当(幕府)向下属咨询柏利来日本的对策时,林大学头家塾长河田兴回答说:

> 唯有一策,除造西洋式军舰、蒸汽船外,别无他计。③

旗本向山源太夫说:

> 与异国争斗,要在水战。水战之际,若无一流西洋制军舰数百艘,吾将苦矣……舍坚牢之军舰……与异邦交战,乃临阵废铁炮而用弓矢也。
> 攻城不以大炮而克之,古之制敌术。西洋之城不用石垒,乃军备足之故。是故,城制不施改革,无以成事。④

河田兴补充说:

---

① 松平庆永(春岳):《两窗闲话稿》。其他出版信息不详。
② 柏利:《柏利提督日本远征记》,铃木周作译,东京:大同馆,1912年。
③ 东京大学史料编纂所:《嘉永六年六月上书》,《大日本古文书:幕末外国关系文书》第1卷,东京:东京大学出版会,1910年,第464页。
④ 东京大学史料编纂所:《嘉永六年六月上书》,《大日本古文书:幕末外国关系文书》第1卷,东京:东京大学出版会,1910年,第384页。

御西洋之敌，当从其便，效西洋之器械方术。以其人之道还制其人之身。①

浪人儒者铃木德之助也上书陈述：

方今四海之内，不改从来兵制者，唯日本、唐国及朝鲜、琉球矣！……犹不更古来之兵制，吾国尚不惊乎?!……大炮来击，吾国无以御之，纵兵士勇甚，亦无奈他人枪刀何。接战必失利矣……或摹仿彼等，以火炮军舰，变华为夷，孰言此非神州之转机？此为教法与器用混为一体。器用之类，乃远夷舶来品，日本用之非少，古来之枪器亦受之于远夷，奈何今日独惧火攻之兵制？②

吉田松阴说：

与洋夷交战……何道之有？非大炮小枪西洋之法，不可言胜。③

《纪州和歌山议定书》中所说的"虽言洋人之陋习，然于战场之便，非彼等莫属"④主张也立足于同样的见解。高杉晋作也曾明确表示：反对这种见解，只能陷入不知战争实际的空洞理论中去。他在《兵法问答书》中说了一段耐人寻味的话：

---

① 东京大学史料编纂所：《嘉永六年七月上书》，《大日本古文书：幕末外国关系文书》第1卷，东京：东京大学出版会，1910年，第827页。
② 东京大学史料编纂所：《嘉永六年七月上书》，《大日本古文书：幕末外国关系文书》第1卷，东京：东京大学出版会，1910年，第846~847页。
③ 东京大学史料编纂所：《嘉永六年八月十五日予梅太郎书信》，《大日本古文书：幕末外国关系文书》第1卷，东京：东京大学出版会，1910年。
④ 明治文化研究会编：《纪州和歌山议定书》，《幕末明治新闻全集》第3卷，大阪：大诚堂，1934年。其他出版信息不详。

夷变以来,天下纷纷论及用兵之事,崇西洋铁炮者欲废本邦之血战术;崇本邦血战术者则欲攘夷。相互难辩,各执着一偏。是乃以太平之心观乱世之故也。乱世之秋,若兵器之于武士重要者无之。此器既良,宜一统直行,无须异议……枪、铁炮虽为外国之器,若用之可胜,须直行天下。废古来之兵器,无一人存异议,乃世人之利害及于己之故。铁炮传来我邦前夕,本邦正值亘古未有之太平盛世,火矢、花火之术,乃打鸟兽之玩物,尚不知铁炮之实用。西洋以列国战争为能事,其术日益昭彰。战争之器不过尔尔。然,无此用器,太平之人心皆将无以安宁,种种难病亦必生无疑矣! ……若用此器,其枪队之法安能不变? 变,乃自然之势也。①

明治二年,松浦藩将兵制改编为洋式,并发出了"今般时机不得再失,鉴于此,拟采用洋式军制"②的布告。同年颁布的大学校规中又规定:"兵学如医学,乃国之兴废,民之生死干系之所在。于政务尤为重要。虽为外国之物亦宜博采其长为我所有。此乃顺理成章之理也。"③

这都说明了一个问题:摄取"洋法"是受严酷的现实所迫才决定的。明治十一年的《文明田舍问答》对这样的情况也做了清楚的说明:

嗟夫! 试思之:他人如以六尺木棒向我击来,而我仅以扇柄相迎,则虽为神奇高明者亦将必败无疑。故此时我方亦须以棒相迎。洋枪、洋炮与弊旧之和枪相比,实如六尺木棒与扇子之比也。方今世界各国,兴民权、立宪法、倡独立之势,战阵之中火器完备。我若不立宪法取用"队阵火术",则难与列强各国相抗衡,不可奠定不屈他国之基础。如此这般。我人须以国事为家事,献计献策,做种种尝试。④

---

① 高杉晋作:《兵法问答书》,《东行先生遗文》,东京:民友社,1916 年,第 19~24 页。
② 松浦伯爵家编修所:《松浦诠伯传》第 1 卷,东京:松浦伯爵家编修所,1930 年。
③ 松浦伯爵家编修所:《松浦诠伯传》第 1 卷,东京:松浦伯爵家编修所,1930 年。
④ 松田敏足:《文明田舍问答》,大阪:松田敏足,1878 年。

应该特书一笔的是，被这种现实需要逼迫而产生的摄取西方文化的潮流，对直接关系到军人仪表的服装也提出了采用西服的要求：

> 最近，制度局局长江藤新平与陆军大臣山田市之允，就制服事宜，展开争论。江藤说，西服上不宜用于日本。而山田说，文官穿什么服装都可以，但武官必须穿西装。山田是位武官，凭他的实践经验，觉得西式军服更加便利。①

乍看上去，与军队似乎不太有缘的数学、音乐、绘画等西方学问艺术也因这种见解被摄取了进来。其实，采用西方数学始于安政二年创建的海军教习所。关于正式学习西洋画，在古贺谨一郎的《伺书》中，有这样的叙述：

> 本邦与唐之画学，以气为主，毕竟玩物而已。西洋画以实用为主，于彼国学校，乃独成一科，决非一端之艺。以测量画为首，诸类画艺，悉有法则。其他写实之法，乃成物产学之阶梯，又为物理之启蒙，又为兵学之目的，又为造船学之规则。……故画学、物理学乃诸学之阶梯。幼年入学即学此两科，前途可观。②

基于这种意旨，西洋画被视为兵技的一部分而加入蕃书调所学科的行列。进入明治时代，法国人阿拜鲁伽利诺作为陆军省雇员，任教于士官学校，教授美术。小山正太郎、河北道介等人在同校作为美术教授也求学于他。明治十七年，本多锦吉郎就任该校美术教官，如此等等，都说明初期的西洋画画家，多数与军事教育关系密切。西方音乐在日本的兴起，滥觞于被视为调练洋式军队之一部分的鼓笛乐的输入。后来，有人提出这样的意见：

---

① 佐佐木高行:《佐佐木高行日记》。其他出版信息不详。
② 古贺谨一郎:《伺书》,《帝国学士院纪事》第2卷第3号，东京:帝国学士院。其他出版信息不详。

瓷器、漆器、绘画、雕刻皆带日本特有之风韵，日本故有之气象。此足以博得外人称颂。……保存乎？抑或助长乎？然内乱外患，此起彼伏。国家正值集全体国民意志于一体以奋力迎击敌人之秋，唯三十一字和歌可调理国家秩序乎？以丝线可连结民心乎？为如此易事所迷惑者，日本国中，岂止一人哉？①

作者论及文艺革新，其用心所在是极力主张阻止上述思潮的泛滥。

幕府后期，花费心血最多的一大文化事业，即是蕃书调所。其机能是专门充实直接需求的技术的教育机关。这以无可辩驳的事实表明：幕末以来摄取西方文化最重要的动机便缘于此。摄取西方文化，就是这样迫在眉睫而没有犹豫的余地的。仅此一点即可说明，那种认为摄取西方文化单单是"崇洋媚外热"的观点是错误的。

二、为求得更广阔的文化基础

鉴于上述动机，摄取西方文化便被提到议事日程上来了。所以为了直接满足这种需要，技术条件的确立成了当务之急。有人也曾主张应加强这方面的摄取。再进一步想来，如果日本要想真正独立于西方诸国之外，就必须具备能保全自立的基础条件。现代化的国家机构、产业结构，乃至支撑现代化的精神的树立，都必不可少。我们必须认识到，没有这些基础的东西，日本就不可能最终跻身于欧美列强之列。因此，摄取西方文化的要求，不仅要不局限于技术范围，它必然还要扩大到政治、经济、文化等一系列领域。福泽谕吉在《世界国尽》中曾指出，西方富强之本，在于知识教育的普及。他说：

富国强兵天下第一，可谓文明开化之中心目的。然此种目的不仅止于名而须务实也。其实者，人教至，德谊修，智开明，文学艺术各尽其美，城乡

---

① 菊本熊太郎：《国粹主义之依据》，《日本人》第16号，1889年。

无别,诸方建学问之所几千万而不知其数。安彼产业,兴彼商卖,军备整、武器足是也。寻其夸耀于世界太平之源,乃务本学问枝头所开之花。观其花,勿要美之。无本之枝,花将何附?①

在明治七年的《富山县学务系说谕二则》中有这样一段话:

西洋人亦非神佛,唯学问、知识开通颇多而已。便利之事,覆以巧思。如是,遂繁盛也。②

森有礼在关于教育的意见书中,也有同样的见解:

日本中古以来,以文武为业,躬任国事,乃士族之专利。然及至今日,主持开进运动者仅止于国民之一部分,其他多数人民则茫然不解何为立国。环顾异邦,欧美人民,无上下男女之别,举国之民咸存爱国之精神,勠力团结,同心同德,孰可解之?故屡冒大险,屡忍大难。可与争夺之间,维持国立。其众者,乃毕其功于国民之教化。教化所至,金石为开,国民之品性可得陶冶,国家遂可立也。③

田中不二麻吕也曾明确指出,教育的效果是决定国家命运的根本要素。他说:

吾曾以理事官之身份远航欧洲。……劈头给吾之一大刺激物,乃普、法胜败之旧迹也。吾便调查法国之教育,又入普鲁士王国。普国村落儿童,皆可知字、读书,颇知建国历史之要领,尤富忠爱之情,通晓邻国地理、语言,其用心周到也。宜哉? 一旦和议破裂,百万貔貅立地,执枪提剑,突进奋斗,乘

---

① 福泽谕吉:《世界国尽》,东京:庆应义塾,1869 年。
② 《新闻杂志》第 236 号。其他出版信息不详。
③ 森有礼:《森先生传》,东京:金港堂书籍,1899 年。

破竹之势,若横行于无人之地。是故,其胜败之数,非等刀枪相接而已知矣。其威名振八纮,功名垂千古,不可谓之偶然。概言之,国运之消长,非国民教育之结果莫属也。①

关于其他种种文化领域也有类似的见解出台。久坂玄端在给吉田松阴的书信中就有关于社会福利、保健设施的论述。他说:

仆近观记西洋事诸书,见上自城下都邑,下至芸芸众村落,必建医院、慈善所、孤儿院等,以笼络人心。故我若不使人心合一,断不可于巨舰大炮之中幸得全胜。②

加藤弘之就立宪政体曾发表了如下意见:

诚欲兴复武备,勇悍士气,唯制造枪炮船舰等,操练教阅等,尔后可及也。……不可言此等事为甚小之事,而以整顿武备为根本也。……初始,若不求其精神,唯摹其外形,则何益皆无。若官武备之精神……此亦甚奇。然所谓人和之外,决无一物可出于武备之精神,……得人和而仁政施矣,……唯言改革当时之政体,立一种之政体。……曾闻西洋人曰:清朝之政事,朝廷欲专取大权之故,上下志情离异,朝廷反而无实权。西洋各国非朝廷一手独揽大权,而与下民共掌之。故上下志情和睦,大权实落于朝廷。是可谓之确论也。……立上下分权之政体,设公会以施公明正大之政治,……武备之精神咸具,故炮枪船舰始为真物,操练教阅也始为实用矣。故虽有外患内贼,决不足为患,亦无须疑惧国家永久太平,王室永久安全。(文中提及的

---

① 田中不二麻吕:《教育琐谈》,《开国五十年史》上卷,东京:开国五十年史发行所,1908年,第703~748页。
② 吉田松阴:《安政六年九月予入江杉藏书信》,《吉田松阴全集》第6卷,东京:岩波书店,1936年,第387~389页。

清朝隐喻日本)①

他们都从各自的立场,沥陈保全国家存在的基础事业的重要性。诸如立宪政体的主张也并非是基于扩张民权的思想而提出的。从上边所述和下边即将谈到的观点我们可以了解到,他们旨在说明立宪政体作为国家基础的确立手段有移植的必要(民权的伸张,其最终目的还是为了国家的确立、巩固)。

> 立上下国治之制,人各应知己之权限,尽其责。……西洋之强盛诸国,除施政官以外,必设上下议院,亦此故也。……速设下议院,集全国之代议士,代人民而议事。若施上下同治之制,则全国之基础立,先般诸变政之实效,必显彰也。②
>
> 今既入开化之秋,自火车、火船至诸如电机、汽灯等工艺之末,殆与欧洲、美洲诸国并驾齐驱之势也。独裁之政体,溯其本尚无确定之法度。是乃有志者深虑之处。夫政体制者,本也;工艺者,末也。舍本而求末,恐非得计者也。今日之要务,乃无确定之政体。然欲确定政体,须先设置民选议院。③

然而当时独具慧眼的人们已经看破,国家地位的确立不能离开人民意志的畅达和生活的安定。毋庸置疑,产业经济同政治一齐都是达到这种目的的直接动力。明治六年,井上省三在德意志发表意见,沥陈学习近代西方高度的生产组织的重要性。他说:

> 希冀我朝可与欧美二洲相比肩。诚然我朝中三尺之童皆可口诵文明开化、富国强兵之语。然寻欧洲文明开化之实结于何树之上者甚少,……省之

---

① 加藤弘之:《邻艸》,1870年。其他出版信息不详。
② 尾佐竹猛:《日本宪政史大纲》,东京:日本评论社,1939年,第288页。
③ 西村茂树:《泊翁丛书》,东京:博文馆,1912年。

今尚未娴熟西蕃之事，仅略读一二史书及地理志，察阅西蕃诸国今日文明开化、富国强兵之全部方略，即知其实结于诸工百技、海陆之商市贸易之树。……夫富国强兵，施教于国，必先授产业与民，制诸种物业，输之于外国，输入日本缺乏之物品。以海外之巨金，奠日本内之基。①

井上省三基于这种思考，后来毅然放弃了当时的留学初衷——研究兵学，而改学纺织制造技术。正如岩仓具视在《反对征韩论》中指出的那样：

今日本有文明进步之名，尚无富强之实。须尽力充备之。不可毕其功于旦暮。据实践之经历，察欧美各国形势之大要，若国势民力政教治务其根底深邃，枝叶亦必自茂。天下之事，皆由此理。故我政治之急务，唯须致力于此，留意于此，奋力从事。区区旨趣，敢奏陛下。②

我们必须明白，"根底"不固而求"枝叶"繁茂，实在是本末倒置。这个道理也适用于诸如艺术、道德等看上去似乎于国防风马牛不相及的纯精神文化活动。因而导致了西洋化、现代化不是像前面所说的那样是作为"兵技之一部分"，而是作为在其自身意义范围内的、巩固国力基础的一个要素被列入摄取之列。正如正冈子规所强调的那样：

以从来之和歌为日本文学之基础、城壁，犹如以弓矢刀枪而趋战争。此非明治时代该行之事。今日购军舰大炮，巨额金钱付与外国，毕竟为强固日本国力之为。故亦须以少许金额购得应购之外国文学思想，以坚固日本文学之城壁。③

中村敬宇也说道：

---

① 井上省三纪念事业委员会：《井上省三传》，东京：井上省三纪念事业委员会，1938年。
② 岩仓具视：《反对征韩论》，《岩仓公实记》下卷，东京：皇后宫职，1906年。
③ 正冈子规：《竹里歌话：正冈子规歌论集》，东京：ARS，1922年，第62页。

余译此书,客有过而问者,曰:子何不译兵书? 余答曰:子谓兵强则可以治国安平乎? 且谓西洋之强由于兵乎? 非然也。夫西国之强由于人民笃信天道,由于人民有自由之权,由于政宽法公……斯迈尔斯曰,国之强弱在于人民之品行。①

出于同一立场,他驳斥了佐久间象山的"东洋道德西洋艺术"之说。他说:

西洋器术之精,实与道德相为表里,以道势分贴东西,恐未确。②

接着他又提出了吸收基督教的主张。他指出:

惊西船炮之精巧,则试而用之;喜火车、电信之风速,则试而用之,……顾及其精神,则殆如胡越之不相知矣。……陛下亦知西国之所以富强乎? 夫富强之源由于其国多仁人勇士。仁人勇士之所以多出者,莫非由于教法之信心、望心、爱心者……至于妙绝之技艺、精巧之器械,有创造者、有修改者。其勤勉忍耐之大势力,莫一不根由于教法之信、望、爱三德者。盖今日西国之景象,不过教法之华叶外茂者。而教法者,实为西国之根本内因。贵国喜其枝叶之美,……而遗其所由之根本,岂不惑哉? ……陛下如不除西教之禁,则贵国虽汲汲学欧人之治化、技艺,而绝不能近于真正欧洲之治化。③

新岛襄也赞同中村敬宇的上述观点,他认为吸收西方文化,如果剔除基督教,那将是毫无意义的。他说:

今日我邦正值输入欧美文化之际,独输入物质上之文明、理论上文明及

---

① 中村敬宇:《西国立志编》第 1 编序,《敬宇文集》第 2 卷,东京:吉川弘文馆,1903 年,第 92 页。
② 中村敬宇:《象山先生诗抄评言》。其他出版信息不详。
③ 中村敬宇:《拟泰西人上书》,《敬宇文集》第 1 卷,东京:吉川弘文馆,1903 年,第 70 页。

衣食住、铁道、蒸汽船、法律、制度、文学、科学等思想。然而,其文明之根本概要,则仿佛尚无着手之处。……以余之见,虽言欧洲文明繁多,然概而言之,乃基督教之文明也。基督教之主义,恰如血液,注入万事万物。但于我邦,唯取其外形之文明而不取其文明之本,如取其皮肉而遗其血液者也。①

他后来真的皈依了教门,成为日本基督教的先达。很清楚,即使我们不信仰基督教,但是由于它本身就被置于西方文化的构架之内,所以也必须认识到它与物质文化不可分割的关系。它实际上起了一半的作用。在日本也确实有人曾主张设立能与基督教相匹敌的精神学问。西村茂树就是其中的代表人物。他说过:

夫学问之中,讲有形之理者有之,无形之理者有之。两者相备方可言学问之体用双全。……言及西国学问有形之理,世人皆知其长处,长处非有形之理所独有,无形之理亦有之。神学、哲学二者是也。……本邦之大学,设立之日尚浅,学科尚未完全。然若尽力为之,则可日臻完善。此乃吾辈希冀之所在。②

他主张"须合支那儒学与西国哲学为一体""设置圣学一科"。究竟基督教是否近代文化的精神支柱,还不得而知。但是不管怎么说,摄取西方文化,以资国家基础的确立,不仅仅是摄取其有形的文化,学习其潜藏在深处的无形的精神文化也不容忽视,否则,就会犯大错误。福泽谕吉曾说过:

西洋各国,界境相接,其志趣却并非相同。何况东西远隔亚细亚诸邦,不可尽效西洋文明之风。效之乃称文明,不可也。譬如,我邦方今盛行西洋风格之衣食住,人民皆视其为文明特征,逢断发之男,乃称之为文明之人;见

---

① 新岛襄:《设立同志社大学大要意》,《国民之友》第 34 号,1888 年 11 月。
② 西村茂树:《泊翁丛书》第 2 辑,东京:博文馆,1912 年。

食肉者,乃呼其为开化者。此大谬矣!或于日本之都府,摹制石室、铁桥,或支那急欲改革兵制,效西洋之风,造巨舰、买大炮,不视国内实情,漫费财用之类,皆吾辈平常疾恨之处。如此之物,可以人力制之,可投钱买之。……人若唯论文明之外而舍弃文明之精神,乃如无用之学。……学若博览世界史类,比较亚细亚、欧洲二洲,……寻此二洲互为悬隔之处,必可见一无形之物存在其间,……即文明之精神也。……今吾辈视欧洲之文明为目的,乃日本不备此文明之精神而欲求诸彼之意趣也。①

德富苏峰也说:

盖以皮相之目一瞥泰西自治社会,未必见其可爱。于泰西世界,各人饱运则争其权理,竞其智巧。观此光景,恰如优胜劣汰之活战场,……彼柔面软肠者视之,则手颤目眩也。……识之哉?泰西之文明,表里之差有之。不识之哉!彼论者所察之处皆止于表面也。……试想之,奈何于一方生出利己之怪兽波拿巴,另一方则生出欲安坐贫者之棺的下葬者路威库特尔?……一言以蔽之,泰西文明,于一方鄙俗,于他方风流,……于一方为肉体之世界,于他方乃灵魂之世界。于一方为智力世界,于他方则为道德世界也。盖泰西之文明,之所以杰出千古,乃具此表里性质之故也。……故曰,若欲于我邦扶泰西之文明,须识破其真面目。识破其真面目,必先注目于其精神文明。此二文明者,或相矛盾、相对立之皮相有之。然其实,彼等如阴阳电气,有亲密吸引之关系。彼之物质文明,乃精神文明之反射而已。……嗟乎!我党之好青年、好男儿,若卿已踏一步,涉入泰西之自治社会,余愿卿再踏一步,涉入泰西之道德社会。若企冀物质之文明,望卿更举慧目,瞩其精神文明!②

---

① 福泽谕吉:《文明论之概略》第2章,东京:岩波书店,1931年,第21~44页。
② 德富苏峰:《新日本青年》,东京:民友社,1901年。

以上两种见解,恐怕是最清醒的认识体现。能够做这样分析的人,在当时的日本是不多见的。内村鑑三也曾就此发表过意见。他说:

> 所谓精神,并非唯以悲歌慷慨、豪言壮语动吾人感情之物。……是故,若学理般攻究物理学,亦精神之属;精密正直探究动植物之特征,亦精神之属;学历史、重事实,亦精神之属。……弗哈拉底之理(化)学,亦精神之属;利泰尔之地理学亦精神之属;阿加西之动物学,亦精神之属也。①

由此可见,视西方文化为非精神文化是错误的。而且,与其说西方文化的精髓表现为一个具体的意象,毋宁说它隐藏在其背后的"文明的精神"之中。尤其是独立自主的精神,可以说是支撑西方文化真正的"脊梁骨"。福泽谕吉还曾说过:

> 抑或亦为开明文化之国。然未必被其教化而自然无厚薄之差别也。于俄罗斯及日耳曼之某处,缙绅贵族,穷奢极欲,而小民窘于苛政、无知无识,终生不得自由者众。于美利坚合众国则不然,法立而权治,国民受同样教化,得同样自由,多为善者多幸,多修德者身安。如此方可称为开化文明之真境。②

岩仓大使一行在观摩维也纳万国博览会后,也曾撰文叙述了他们的感想:

> 欧洲文明源于此改革(立宪运动)之深浅。其精华发而为工艺之产物,利源滚滚而涌出。……国民自主之生理,大亦不足畏,小亦不可侮。……观瑞士之物品,民之自主遂成,各蕴蓄良宝,大国亦为之感动。虽普鲁士大卢森堡小,工艺之上互不相让。虽俄罗斯大,亦非可与此等同列。观奥匈帝国

---

① 内村鑑三:《论精神的教育》,《国民之友》第 245 号。其他出版信息不详。
② 福泽谕吉:《掌中万国一览》,《福泽全集》第 2 卷,东京:时事新报社,1898 年,第 523~564 页。

之列品,仅勉强可入列文明之国。非他也,乃人民缺乏自主精神所致。噫!此等竞争,乃太平之战争。若言开明之世,孰为最要务之事,非此莫属也。①

冈本健三郎也连篇累牍地发过如下议论:

君不见欧美自主、自由、独立不羁、堂堂扬扬之气象乎?……欧美人民……视其国若家、视其君主若己身。……今亦诚然,人人之气风旺盛,心志高大,能视其国家之失如一身之失,视国家之耻如己之莫大之耻。如是,其国家安得不昌盛富强,蒸蒸日上乎?今日试回首日本景况,果有可庆之事欤?……吾等切惧。……四民相共沦丧,日复一日,甘为彼之奴隶,自陷于奴隶之形况,竟举四百余州、多如牛毛之人民于饮泣呻吟之境。……然奈之何?唯吾辈答曰,先变通吾之制度如欧美文明诸国,举我一般人民之地位,图谋造就吾之新民。②

中村敬宇又说:

与其改我政体,不若变我人民性质。去其旧习以趋善,日日渐新,又日日企望得以更新。今民选议院之仪已宣泄于世,此乃吉兆,当庆之。盖兴此议院后,日本国乃为人民总体所有,为之守护。人民皆须有此心机,一改依赖政府有司之心。若是,自不待言,民选议院即可助民心一新。然此中尚有一须瞩目之处:今人民尚为固有之人民,则虽创立民选议院,且分得几分政权,亦不可使原来之政事于形体上更新稍许,更不可达既定之效果也。③

《国民之友》记者也指出:

---

① 久米邦武:《明治六年四月十九日条》,《特命全权大使美欧回览实记》第4篇,东京:博闻社,1878年,第149~150页。
② 冈本健三郎:《民选议院辩》,《民选议院论纲》,东京:山城屋政吉,1875年,第52~71页。
③ 中村敬宇:《论改造人民的性质》,《敬语中村先生演说集》,东京:松井忠兵卫,1888年,第22~23页。

吾人尽察欧洲现今之诸盛运，其因甚多。希腊之学问、罗马之政法、日耳曼人之自由、基督教之人情，如斯者互相紧密结合、互相拥抱，遂凝然，巍然不可动也。遂陶冶出五色灿烂之十九世纪文明！进而观之，彼之所谓法规刑典，皆为如是国家之要具——生存与发达之需也。要言之，欧洲人士唯有爱护人权之一念。"杀一无辜可得天下而不为也"，此乃东洋圣人训诫也。安得欧洲人以此主义适用于法规刑典？以此主义为本尊，图谋国民之发达、社会之进步？……故欧洲人言依赖法规刑典，仅为表面现象。其实吾人不可不知其根底有包容伟大真理之物！何也？欧洲人爱护人权之念是也！……于是，立宪改体、代议政治、地方自治，其化而成法者，皆实行公议舆论之机关。且公议舆论之谓者，实出于国民之爱护人权之念。大而视之，乃为爱国心、公共心，小而视之，乃民权说，……平民之社会论也。从此就千百问题发表千百之意见，不期而发全部之意见、感情，方可使之成为一绝大无形之势力也。①

井上哲次郎说：

西洋各国共有自主独立之精神，各以自己国土为中心，主张其权力，断行所谓国家主义。故绝非仅模拟他国，亦绝非勉强与他国同化也。……若欲学习西洋之文明，须学西洋自主独立之精神。取西洋外部文明，乃华而不实也。②

以上种种议论都以"面对外国，欲守日本，须使自主独立风气充满全国，使国中人民无贵贱上下之别，皆以国事为己任，智者、愚者、盲者、目聪者各尽其能"③为理想。这种理想正表现出为了真正保全国家独立的基础，将西方独立自

---

① 《读机外剑客的〈国家的前途〉》，《国民之友》第151号。其他出版信息不详。
② 井上哲次郎：《助长进取气象的主义》，《日本主义》第10号。其他出版信息不详。
③ 福泽谕吉：《劝学篇》，《福泽全集》第2卷，东京：时事新报社，1898年，第780~968页。

主的精神注入日本国民中的重要性。福泽谕吉所推崇的彻底的"西洋主义目的",实际上也就是"保全我日本国的独立"①,他还充满信心地说:"西洋文明乃巩固日本国体、增我皇统之独一无二之物,须取之,何必踌躇?"②他的这种见解,较之"西洋文化无用"的观点,可以说是摄取西方文化过程中的一大思想进步。前面论及的单纯为了国防而吸收西方文化的观点,主要是幕府时代的产物。与此相对,以上这些观点,多为明治以后的思想。这点恰好说明了本书本节欲解释的内容。相比之下,基于儒家立场的摄取西方文化的观点,甚至连倾向于盲目迎取西方文化的观点都显得苍白无力,不彻底。他们只考虑怎么利用外来文化的成果,而不触及其实质根源。平田笃胤对此进行了严厉的批判。他说:

> 诸外国早已发明创见种种事物。而于日本尚不知其用何在!外国人送来可为我所用之物品多如牛毛,然高枕以待、拱手观之者俯拾皆是。视人民流血流汗所制之物若天外荡来之物。不知学其外国何物,亦不知外国渗来何物,于日本何用之有。实令人痛心。此种人等,不只为儒者,初时热心于"兰学"之辈亦然。甚令人作呕!③

总之,无数事实说明,基于国家当前现实的需要,来摄取西方文化是大势所趋、人心所向。在这一点上,它体现出与古代中世时期摄取东方文化及近世初期吸收南蛮文化的显著区别。之所以这样说,是因为前次的摄取,虽说也是由多种动机合力而引起的,但是,对宗教的关心是其最主要动机,宗教及其附属文化的摄取是其中心。而这次的摄取是由无可奈何的现实逼迫而发起的。摄取近代西方文化动机的这种特殊性,也赋予了其所摄取的文化内容的形形色色的特征。宗教文化的摄取,有其并非要基于现实需要的游戏性的一面,同时它还可以把人们导入能够暂时摆脱制约或限制的奥秘的精神世界中去。与其相比,对近代西方文化的摄取,由于有着切实的现实基础,所以带有一种较强实利思想的倾向。

---

① 福泽谕吉:《文明论之概略》第 10 章,东京:岩波书店,1931 年,第 203~235 页。
② 福泽谕吉:《文明论之概略》第 2 章,东京:岩波书店,1931 年,第 21~44 页。
③ 平田笃胤:《灵能真柱》,1813 年。其他出版信息不详。

正如前面所述,摄取精神文化并不是没有必要的,但是从整体来说,摄取中有一种可称为实利主义的倾向在起主宰作用。所以,精神文化较之其他实用文化就显得不那么重要了。佐久间象山说过:

> 赋之类,比之经济等有用之学,乃不足取之末枝也。当今经济有用之学,除和汉之学外,若非知晓西洋诸科学具有综括五大洲之大识量,则难谓真正有用之学。①

《花柳春话》的"序"中题为"守旧学士说"的一段文字中说:

> 泰西诸国,人人谋实利,说实益,风流情痴之事无人问津。②

这在当时被奉为最时兴的箴言,形成了一股潮流。有人曾对当时的知名人士杉亨二的品行做了这样的评价:"软文学为其最排斥之物,常诫子弟勿读之。""先生不喜戏剧,严禁夫人子女观之。先生排斥戏剧,其理由有三:空费时间,无用,为酒食而害卫生。云云。"③由此可见,当时人们模仿西方,刻意追求务实的心态。福地樱痴也曾不无忏悔地说过:

> 据余管见,今日大学毕业诸君之倾向,所缺乏者有三:历史知识、音乐素养、宗教心理。此三者之中,尤其宗教心理匮乏,实为洋学研究之最大原因。顾当时洋学盛行之况,前已言及,唯历学横行。其后,致大力于洋学者,医学及军学是也。换言之,洋学之研究,实培养学术之物质要素之研究也。察而可得之,当时洋学研究之顺序,先为文法,次为物理,再次为修身究理之学。

---

① 这一段出自文久二年写给松田丰前的书信。
② 爱德华·布尔沃·利顿(Edward Bulwer Lytton):《花柳春话》序,《明治文化全集》第 14 卷,东京:日本评论社,1930 年。
③ 杉亨二:《杉亨二略传》,《杉亨二自叙传附录》,河合利安编,1918 年。其他出版信息不详。

如是,则自然卑道德轻宗教,滔滔然而不绝,遂至今日之风!①

《国民之友》中还有如下见解:

  所谓奖励美术者,乃奖励古董乎? 调研美术者,乃调研古佛像乎? 今美术之流行已甚。吾人诚恐之,他日托美术之名,事文弱,贪安逸,流于骄奢者,将辈生矣!②

  我邦乃美术之国也。我邦人民富美术之思想。以此相夸,却不察国民风气上所附一大缺点。何也? ……吾人自古乃名实皆欲兼得之民族。然若问其孰取? 则答曰:"舍名而取实!"③

以上披露的都是这种实利主义倾向的具体表现。由此可以窥见摄取近代西方文化的一个特征。

第三节 打破陋习,弥补传统文化缺陷的需要

  基于现实需要而进行的对西方文化的摄取,应该说具有深刻的意义。但是在另一方面,我们必须看到,它是由于受到外界强制性的推动才不得不做出的。因此,它是在极其被动的情况下发生的。与此相对,还存在着一种同样是基于现实的要求,但却是站在积极的、能动的立场上摄取西方文化的动机。这个动机是为了实现日本的进步、繁荣而自发产生的。此部分所考虑的就属于这方面的内容。

  最初,人文的进步,常常是通过超越自我而实现的。超越自我,就是认识到

---

① 福地樱痴:《樱痴居士的忏悔》,《国民之友》第 291 号,东京:民友社。其他出版信息不详。
② 《美术奖励》,《国民之友》第 52 号,东京:民友社。其他出版信息不详。
③ 《关于日本人民的性格》,《国民之友》第 31 号,东京:民友社,1888 年 10 月,第 5 页。其他出版信息不详。

自己的缺点然后设法去克服它,实现自我的升华。正如海保青陵所说:

  以自国为良国之际,结果国已不见。此乃唯数自国之良处而不数其弊害之故。自国之良处,因其既良,则无须变革也。变革其弊处,乃曰变革也。①

诚然,认识不到自己国家的缺陷,就不能实现国家的进步、社会的繁荣。然而怎样才能明确地认识到"自国之弊处"呢? 内村鑑三对这个问题做了精辟的论述。他说:

  即使观之若逆流,我等自身若多学,则亦可入世。接触其他国民、国士之时,未能明此理。内省时,他人世界则开始启我耳目。②

的确如此,了解他人的时候,才是真正了解自己的时候。从这个意义上说,接触他国文化,正是从善恶两个方面明确认识自己国家文化的大好时机。古代中世时期接触中国文化时,总是怀着宗教的虔诚心去对待它,仅仅观察其已经形成的文化现象,而对其作为根基的民族生活方式接触较少。因此,我们并没有对此表现出自我反省的态度。然而,在接触西方文化尤其是近代文化时,情形则大不相同。由于其触及面不仅仅止于文化及生活两方面,人们还可以同西方做种种比较,认识到彼此之间的差别之大,并使两者不同性质的印象在头脑中更加深刻。之后,便可以通过对其文化优越性的认可,来反省我国传统文化的弊端或不足。他国民族文化就是一面"镜子",通过正面接触,把我国传统文化的劣根性、缺陷等统统折射到我们的视网膜上,从而使我们有清醒的认识,使我们产生取彼之长补我之短的意识。于是这种认识最终便成了摄取西方近代文化的一个重要动机。前面已经说过,接触西方文化引起的种种反省。其中最早表现出来而且影响最大的,是一直视中国文化和思想为权威的观念的动摇。人们已不像以前

---

① 海保青陵:《燮理谈》,《海北独语》,尾崎敬义等出版,1916 年,第 37 页。
② 内村鑑三:《我是怎么变成基督教徒的》第 7 章,铃木俊郎氏译,《内村鑑三著作集》第 1 卷,东京:岩波书店,1953 年。

那样，只要是中国文化或思想，便不假思索地盲从。他们开始将中国文化同西方文化一一比较，从而对自己一直推崇中国文化的一系列举动感到惭愧、痛苦。三浦梅园就曾不无追悔地陈述道：

> 西洋本与汉学不相关。故亦无甲子，亦无五行，见天真而无损。须破汉学之固陋矣。①

大槻磐水也说：

> 腐儒庸医，不知天地世界之大，不知其所以然，妄自眩惑于支那学说，效彼而唱中国或称中华之道。此差矣。……视支那之外皆为蛮夷而不足挂齿，然奈何其学粗且隘哉？②

他还说：

> 天之所幬，地之所载，区别于其间，称邦称人者，盖广且庶矣。支那人骄傲而自限，独称自国为中华，域外诸国概以夷蛮禽兽之礼待之。如是者，自前代而固然矣。故风俗、情性接君子之耳目者，徒区区中华而不知所谓夷蛮中亦自有踰中华者也。……夫天地之间，广矣庶矣，不可概而废，不可概而取。夷种兽行不范而驱者，斥而外之，固宜矣。若夫，欧洲之人物，容貌端整，衣服华丽，巧思出于天性，艺术之妙旷天下古今。观明清诸士所译选之西洋历算，数理诸篇及天文、星象测量诸器图说而可以知矣。其他火炮、自鸣钟、千里望远镜等有用之名器，天下百工皆取其法。……深恤支那人，徒知有中华，独嘲蔑其他，自安固陋而不知苍穹之下别有名邦巨国，而华夷自星列乎其中也。我邦间或亦有因循其说者，未曾闻见至于此者。公之翻刻

---

① 三浦梅园：《归山录》上卷，东京：弘道馆，1912年。
② 大槻磐水：《兰学阶梯》上卷，1912年。其他出版信息不详。

此图,其有意于解固陋之惑欤?①

本多利明说:

国初以来,支那书籍之外无书籍。孰读之,会得其意味,即日乃更开智见。国风如是,虽支那之外诸国有之,皆以夷国待之,视其无圣人之道。圣人之道外,非人之道。风俗凝固于此一国,虽外有大美事,而承引者鲜。②

渡边华山说:

西洋各国……其天赋之气质,可以事道艺二学。是故无志而贼,不勤其质者,当然责之。故其艺术精博,且为政教之羽翼所鼓舞,此乃唐山不可及之处也。以此审天地四方,布教利国,又非唐山之所及也。③

佐久间象山说:

西洋诸国精研学术,强盛国力,频频得势,周公、孔子之国亦为此所打掠。何故哉？毕竟,彼之所学得其要,此之所学不得其要。溺于高远空疏之谈,流于训诂考证之末,其致力于有用之学者虽亦有一二,然于穷万物之理中失其实,所论之事与所行之事皆相背而驰。……至时变而不知改其兵制,火技也只拘泥昔日陋习而不讲究新得之妙术,船舰之不便,有知者自不待言,然不知改正之术。惟顾自国良处而心安理得。言及外国,皆视其为愚钝之物,贱之为夷狄蛮貊。然不知彼等熟练事实,兴国利、盛兵力,知火技之妙用,晓航海之巧事,皆遥遥出于自国之上。是故一旦与英人交战,乃遭大败,

---

① 大槻磐水:《万国人物图略序说》,《磐水漫草》,《磐水存响》坤卷,东京:思文阁,1912年,第101~104页。
② 本多利明:《西域物语》上卷,《日本经济丛书》第12卷,东京:日本经济丛书刊行会,1915年。
③ 渡边华山:《慎机论》,《华山全集》第1卷,爱知:华山会出版,1915年,第7~8页。

耻辱宣之于全世界矣。①

《神田孝平略传》一书说：

　　大槻氏西游之顷，聚东京各家之书画馈我。……其中有太田南亩之诗笺一枚，乃七言绝句。……末二句曰："一自西洋传火技，孙吴韬略皆陈腐。"……拜读此诗前，专以汉学为事，以为汉学之外无可学之物。然捧读此诗，方受震惊，从此专事兰学研钻。②

吉田东洋说：

　　近古以来，穷达物理之精神不得不推西人为绝妙。而以英吉利国为开端。今观其斡旋大舰巨炮，神速如风霆，足以知意匠之精妙。而彼支那人惟循俗泥古，慢自尊大，全无取长补短之心。是以一旦与之角逐，便望风骇走，不得一措手也。盖泰西人学艺之功夫日益精密，如天文地志历算之术，亦皆古粗今精，以今视古，昭然如白黑之在目。③

村田文夫说：

　　曾游其地，熟察其治教民风，虽各国有异同，概而论之，则伦理之正，习俗之淳，往往卓越于支那矣。本邦与支那壤地最近，传说最早。于是，学者或尊支那以为中国礼义之国，卑西洋以为蛮夷无礼之国。是不知其非，岂不误哉。④

---

① 佐久间象山：《嘉永二年二月上书》，《象山全集》下卷，新潟：尚文馆，1913年。
② 神田乃武：《神田孝平略传》，东京：神田乃武，1910年，第7~8页。
③ 吉田东洋：《送大石种昌归筑》序。其他出版信息不详。
④ 村田文夫：《西洋闻见录》序，广岛：井筒屋胜次郎，1869年。

大隈重信说：

　　余等愈解英学，愈感其有益。其所记广而深，多为实际，几乎网罗人类须为之事，即包容历史、社会、法律、经济之事。至于兵制、军术、通商、贸易、航海、筑造其他诸般工艺，亦悉以学理体系制以整然之规。于是余等得知迄今付诸行动一事，却于人事有至大关系。窃以为此乃真正活学。余等知此理，同时，日益对日本方今之教育，郁生遗憾之念，想来汉学以空理、空论为旨，固不足养成社会活动之人才，且使有为之才亦成无用之徒。可见，今儒者于人类社会之中居如何地位？彼等不过一种活字典而已，唯贮不消化之文字于胸中，常做迷妄之梦。政治上、社会上、实业上，不可发挥寸毫利益，又不可制一计划，寻出达成目的之方法。唯堆砌迂阔之言辞，而自以为得计而已。……故目下之急务，乃劝将来有为青年，止汉学、攻英学，令其打破偏僻顽迷思想，知天高地广之实相。若彼等沿此途渐进，日本将来无论兵事政事教育，无论商业工业，必可获改革之成果。①

胜海舟说：

　　我邦自与汉通，摹仿其文物制度，颇为焕然。然弊害亦不少。彼华夷如内外之辨，学者拘泥，遂成自尊之风，不知域外更有别一天地，而置之度外。汉学者流，智见之陋隘，素不足怪。②

以上这些都是很好的例证。他们并不是单单要人们知道西方学艺远远优越于中国，而且在提醒人们，一味"自尊卑他"，只能徒使自己退化。因而号召人们对肤浅庸陋的中国文化思想进行深刻的反省。在这一点上，应该说其意义更加重大，而且这种反省不仅仅限于现在所举出的"洋学系"的人们。本居宣长说：

---

① 大隈重信述，元城寺清编：《大隈伯昔日谭》，东京：新潮社，1914年。
② 胜海舟：《开国起源》下，《海舟全集》第2卷，东京：改造社，1929年。

近世，年年有荷兰国人渡来，此乃精晓天文地理之国。其国之历法等，与唐国之历法大相径庭，一月之日数亦相去甚远。虽言无闰月，然按其行之，年年无差谬也。今若使持此论者见荷兰之历，必大惊而瞠目。①

本居大平说：

又致学于荷兰，方广知万国之状况。知彼国之人，精晓物理等，虽无唐土圣人之道，世亦可盛。又笑儒者天地间，唯以唐土为可尊国之思想。此荷兰物学，今无须唐土圣人教谕。然余以为唯通晓彼物，明知其理方为明智之举。而诸儒者不思彼国之无限良处，可憎也。②

大国隆正说：

今日本国儒者之心得，盖以为我日本国笃尊中华圣教，乃未成方今之中华也。若言西洋诸国不知中华圣贤之道乃为蛮狄，此乃真言也。其所谓圣贤之道，如盂兰盆迎火，而漏火燃物也。立教而使人从之，视之为其人永生之道，此亦无谬也。然勿论如何为迎火，其明晓天然之明德者益稀，奈何？只夸大儒学，晓道理而不以身作则者众。如是，似赘物也。③

在国学者中也出现了类似的讲解。

宇宙万国，风土自异。孰夷孰夏？而汉土常以中夏自居，侮视海外万国如犬羊猪鼠冥顽不灵之物。不知其机智之敏，机器之精，或有胜于中夏之处者。④

---

① 本居宣长：《真历不审考辨》，《本居宣长全集》第 4 卷，东京：吉川弘文馆，1926 年，第 514~545 页。
② 本居大平：《古学要》，《皇道训》，茨城：弘道馆，1919 年。
③ 大国隆正：《斥儒佛》，《大国隆正全集》第 4 卷，东京：有光社，1939 年。
④ 斋藤竹堂：《鸦片始末》，东京：随鸥吟社，1937 年。

《洋外纪略》一书说：

> 西番之性,桀黠多智,能忍耐,一人图之不成,则借力于众人。一生为之不遂,则遗之于子孙。至功全志,达而后止。故自天文地理至舟楫器械布帛之属,极尽精巧,非他邦所能及也。……支那人动辄以中华自高,矜夸太过,视诸蕃如禽兽。殊不知天地之气运愈久而愈开,……天地之气运益开而万国局面又益变,宇宙形势业已割一大鸿沟,殆有出于千古圣人意料之外者。今之蛮夷非古之蛮夷也。支那人眼光如豆。①

这种见解在汉学者中也出现了。由此可以窥见其影响之广泛。除此之外,还出现了另一种意向,即发现传统文化各方面的缺陷,并通过摄取西方文化来匡正它们。下面让我们按顺序通览一下这种意向：

一、衣食住行

相对于和服来说,西服穿起来更方便。但要在观念上清楚地认识到和服的不便还需要相当长的时间。

明治二十年的《国民之友》中是这样说的：

> 岛田虽振长袖,有何快乐？余绣之带宽,有何利益？我姊妹之服装实不活泼,如演员一般。吾人每每观之皆痛心也。宜哉！吾皇后宫断然发布可用西服之恩诏。书曰："观今西洋之女服,衣裳并具,如本朝之旧制,不仅偏适于体立,于身体之动作,行步之运转亦便利。如是效其裁缝乃当然之理。"此实难得之思虑也。②

---

① 安积艮斋:《洋外纪略》下。其他出版信息不详。
② 《妇人的衣服》,《国民之友》第1号,1887年2月,第83页。其他出版信息不详。

关于建筑,就连主张"日本主义"的人们也不得不说道:

盖日本之建筑皆虚弱也。不便拒风雨于外,湿气亦最不宜,且火灾之患不少。故此,日本之建筑必大加改良不可。……吾人……喜好意大利之"万神殿",喜好埋没于地下而后被掘出的庞贝城的房屋,又喜好西班牙"阿尔汉布拉"宫殿之风致。是故日本房屋迟早非改良不可。以方今之房屋,吾人尚不足夸之于南洋诸岛人民。①

对于原始的交通工具,在不知道日本之外还有世界时,人们也不觉得不便,然而一旦人们看到西方交通的迅速便利,便再也按捺不住自己了。麻布弼吉提出的建议,正好说明了这点。他说:

邮政以往来便利、不劳人力为主旨。西洋诸国有蒸汽车道,便利往来运输。且四方有传信机,千万里外之通信,亦瞬间之事。此世人皆知之。又几百里间人不往来,或远路以人力荷物等事,西洋诸国未曾见。费用多而劳民力,且往复迟缓,不便至极也。闻海道近旁一农夫曰:"驿费几乎超贡税之半。"其苦恼实为可怜。虽言造蒸汽车道不可不有,然因其费用巨大,至今尚难制也。故必先广拓道路。……每驿皆备马、马车及辎重等,无上下之别,皆可用之。往来运输之时,……勿碍良农,增其所产,国家必可获大利益。②

二、科学、技术及科学精神等

科学是东洋文化中最为欠缺的。西方人曾对此做过这样的评述:

---

① 木村鹰太郎:《日本主义和日本美术》,《日本主义》第9号,1898年1月。
② 麻布弼吉:《议案录》第6卷,东京:上州屋惣七,1869年。

日本的学术,时至今日,不过是由无体系的学说,或仅凭经验获得的方式方法的集成。①

可见日本的科学现状实在令人无可奈何。无怪乎人们接触到西洋近代的科学后,都情不自禁地发出阵阵哀叹。如小石天堂说:

稍加考察,便必然知汉土医术粗而多失。②

河口信任说:

考诸华说则背,昭诸夷图则近。③

三浦梅园说:

于吉雄子宅览西书。……自天象地理至物产之书中,可见天竺本草、荷兰本草。观毕,始觉和汉本草之类物产窄狭也。④

山片蟠桃说:

和汉之医、古书,不得解西洋之实见实功。……西洋人咸求诸事实由来,其渊源不可穷极。和汉之人不可及之。⑤

青地林宗说:

---

① 阿尔米尼恩:《英国使节阿尔米尼恩幕末日本记》,松崎实、田沼利男译,东京:三学书房,1943年。
② 小石天堂:《究理堂学规》,《新择洋学年表文化六年条》,东京:大槻茂雄,1927年。
③ 河口信任:《解尸篇》,1772年。其他出版信息不详。
④ 三浦梅园:《归山录》,东京:弘道馆,1912年。
⑤ 山片蟠桃:《梦之代》第12卷,《日本经济丛书》第25卷,东京:日本经济丛书刊行会,1915年。

> 理科者,物则之学……不可有妄想臆断似是而非之论者。①

此与吾国之固有学者多坐而论道绝非一辙。

斋藤拙堂说:

> 夫泰西诸国之于天文地理以下之技,并非支那所及。②

佐久间象山的信中说:

> 河野流的传承中有龙宫笠之说。在里面呼吸要留出空隙来,但在外行人看来这是很危险的。水中的空隙如果不借助西方的换气装置,把新的空气注入水里的话,在里面呼吸肯定会窒息而死。其原因是人呼出的气体和吸入的气体的成分大不相同,呼出的气体很难再变成可吸入的气体。这些原理都是以万有学理论为本的,这个理论对唐流的空理起不到任何作用,对西方的道理也不起作用。③

吉田松阴说:

> 天下之事,势之大者,理之精者,尚或可探索而言矣,而未必益于事实也。若求其益于事实者,术技之精是已。过此以往,非画饼则蛇足,无足言者矣。是吾邦学者之所短,而欧美之国之所长也。④

---

① 青地林宗:《气海观澜凡例》,《文明源流丛书》第 2 卷,东京:国书刊行会,1914 年,第 257 页。
② 斋藤拙堂:《顺正书院记》,《拙堂文集》第 1 卷,斋藤次郎出版,1881 年,第 35 页。
③ 佐久间象山:《文久二年八月二十日给依田原之丞的信》。其他出版信息不详。
④ 吉田松阴:《给青木研藏医生的信》,《野山狱文稿》,《吉田松阴全集》第 2 卷,东京:岩波书店,1936 年,第 26 页。

《鹿儿岛藩谕告》中写道：

> 西洋今之医学，至精至纯。远远卓绝于汉土古来之医术。……又以近日之经验诊之，于东北之役，受伤军士，入病院，受英医，出万死而得一生。行将为枯木之骨旋又血肉生者，不计其数。……夫以此一事，须夸认旧来西洋医方，须从视其为粗暴伎俩之世俗迷梦中觉醒。……今日诸般学术，学于西洋而获益颇多，比之学于汉学，不知其几倍欤！医术尤甚，汉人所著之书传入日本者虽汗牛充栋，皆阴阳五行，牵强附会，无一足信者。……固始于西洋者，有解剖、生理、察病、分析、制炼等诸学科。历验皆确证，无以类比。①

至于国民的科学素养则更不堪言状。《世界之日本》的记者于明治三十二年刊登了如下一段报道：

> 君欲进劝工场一睹为快乎？……见其玩弄物之色彩、华奢美丽迥异于幕府时代之制作，可得见明治文明被光大矣。然转目观察其制作中所现之意匠之知识，与幕府时代之制作并无大异。我明治文明犹止于皮肤，尚未浸染至骨肉，实浅薄之至。无论何物……其中所现之意匠及知识，依然明示日本固有之弱点。何谓日本固有之弱点？科学知识缺乏是也。……于是乎，身为第二国民之儿女，与科学全然相疏隔，其结果，彼等虽生于科学时代，而依然不可习得足以咀嚼科学之精密、沉重之心性。尚留得虚骄浮诞之文学头脑，如此，科学上无新发现，科学用于日常生活颇少，科学之恩光不可普及于一般国民，亦徒费国民之势力。夫近世文明之秘密，盖于科学之中。国民生活之改善，国民财富之积蓄，国家兵力之强大，一人处于世，为其利、为其名、为其富、尽其世、酬其国之所以者，皆由科学。无论如何，近世生活之基础，皆存于科学一家。故欲作大威之个人，欲作大威之国民，必先普及科学

---

① 《中外新闻》39号，明治三年一月。其他出版信息不详。

教养。此乃当务之急也。……夫文明者,自由事也。自由不只免为专制之奴隶,且免为迷信、不良习惯等势力之奴隶之谓也。然以当今贫乏之科学知识,此文明不可只止于皮肤。①

我们今天不也正在为科学知识的贫瘠而痛心吗?

关于应用技术,人们也不无叹惜:

古来,吾国重文学,轻技艺。见识浅陋,百课不举。又造不出一奇机,尚未筑成一工厂,终致今日之贫迫。今以开明见称之欧美诸国,学问渊博,知识高尚,律法经理可见。百工奇丽,制作繁昌,赖此,国家殷富。至此,何为而不成哉?然则工艺技术之于吾国,实乃急务也。故自此培育人才,必专以技艺为先。②

此外,关于地理学,斋藤拙堂说:

皇国人所游不过诸尊所生,中国人所证不过禹迹所及。唯西洋人于地球面上无所不到,无所不记。精博确实,不杂以虚妄之说。故讲地学不得不取于此。③

关于兵学,佐久间象山说:

汉土兵家之书,莫高于孙子。而其为书,空言无事实者过半矣,未可以治兵也。……当今之时,求得兵之事实莫若学洋兵。④

---

① 《科学知识的缺乏》,《世界之日本》第 14 号,1899 年 5 月。其他出版信息不详。
② 井上馨侯传记编纂会:《大藏省文书井上馨愿书》,《世外井上公传》第 2 卷,东京:内外书籍,1934 年。
③ 斋藤拙堂:《八纮胜览序》,《拙堂文集》第 3 卷,斋藤次郎出版,1881 年,第 8 页。
④ 佐久间象山:《省𠎝录》,东京:聚远楼,1871 年。

他们之所以发出这些感慨，主要是因为他们都已感到东洋文化的虚幻、缥缈。正如西村茂树所说的那样：

> 东洋之学术不及西洋，其原因很多。然其主要者有二。一为不得学问研究之法；二为不设专门科学而研之。所谓不得学问研究之法，可归结于自古以来东洋学问的三弊。其一，专据书籍之弊，其二，专用演绎法之弊；其三，无法比较之弊。因此，自古西洋之学问亦须以西洋考究法学之，诸科皆须用专门之讲究法。①

做学问的方法中存在缺陷，其中最根本的是科学精神的缺乏，这一点颇成问题。司马江汉说过：

> 吾国之人不好穷理万物，皆浅虑短智也。
> 我日本人不好穷理，推崇风流文雅，舞文弄墨，不求信实，似妇人之情。②

高野长英说：

> 测天地万物，莫如水为大。故用之可以活物，可以养人；用于植物，可以繁茂。或显然见其形，或暗然而隐其形。其质流动，其张力载船舶而不以之为重。水激则山壑崩、田泽没，且充满于天地之间，可见百般之作用。人见而不以之为奇者，何也？其平素司空见惯也。自致学于西洋诸国分合术究理以来，索隐于显、证暗于明，查其理、究其质，彰然见其本质。此乃学术之尊信。我本邦之人，本不详查理义，知其然而不知其所以然，且以此为足。偶有好事之人兹从事之，欲证之辨之。然不可究其本质。故其说唯臆哉，岂

---

① 西村茂树：《询问东京学会会友》，《泊翁丛书》第 2 辑，东京：博文馆，1912 年。
② 司马江汉：《春波楼笔记》，《百家说林正篇》上卷，东京：吉川弘文馆，1905—1907 年。

不哀之乎！①

渡边华山说：

　　昔唐山汪洋恣肆之风转,高论空虚之学盛,终弊障光明,自落井蛙之管见而不知也。②

佐久间象山说：

　　本邦之人,大凡穷理之力薄。故无论何事,如观矮人,从他人而悲叹之事不可免。③

津田真道说：

　　盖物理人理愈滋明了,善恶之辨则异,道学则进高尚之域。……汉人墨守两千年以上之古法,绝不知举革新开明之事。此汉学之所以为死学也。欧洲道学,日进日新,生气勃勃而旺盛,唯称之谓活学。抑或邦国之兴废盛衰岂可谓与学问之死活无关？④

可见他对此有着更敏锐的洞察力。

三、文字、教育、美术、文学、戏剧等人文科学

平假名片假名的产生说明日本已摆脱了汉字的不便之处,更加顺应了国民

---

① 高野长英：《高野长英全集》第4卷,高野长英全集刊行会,1930年。
② 渡边华山：《慎机论》,《华山全集》第1卷,爱知：华山会出版,1915年,第11页。
③ 佐久间象山：《安政三年十月六日给胜麟太郎的书信》。其他出版信息不详。
④ 津田真道：《津田真道全集》第1卷,东京：米米兹书房（音译）,1911年,第364页。

的自然属性。可是在古代中世，人们未能摒弃对汉学所持的宗教信仰似的尊奉态度。所以在观念意识上不能明了汉字的缺陷。然而接触到罗马字以后，人们看到了音标文字的便利之处，才开始清醒地觉悟到汉字的不便。以前新井白石就从意大利人西德兹契那里得到了这样的启发：

意大利文字……其字母仅二十余字，贯一切之音。文省义广，其妙天下，遗音全无。（其说曰汉之文字万有余，若非强识之人，不可暗记。而有声无字者有之，别有许多说不尽之处，唯徒费其心力）①

西川如见说：

红毛人文字有二十四字，二字合乃成一字，共四十八字。其一字之笔画，至多四五画。然唐土文字，其数甚多，笔画亦多，世界第一难事也。然外国文字亦通达，可用于万事，无不足之处。唐土文字繁多，于使用流行上，毫无殊益。若非文字多，则其用难以通达。文字多之故，笔画亦多，难分等类。何况末代文华极盛，风流巧妙之字样蜂拥而出，一字造十体百体之姿，玩弄奇异之字形以成事。一生务此，争好恶已成傲事。羲之之字如花，而色香无；子昂之字似水，而于灌溉无用，似火而不暖，其尊用何处焉？②

森岛中良说：

红毛人于记万国风土之书中，笑中国文字曰："唐山依物附事而制字，……其数须以万计。故国人夜以继日，废寝忘食，一生亦不可记尽本国之字，通晓其义。如是，对记国事之书，容易读得者甚少，可笑者甚。"……中良窃思之，皇朝之古代不用简易字，世降以来，则以五十言为目标，假用唐

---

① 新井白石：《西洋纪闻》中卷，东京：白石社，1882年，第10页。
② 西川如见：《町人囊底拂》第2卷，江户：平安城书林柳枝轩，1719年。

土文字。至末世,遂用唐土字音字义。自此,即舍少事安乐之国风而用多事烦杂之唐土风格。何哉?贱称为红夷之蛮夷中有心者却知,唐山之字不宜学。①

本多利明也说:

欧洲国字数二十五,异体共有八品,足可记天下之事,最为简省。唐土之国字数十万,若欲数之,虽竭尽毕生之精力,亦不可得也。②

贺茂真渊在其《国意考》中,对此做了进一步的论述:

荷兰,此国五十字云云。大字样亦与四方之国相同。然故作巧思,去简就烦,也不可治,事亦不便也。③

由此可以看出,这种趋势已使国学者们产生了排斥汉字的动机。矢田部良吉指出文字便和不便与学问兴否也有关系:

夫西洋人之思想活泼,其著书入精析微,论理明了,乃志于洋学者鲜知之处也。此可谓缘于天禀与教育,文字亦简单,容易表示思想之故。我邦人缘中国文字及言语,进步少,然受其束缚压制之处多矣。④

关于东洋诸国对国民教育不热心的情况,明治元年的《万国新话》中作了砭之入骨的论述。其中举了不少西洋学校的名称,如幼稚学校、板球学校、兴趣学校、摄影学校、夜校、星期日学校等。在此书的"序"中作者写道:

---

① 森岛中良:《红毛杂话》第3卷,《文明源流丛书》第1,东京:图书刊行会,1914年。
② 本多利明:《经世秘策》,《日本经济大典》第20卷,东京:启明社,1930年,第105~180页。
③ 国学院编辑部:《贺茂真渊全集》第4卷,东京:吉川弘文馆,1903—1906年,第3950页。
④ 矢田部良吉:《用罗马字拼写日语之说》,《东洋学艺杂志》第7号,东京:东京社,1882年。

上述荷兰之事，皆开人民智慧，促进文明之处，西洋诸国略同。夫秦始皇以愚弄黔首为是，由此心观之，将欲何言也？①

同年，高岛嘉右卫门也发表了《建白愿书》，他在此书中就设立学校问题做了如下的叙述：

西洋各国，人才辈出之状，较之近时更盛者未之有也。究其原因，乃知（西洋诸国）都府无庸置言，边郡之村落亦设大小学校，男女六七岁以上者皆入学。政府建者有之，平民结社而建者有之，又其清贫学者有之。此乃为无知贫民之子所建之校。皆以之生养人才，以此奠立国家富强之基。故学校多、人才盛，为国则必富、为兵则必强。亚细亚之风，不只限于中国、印度，多不使妇人自幼为学。所以终身不许知条理。曰"唯女子与小人难养也"。故婴儿为其无学之母所育，自不可辨东西，目不识丁却不以为怪，此乃失人才生养之道矣。②

关于教育的内容，在《特命全权大使美欧回览实记》中作者也痛切地反省了东洋教育的非实用性，他这样说道：

小学校不问男女贵贱，贫富职业，教授国人为人切实紧要之艺。不知此者非人也。故瑞典人曰："小学应教平易切实之事，聊涉高尚深奥之事，戕贼童生易生厌弃之心。"瑞士人曰："择其平易切实之事教之，唯恐人不学。"此可谓普通教育之要诀。回首东洋之学，……玩无形之理学，高尚之文艺。至于日用生理之事，皆以为猥俗而不虑及。故美风所行，亦不及一般之民。……全国民于文盲域中，虽皆为士君子，其志高尚，然其疏于切实之财产生

---

① 森岛中良：《万国新话》，江户：须原屋市兵卫，1789 年。
② 《建白愿书》，《日本教育史资料》3，高岛嘉右卫门。其他出版信息不详。

理,则因贫穷而失其本领者比比皆是。西洋则不然,其所谓学者,皆不难于人之财产生理,不乏所尽国民之义务。此为学知之本,务存形之理学,讲营生计理之实事。①

西洋美术的影响最早波及东洋,是始于绘画艺术。很早以前,就有人公开发表意见:

> 画之用贵于似,……画天王耕作为恤农,画元帅之险难为谋胜。此亦不似,何用之有?……或称画隐号画禅,更甚者并称琴棋书画。实如国家无用之弄器。又操画业者以此为本来面目,以画地图摹城池为末业之耻。甚差矣。②
>
> 人物画中,正面难分鼻形高低,或自桥上临视河水,不分水流之远,……此皆无法画远近度数之故。③
>
> 画若不写其物之真,则无妙用之处。富士山乃他国无有之山,欲见之,若非出于其中,不可得也。然若只求笔意笔法而又不似富士山,则画无妙处也。其写真之法乃兰画也。所谓兰画,不似我日本唐画,无笔法笔意笔势之谓。只真写其物,其山水如踏实地,……与文字一样游戏式画法不同,乃国用之具也。④
>
> 水墨破笔无利于国家之用,宫画师中当禁之。⑤

这样,人们开始把东洋画的非真实性问题提出来,对其他方面尚未做更深的探究。即使到了明治时代,对东洋绘画的批评也仍然存在:

---

① 久米邦武:《明治六年六月二十七日伯尔尼府小学校视察》,《特命全权大使美欧回览实记》条,东京:博闻社,1878年。
② 佐竹曙山:《画法纲领》,《日本画谈大观》,东京:目白书院,1917年,第73页。
③ 佐竹曙山:《画法纲领》,《日本画谈大观》,东京:目白书院,1917年,第72页。
④ 司马江汉:《春波楼笔记》,《日本画谈大观》,东京:目白书院,1917年,第122页。
⑤ 帆足万里:《东潜夫论》,《日本经济丛书》第26卷,东京:日本经济丛书刊行会,1915年。

盖我邦之美术,富神韵、饶风趣,变则之美术也。唯技术者,天真烂漫,匠心独运之妙技,诚可爱也。然若以此为实用之美术品,则颇不规则。若将来欲使我美术脱却玩物之形,不只逢迎少数人趣味情感,而应用于实际,提高我邦工艺制造品之品位,则势必要学西洋画则。……吾人平生主张平民主义。所以美术较之应我邦贵族社会需用而生成,不若采其西洋出于平民需用而生平民之美术。①

然而,后来人们的批评逐渐涉及稍稍复杂的艺术性格方面。

试取日本绘画与泰西绘画对比,本来优于彼者不少,然不及彼者亦复不少。日本绘画不得不与泰西绘画及其技厮斗。毋庸置言,现今日本绘画终难征服世界绘画。若尚不猛醒,或遂不能维持日本美术声誉,亦未可知。盖若以诗喻日本绘画,乃抒情小诗也,短歌也。当然,日本并非无大理想诗的宗教画、叙事诗的历史画。然其多数如小抒情诗和短歌。汉诗也如和歌一样,其选题以山水风物为主而不长于人物,其画法以潇洒幽丽趣致为主,视神韵飘忽为其长技。若以诗喻泰西画,乃人生诗也。其选题以人物为中心,其画法适于画跌宕惨淡宁静之美,以写真为其长技,生色逼于真。长于大作,长于气魄故。不若取其两长合为一九,融合消化,以另推出一流新机杼。②

然而,关于美术等意识形态,东西方所持的价值标准有着显著的差异,所以不能像批评其他实际的文化现象一样来简单地定其优劣。我们不得不承认,单单视"非写实性"为东洋画的缺陷还是有些操之过急。

接触西方文化中最晚的要数文艺了。所以由比较西方文艺而产生的对国文学的反省都是明治十年以后才出现的现象。《花柳春话》"跋文"中叙述道:

---

① 《美术小言》,《国民之友》第 17 号,1888 年,第 41 页。其他出版信息不详。
② 《日本之美术》,《国民之友》第 7 号,东京:日日新闻,1896 年。其他出版信息不详。

译者曰,劳度伦氏著小说二十二卷,细探古今之人情,记远近之异俗,一读足可以详知人世之悲欢正邪。而我朝为永春水所著《梅历》等,皆徒令读者酿发痴情之物,且其书基于实际,如若空中楼阁,牵强附会之类。①

《哲烈祸福谭假名垣鲁文序》中是这样说的:

中国小说中堪称最奇者为《水浒》《西游》《金瓶梅》,有作案绝妙之角色。《水浒》以杀罚过激为主旨,《西游》极尽荒唐怪诞,《金瓶梅》过于淫猥乱亵,恶其丑怀志操而摈弃者极多。则莫如该《哲烈谭》,其本据他国历史,著者之注意,不在中国小说华美文饰等类。②

《春窗绮话》的"跋"中写道:

泰西人善作小说,其著不唯刻翠剪红,绮语绝词,以真写人情,细述风俗,婉婉曲曲,论政治说民情,使读者真喜真怒,真悲真感,不觉奋起。如斯而小说亦大益于世。实可谓得小说体矣,……岂我小说妄诞写淫风者可比哉?③

《小说神髓》中写道:

日本小说稗史比之泰西小说,恰如歌川家画工所作的浮世绘与狩野家的绘画相比。浮世绘并非一定拙稚,然其所谓高雅之质,不足慰藉世之文心,只为童幼妇女的玩物而已。所以若言小说固有利益,只有日本俗语所说的效能:"春之日长,可破独坐之睡魔,秋之夜长,可医寂寥之郁陶。"这是把

---

① 爱德华·布尔沃·利顿:《花柳春话》跋,《明治文化全集》第 14 卷,东京:日本评论社,1930 年。
② 《哲烈祸福谭假名垣鲁文序》出版信息不详。
③ 服部诚一:《春窗绮话》,坂上半七,1885 年。

小说看成妇女童稚的玩物而不视为美术所生成的过失,可谓无见识作者所为。①

内田鲁庵在刊登于《国民之友》杂志上的《再论今日之小说家》一文中指出:

《罪与罚》之作者陀思妥耶夫斯基,不以小说家自居,……正如波莱鲍依评价中所言,他是抱有极虔诚宗教心之道德家,以最坚固之信仰观察社会。……此是一生碌碌无为醉生梦死之轻浮作者梦以难求之事也。……他在学校时又喜欢物理,耽于数学,堪为我辈致力于数学者称其为理学者。《国民新闻》中某君却疑之曰:"彼是写物还是写人?"可见,此君不知在记叙浅薄之男女情小说外尚存小说。日本戏作者如此缺乏科学之脑力。口中虽吐有情之文字,终不知人情为何物。吾人知小说家非心理学者,可叹也,日本戏作者尤缺剖析人情之脑力。屠格涅夫与陀思妥耶夫斯基恰为正反二诗人。彼……曾游于德意志之大学,精励刻苦研究所谓"干燥无味之形而上学",吾人信之,留学德意志修哲学者,皆非学者,然比起不知《浮世草子》与《蒉蒻本》《小歌》之外,尚有小说之日本小说家,其造诣之深,固然不可同日而语。

又托尔斯泰何如?彼言其为诗人,不若称其为哲学家,称其为哲学家不若言其为慈善家也。其小说《安娜·卡列尼娜》《战争与和平》使众多文学家慨叹不已。同时,观摹《我之忏悔》及《我之宗教》两论文如何能觉醒宗教之梦,可知彼与日本小说家之迥异。……其关注人生问题,始终如痴如狂,深入考察,堪称沉痛之俄罗斯人,非我戏作者阶层可见。有人断言,托尔斯泰之《宗教论》过于奇矫,其救助贫农之术未必可行。由于对此问题作如此论断,日本戏作者便称之为似是而非之学问。然比较元禄古物之考证、紫垣隆达等之评释,孰优孰劣?

为何今日小说家如斯轻浮且狂躁?吾思忖,此因有戏作者之原动力,而

---

① 坪内雄藏:《小说神髓》,佐贺:松月堂,1887年。

无文学者之原动力之故。①

前面都旨在揭示日本戏作小说比起艺术性较高的西方小说来，有不少缺欠。关于诗歌，《新体诗抄》论述道：

西洋诸邦，皆用人民平常所用之言语，作诗歌均表达内心直感之事。而我日本，往古亦如是。然今之学者，赋诗必用汉语，作歌必援古文。视平常言语为卑、为俗而弃之。如此岂非谬见？②

《国民之友》的记者也指出：

和歌美虽美，然其美甚微、甚薄、甚轻，尚不足以示今日宇宙之美。……宇宙之大要素有三：曰上帝，曰人类，曰万有。合此三要素，乃显出绝大、绝高之美妙。而摄取此类美妙，分与人民，乃诗人职责。思日本从来之诗人，果真自觉有如此高尚之责任？故吾尝言我邦自古不生诗人，并非无因，即无彼诗人所需之宗教观念、道义观念、真理观念，及将真理、善恶、美妙贯而为一之高尚观念故。③

山路爱山说：

和歌与汉诗，均有一缺点，即缺乏道义观念。基督教热心家发心之始，所感良心之大痛苦，负罪及忏悔之真正悲哀及烦闷，皆非和歌汉诗所能表现。和歌与汉诗诗人尚未哀感火将熄灭，未闻地狱之切齿声，未见未来之黑暗恐怖。彼等时常亦于耳边闻及良心之微音，然不诚心留意此事。彼等厌

---

① 内田鲁庵：《再论今日小说家》，《国民之友》第 203 号。其他出版信息不详。
② 外山正一、矢田部良吉、井上哲次郎：《新体诗抄》，丸屋善七，1882 年。
③ 《新日本的诗人》，《国民之友》第 28 号，1888 年 8 月，第 13 页。

倦聆听论教,唯于暗夜之中如嗅梅香,幽然品味。彼等不可辨严重意味之善恶也。①

井上哲次郎说:

> 短歌仅三十一字,过于短小,可叙说复杂之事者绝少。故若多做短歌,则如专做小诗,纵会做千万首乃至亿首,也不足与西洋一首雄篇杰作相匹敌。如此论之,或曰:"歌非由其长短而定其价值,唯问及其性质如何而已。"此话甚然,歌之价值固不可只以其长短而定,……然,诸如短歌其规模甚小,若久拘泥于此体,则我邦终究不可推出足以显扬海外之雄篇杰作。试就西洋各国文学析之。英、法、德毋庸置言,意大利、西班牙、葡萄牙等国亦皆以雄篇杰作显扬海外。我邦古来有几千万小歌,然不可称其为我邦之最大诗篇而夸于异人。此乃歌之规模极小之故,不足以详述绝美、绝大之思想情感。德国兰盖氏曾以德语译我《古今集》,余有幸得以一阅。其中或"春来矣"或"郭公②鸣"或"郭公不鸣"云云者甚多,决未发达至高尚程度,只可视其为"童谣"而已。若以此与西洋雄篇杰作相比,则日本人无不慨叹我邦文化之稚嫩!③

有人对樋口一叶的作品提出了这样的批评:

> 日本文学史上……才媛如秋夜星辰,光耀于日本文坛。今诵其歌,读其文,无论如何,也得为日本妇人如此文华叹为观止。然妇人终究为妇人,其思想难出于恋爱之上,其舞蹈只限于殿堂、庭院,无炽热之宗教愿望,又不见宏伟之山岳活动。此绝不足以抚慰以猛烈正大之实力竞争为己任之日本新

---

① 山路爱山:《平民短歌的发展》,《国民之友》第168号。其他出版信息不详。
② 译者注:郭公,一种鸟。
③ 井上哲次郎:《诗歌改良的方针》,《国民之友》第181号。其他出版信息不详。

国民。……仅就一叶女士之全集看来,其生命乃为非意志之积极活动。一言以蔽之,缺少更新人心之宗教神音,又无改造社会之意志,也无人之经伦。恋爱是其生命,相思是其本领,愚痴为其血肉,断念克己为其目的。①

这种批评论及日本文艺的特性,因此它应该属于文艺批评之列。当然,我们不能断言,这些批评都贴切得体,但是比起对绘画的批评,批评家们对"传统艺术之短"的揭露还是确切的。

歌舞伎作为一门艺术极富特色,这是事实。然而我们又不能否认它有着猥亵的一面。难怪西方人不无鄙夷地说:"日本的戏剧不可登大雅之堂。"②所以,当日本国民第一次接触到西洋戏剧时,无不为其剧场的氛围叹服。这可以从佐藤秀长在《美行日记》中说的一句话略见一斑,他说:

剧场分为三段,前面低,向后逐次高起,不像我歌舞伎那般杂乱。③

初期的戏剧改良论者,主要主张摒弃自古以来剧场中的弊害。外山正一在《戏剧改良论私考》中,就曾为此叹息道:

开演时间。我人日费十五六个时辰观剧而恬然自得,此况世间也属罕见!长此以往,国将危矣!
剧场茶室之事。剧场之中设有茶室。所以我邦之观剧,甚不经济。
一大不便。我邦之大剧场,一人往而观剧,若欲求好座,必一人尽占一室方可。④

末松谦澄也为此而提议:

---

① 《读一叶全集》,《世界之日本》第 3 卷第 8 号,富强团,1907 年。
② 《奥依莱恩·布尔格日本滞留记》,1864 年。其他出版信息不详。
③ 佐藤秀长:《美行日记》四月二十九日条,《遣外使节日记纂辑》第 1 卷,东京:日本史籍协会,1930 年。
④ 外山正一:《戏剧改良论私考》,《考山存稿》,东京:丸善,1909 年,第 80~83 页。

若论建筑用何材料,须以砖瓦石灰建造。西洋剧场座椅依次排列,人端坐其上。且椅子均以上等器材为之。日本也应如此。……开演时应以六时或七时为宜。又其布景如何置?道具如何制?至今日本演剧所用器具极简陋,此事也宜效仿西洋,用美丽画图,置精巧道具。①

关于演技、剧本,西周早就有明确的见解:

西洋演剧多为超凡脱俗之作,绝无我邦淫猥、嬉戏之类。②

外山正一也说过:

至于女角色,当废除今日必由男子饰演之陈规,而令女子自演。以男子扮演女角,决不可演出好剧。

艺妓须摒除妓院中之丑态。今日舞台之上描写妓院丑态,演出嫖妓之状者,常有之。此事于明治之前尚无可厚非,然于明治盛世则断不可为之。

血腥骚乱之事。今日戏剧尤须改良者,乃血腥骚乱倾向甚多。手屡屡受创,身躯血流淋漓,尚旋转于舞台之上;或腹上割出十字纹,颠狂之中,肝肠泻地。这于上等社会甚为不妥。③

末松谦澄也提出同样的观点:

今日日本戏剧,脚本皆落于俗套,或实物被盗,或拐骗孩童,以此为题材者众,须废之。……关于使用女演员的事……这件事是断然要做的。应该说没有女演员是演不出真正的戏剧的。以往日本狂言的作者都只不过是演

---

① 末松谦澄:《戏剧改良意见》,文学社,1886年,第18、34页。
② 西周:《百学连环》第1编,仙台:育英舍,1870年。
③ 外山正一:《戏剧改良论私考》,《考山存稿》,东京:丸善,1909年,第91~93页。

员的奴隶。……这种人如果拥有作者的全部权限的话,日本的美术方面就很难发展。……从所有西方的例子来看,作者基本上都是学者或有识之士,否则很难被认可。因此能够写出很好的剧本。①

以此为主题进行论述的还有福地樱痴、早稻田派的文学者等。福地樱痴提出:

> 跟随幕府首次派往欧洲的公使出使欧洲各国时,在各个国家都受到了极好的优待,而看戏被认为是和晚饭一样不可缺少的优待。……在那之后,即便回到日本也热衷于看戏,……后来产生了要创作剧本的念头。首先是把鹤屋南北、梅田治助、濑川如皋、河竹新七等我比较熟悉的剧本借来阅读。但是,里面荒唐的杜撰、拙劣的观点实在不堪入目。……我想净琉璃的剧本毕竟不应是这样的,于是搜集了近松门左卫门、纪海音、竹田出云、松田和吉等人的几乎全部剧本五百余部来阅读,但是这些剧本与那些荒唐的剧本也不相上下,最后实在厌烦没有全部读完。为什么我们国家的剧本和西方国家的比这么拙劣呢?从这样的现状来看,很难期待日本的戏剧能够有所发展。②

高田半峰则提出:

> 我很喜欢读西方的剧本,有时也读一点日本的剧本,而且也会比较一下二者的优劣。
> 虽然丰富的趣味性不输给西方,但在周密的心理分析和深邃的哲理性等方面的欠缺却不得不说是日本剧本的缺点。……
> 如果我们要改良狂言的话就不能让作者成为演员的奴隶。……想来尊

---

① 末松谦澄:《戏剧改良意见》,文学社,1886年,第49~53页。
② 福地源一郎(福地樱痴):《谈戏剧秘密》。其他出版信息不详。

崇西方社会的狂言作家就像尊崇鬼神一样。英国把莎士比亚看成是文坛之王,日耳曼推崇席勒、雅歌塔·克里斯多夫,法国推崇皮埃尔·高乃依、拉辛。

戏剧的进步是一件好事。……如果世间有识之士要改良戏剧的话首先要提高作者的名誉地位。

男扮女装,不管技巧怎样巧妙,他所扮演的女子都不是真正的女子。因此,以后要更加注意,男子扮演男子,女子扮演女子才是戏剧的标准。①

演员自己也开始对戏剧发表见解:

无须置言,今后戏剧非世界化不可。欧美化乃不可回避之势。然而甜言蜜语讨好妻子乃曰忠义,横行乡里、飞扬跋扈方为大侠之类戏剧,充斥于日本文坛而且根深蒂固,实为有悖于艺术宗旨之旧有恶习,必须根除。须上演任何人观后也无羞耻可言之日本国民戏剧。②

四、经济、政治、军事、法令制度等方面

产业尤其是工商业的发达与否,是分辨东西方强弱、优劣的重要标准。日本的工商业大大落后于西方,科学技术的不发达是其最大的原因,但同时日本人还必须认识到,经济思想的欠缺既是其原因又是其结果。很早以前,海保青陵就对日本存在的抑商之风进行了抨击。他说:

武士不以买物为耻,而以卖物为大耻辱。如此谬误,万事遂不便。……卖物者,非耻辱之事。自富家借钱而不还者,方为大耻辱。然无人以此为耻。……闻荷兰国王经商,吾人皆嗤笑之。然其买卖乃世界之理,奈何笑

---

① 高田半峰:《演剧论》。其他出版信息不详。
② 松居桃楼:《市川左团次》,东京:武藏野书店,1942年。

之？笑世界之理者，不得体也。唯攫取他人之物非世界之理。①

岩仓具视也曾试图唤起国民的经济思想。他说：

> 形势如此一变，吾皇国也须讲究贸易之道。营利乃外国平素生存之术。吾皇国自今亦有欲学者，然其巧拙犹如天壤之别。所谓为利之物则义疏，为义之物则利疏，此乃千古之理。然区区寻常之事，岂可出于外国之右？故贸易之道，亦须以恳切之教谕诱导。商贾之事，不可如从前只谋一家之利，须着眼于富国也。②

《特命全权大使美欧回览实纪》中也极力强调振兴经济观念的必要性：

> 中国、日本之民，原来推崇农耕自治之风仪，以修身为政治之本，不重财产，……此状于民权如何、物权如何，殆非风马牛不相及也。而压其权，如变风移俗之良模。故政治国安之论，常不注重于财产，……今日世界乃舟楫相通、贸易交际之世。建国权、保国益，使国民上下一和。第一须重财产，悉心注意致富强之事。③

> （格拉斯哥府）皇家展览馆、商会和社团画廊……如果日本没有这三种集会场所的氛围的话，足以证明振兴其工商业，使贸易兴隆的想法是愚蠢的。④

> 日本、中国之民，自古至今，置贸易于度外。……国之物产，囿于封建锁国之陋制，滞于地方，国内彼此输出亦不融通，……富国之财，不知失其几千万元，然皆无忧虑之迹。故货币散失于国外，以至于聚首悔恨！⑤

---

① 海保青陵：《稽古谈》，《海保青陵集》第1卷，1813年，第37页。
② 岩仓具视：《具视济时之策》，《岩仓公实记》下卷，东京：皇后宫职，1906年，第31页。
③ 久米邦武：《特命全权大使美欧回览实记》第5篇，东京：博闻社，1878年。
④ 久米邦武：《特命全权大使美欧回览实记》第2篇，东京：博闻社，1878年，第209~210页。
⑤ 久米邦武：《特命全权大使美欧回览实记》第4、5篇，东京：博闻社，1878年。

古川正雄也指出了日本商业道德的低劣。他在《洋行漫笔》中写道：

> 出版之书多，故买入纸张亦多。然残缺之纸颇多。纸数亦大大不足。如此商品，乃不正之风。实为欺诈同辈日本人也。西洋纸无残损，亦无纸数不足。①

在正面接触到欧美近代统一国家的武力之后，日本人便痛感到封建阶级的兵制是何等的腐朽！佐久间象山曾说：

> 今任将帅者，非公侯贵人，即膏粱氏族。平日以饮酒歌舞为娱，不知兵谋帅律为何事。一旦国家有急，谁能为军士所服而御敌。此为今日一大忧患。故予曾欲效西洋武备之大略，于天下兵籍外，结故家世族忠勇刚毅一以当十者为义会，以保国护民为志。……庶乎？攘寇植勋，在于兵籍者之上。②

他以此发泄了对政府委国防于世袭的职业军人的不满。安政三年，幕府在选定海军教习人选之际，做出了"可令壮健伶俐又气力充盛之壮士，勿论贵贱之别，皆可入列"的新规定。这种改革显然还不彻底，但它多多少少打破了阶级权利世袭垄断的观念，给军界注入了清新的空气。看看下面例子的对话，我们不禁会想到要完善统一国家的兵制：

> "你们出身地各不相同，为何服务于一舰之上？""我们并非只为故乡城镇服务，而在为国家及皇帝效劳。所以，只要是俄罗斯军舰，在哪一艘舰上都一样。"③

---

① 古川正雄：《洋行漫笔》，1874年。其他出版信息不详。
② 佐久间象山：《省諐录》，东京：聚远楼，1871年，第7页。
③ 高洛瓦尼：《日本幽囚记》下，井上满译，东京：岩波书店，1926年。

再早一些,西川如见也说过:

不知是何时代,有人以日军作战画卷示红毛人。红毛之诗也多有咏作战之勇武之状者,故红毛悉心听之。事毕乃问曰:"此为日本与何国而战?"答曰:"非也,日本与日本相战也。"红毛闻言,面有愠色。遂曰:"贵国岂无战争之事?"红毛答曰:"吾国亦有军战,然不闻本国之人相战。与异域他邦相斗之事,吾国亦多矣!"①

而后来的《特命全权大使美欧回览实记》记述道:

文明之国谈兵,与野蛮之民嗜武,其事相似而其意相反。盖野蛮人好武,在于自国相斗,文明国谈兵,在于防御外寇。这表明人们在与西洋统一国家做一全面比较之后,已认识到外国一扫国内武力争斗,举国上下同心同德致力于国防的优越性,从而对本国进行了深刻的反省。②

西方严密周到的政治也迫使人们对日本政治进行反思。以渡边华山为代表的有志之士打响了第一枪。渡边华山说:

欧洲诸洲八面临敌,若以唐山之疏大政策,则难以存立。其政度风俗唯勤勉、谨慎也。③

到了明治时代,《国民之友》的记者也提出了这样的意见:

东洋并非无政治家。然东洋政治家犹如东洋流医师,……挟一篇《伤

---

① 西川如见:《长崎夜话草》第2卷,求林堂,1898年。
② 久米邦武:《特命全权大使美欧回览实记》第5篇,东京:博闻社,1878年。
③ 渡边华山:《西洋事情御答书》,《华山全集》第1卷,爱知:华山会出版,1915年,第38页。

寒论》而欲治万种患者。吾人甚惧其危险。汉医所恃之物,唯于匙中加减。加减适中,则可治人,加减误差则可杀人。东西政治家之异同,犹如东西之医师。西方医师,其业颇难,究生理、解剖、组织及至化学、植物、药剂,其目甚繁,其要甚多。然以此治患者,则万无一失。西方政治家亦如此。……彼熟知财产、立法、行政、外交之要义,知人民、政府、四邻之境遇,亦即知国家政治运转之机要。①

然而,也有对封建制度的反思。有人说了这么一段话,以唤起国民对这个问题的关注:

近来外国交际之道日开,西洋文学与东方名教相汇,世界之学问渐合,今将合一。值此之际,岂能有两种不便之国体永存我神州。②

今西洋诸国跋扈于四海,已沿革数百年,国人一和,富强充实。政体甚优于我封建之体。日本中上有天子,下有将军,三百诸侯列于其外。政刑规律,略存异同,各相分离,固执于自身旧典,尊崇门第,轻蔑士民,加之神佛之教失其当,一国一州,割据独立,日本全国之力散乱各地。然于国人协和之道,皆蔑然视之,无一人正视。若我日本富强充实,安得今日受外侮?③

这种见解同后面将叙述的对阶级精神的反省合为一体,成为人们认识西方文化,否认封建制度的契机。除此之外,大久保利通在《庆应四年大阪迁都之议》中也指出:

弊习者,非理而势也。势者,可归于可触、可视之形势。今略论其一二

---

① 《新日本的青年及新日本的政治》,《国民之友》第 8 号,明治二十年九月,第 11 页。其他出版信息不详。
② 涩泽荣一编:《明治元年闰四月津田真道欢愿书》,《德川庆喜公传》第 7 卷,京都:龙门社,1918 年,第 444 页。
③ 中井弘:《庆应二年十二月七日条》,《西洋纪行航海新说》,堺屋仁兵卫,1870 年。

形迹。主公自称"天子",公卿则自谓"上人"。龙颜难拜,玉体不踏寸地。如此自我推崇,自以为分外尊贵,终使上下隔绝,其形势乃成今日之弊习。……今日之外国,帝王率从者二三人步行于国中,抚育万民,实可谓行为君之道。时值更始一新王政复古之今日,顺应本朝圣时,超越外国美政之上,举英断而迁都,此为一新之机会。此当以简易轻便为本,除众多积弊,君主应如父母般为民履行天赋之道,确立令下而天下栗动之基础,推而广之。皇威则可光耀海外万国。①

南摩纲纪在《自由之理》"序"中说:

人的情感和职业有万般差异,若将二者平等看待则政成国治。若将二者等同于职业则不复成事。但世人有时想以政权刑威来匡正人们固有的性情,把情感和职业等同来看,很多时候会违背自然之公道。欧洲各国不断开化,而支那、朝鲜不免顽固愚昧,其原因就在于此。②

可以看出,作为政治思想,这段论述带有极其重大的意义,应给予高度评价。日本的税制极其苛敛,这一点将西方与日本传统税率做一下比较,马上就会清楚。伊地知正治曾说过:

税法,十成收一者,和汉之故典;二十收一者,西洋之成法。③

岩仓具视也建议对税制进行根本的改革,他说:

欧美各国堪称富强者,毕竟为确定国家经济之根本。据闻美、法、英、德、俄诸国,一年经费数亿千万两,而犹有余财。我皇国岁入仅一千一百万

---

① 大久保利通:《庆应四年大阪迁都之议》。其他出版信息不详。
② 南摩纲纪:《自由之理》序,《自由之理》第1卷,木平谦一郎,1872年。
③ 伊地知正治:《时务建言书》,《大西乡全集》,东京:大西乡全集刊行会,1927年。

石,以一石五两金算之,仅合六千五百万两。而岁有丰凶,……若均之,常可减少其一二成。以如此寡额岁入与海外强国相抗衡,诚可谓至难矣。此系古来以农立国、以米谷为正租之故。欲大变革立国之本,实属至难之业。然不变革,何以谋富强,卫护亿兆?①

伊地知正治就利息制度也提出了意见。他说:

公金利息在全国之下,私金之利不足一成,此为承袭西洋各国通例。今日皇国二三成之上商利者颇多。……须速制定借贷之法则。②

关于刑法的过于严酷,森有礼在庆兴二年滞留英国期间,写信给兄长,提到了这个问题。他说:

偶闻日本传来之法,多为苛酷之法,不近人情。……余到此地已满一年,其间常耳闻目睹英国之法,不见其有悖理之法。若以日本之法比之,则我法悖理,且疏于人情,实觉惭愧不安。持此弊法而争,怎得国家之改良?③

《议案录》中有这样一段话:

因小过而于人体之上施终生难除之墨刑者,乃夷蕃之风,非文明之国也。西洋古时亦曾设之,然随世之开明,传闻皆已废弃。况正当文明日进之盛世,当废此等刑罚而酌情判罪。④

津田真道在《拷问论》中说:

---

① 岩仓具视:《意见书》,《岩仓公实记》中卷,东京:皇后宫职,1906 年。
② 伊地知正治:《时务建言书》,《大西乡全集》,东京:大西乡全集刊行会,1927 年。
③ 森有礼:《给兄长的书信》,《日本宪政史大纲》上卷,东京:日本评论社,1939 年。
④ 津田真道:《应该废除墨刑之议》,《议案录》7,东京:上州屋惣七,1869 年。

方今日耳曼种之国无拷问,蒙古种之民概不免拷问。呜呼！雪山为何山？为此画一大界线？同为地球之人,奈何日耳曼之民有幸,而蒙古之民不幸哉！……莫非人种使然？曰："否也,知识开明所致。……不废拷问,难以立足;不废拷问,遂不可同欧美各国并驾齐驱！"①

市岛谦吉在回忆录中写道：

我们上大学的时候……那个时候的风气很奇怪,很多人不喜欢法律专业,认为诉讼是公事员的事,武士身份进入公事员之列很不体面。②

日本的法院审判制度,明显缺乏司法的尊严。究其理由,应该说是由于司法制度的不完备。

西洋裁判公事诉讼,有第一刑法。其中明定何等恶事,当处何等刑罚,且又公之于世。若有犯者,即按其规定行之。其次,为法官者,不论何等身份,皆须入法学院校,研对政律乏书,测试后,登甲科方可授理诉讼之事。其外又有辩护律师。——少年妇女自不必说,无巧舌之辩,不能说明道理者,皆可委托辩护律师。审判未定之时,原告、被告均可与审判官之前,受其查问,无双方相对而辩之事。此系防备能言善辩者强词夺理。又审判未定之时,允许他人旁观,不可拒之,……其他均不用拷问。又有上诉之法。倘若不服邑衙裁判,可诉诸州衙,不服州衙之裁判,可诉诸国都之大衙门,犹不服者,须由国会评议决断。牢狱之法也最为尽心,大抵无入监牢之事,每人一间,并予以相应手艺,不许徒然而居。……刑罚极轻,死刑早已废除,……此系西洋诸国公事审判之要领。窃思之,我邦审判之法与西洋相比,似有不及

---

① 津田真道：《拷问论》,《明六杂志》第 7 号,第 8 页。其他出版信息不详。
② 市岛谦吉：《漫谈明治初年》,东京：春阳堂,1927 年。

之处。刑法不公布；官员不问才学，皆凭门第；无辩护律师，双方相对辩论，故善辩者取胜。且裁判之时，不许他人观看。此外有拷问之法，且又严禁上诉，如若官员有不良之心，则易生偏袒。……牢房各种罪人混杂，初入时虽非恶人，然短暂之间，恶心上达，及至出狱，遂成为真正大恶人。刑罚又重，区区盗贼，便处之死刑。然教行不达，裁判不当，有罪无怨者有之。故盗贼横行日甚。凡此诸事，皆我邦不及西洋之处，不堪叹息也。[1]

这是神田孝平的一段议论，他详细地披露了日本法制的弊端。

五、风俗礼仪、道德及精神风尚

日本礼仪中繁文缛节颇多，尤其是上下层之间的礼节更是森严，因此深受外国人鄙视。有人曾不无讽刺地说：

日本目前尚无其他学问，重要学问当首推礼仪研究。[2]

然而在另一面，日本实际上是一个极其蛮横的无礼无仪之邦。因此，有识之士接触到西方礼仪后，无不扪心自问，进行反省。玉虫谊茂就是这些人的代表。他曾这样叙述过自己搭乘美国船时遇到的情形：

日本风俗常着单衣，或裸体，或袒背，或摄裳。入睡时露半身。更有甚者，全身赤裸呈"大"字而卧。夷人视之大笑。彼等虽大暑也不稍露肌肤。若有所露则为他人所鄙夷。故众下官皆穿男式紧腿裤，必不露肌肤，可谓良习也。[3]

---

[1] 神田孝平：《西洋诸国公事裁判之事》，《中外新闻》第33号，1868年5月。
[2] 冈察洛夫：《日本渡航记》，井上满译，东京：岩波书店，1941年。
[3] 仙台丛书刊行会：《航美日录》，《仙台丛书》第17卷，仙台：仙台丛书刊行会，1929年，第224页。

文久遣欧使节的一位随员也叙述过类似的情况：

客舍主人自堆积桌上之报纸中，取出我横滨、神奈川图示余。余取而观之，见人物之风俗、容貌等跃然纸上。然其中有写我下民裸体之状者，多以手巾披面，或着半衣而不系带。余不禁叹息：呜呼！入夷狄之域以来，尚未见一裸体者，而今于此画中，却见国人如此失体，安得不报颜哉？①

岛地缩堂说：

总之，为人而失礼，为人而有碍，须自身谨慎。或入树林花苑，妄自折枝摘花；或入游乐场高谈大笑，妨众人之耳；或狂奔乱跑妨碍诸客观游，皆为人品之耻辱。尤其于释谒神社佛阁之际，猥杂无礼，妨害他人敬仰，最为可耻。……欧洲小儿健康游乐虽甚，然入看场或寺院之时，不敢发一言，皆端坐于席上。出入之时，也肃然而守礼仪，不出声响。此乃父母教育之力，也是一般风俗高淳之故。善习何至于如此甚哉？余深惑之。②

虽说有"东洋道德，西洋艺术"的观点，然而如果我们深刻反思，就会发现东洋道德并非没有低于西洋道德之处。一夫多妻制的伦理就是其中的一例。另外，涉及夫妇、父子及其他方面，日本的旧有道德也并不是十全十美。森有礼对此有明晰的洞察。他说：

不堪入目者，乃为夫者虐待其妻之状。我邦之俗，夫妻之义非行于公道。其实，为夫者若为奴隶之主，其妻则与卖身之奴隶无异。……若不合夫意，动辄呵斥、殴打、谩骂，其状实不堪言。③

---

① 尾蝇：《尾蝇欧行漫录》，《遣外使节日记纂辑》第2卷，日本史籍协会，1930年，第422页。
② 岛地缩堂：《裸体诫论》，《报四严谈》第1号，1874年8月。
③ 森有礼：《妻妾论》，《明六杂志》第15号，1874年8月，第1页。

内村鑑三说：

　　支那道德最大的缺点就是论及性的道德时很无力。我记得我父亲在关于志向的训诫中说要把娶多房妻子作为勤勉学习的奖励。……明显的行为不良却时常伴有敏锐的智力、好的评价的尊重。我不能对这样的和外国一样的黑暗面视而不见。但是论及支那人在社会纯洁问题时我会毫不犹豫地指出他们的无力。①

中岛力造也说：

　　今日日本正值变迁时代。诸般事物皆取欧美之长，补我之短。政治、商业、学问，无一不在承受欧美新思想之教化，而道德与新思想与共，亦须给予其几分新面目。否则，新思想实难行于政治商业之中。……第一，养成重社会道德之观念。日本之民概而言之，有如是倾向。与社会公众道德相比，更重视个人道德。……然而欲助日本之安宁进步，社会道德……最为重要亦未可知。建公司、经营大商业、农业等，同心协力之美德至关重要。又立于立宪政体之下，欲图国家进步，增强国民幸福，凡此同心协力纳税、义务等社会之道德，实不可缺。第二，积极的道德观念。日本公民消极之道德观念强，而积极之道德观念弱，例如为恶事者，竭力使其不受罚，此等观念颇强；日夜观于万端，进而为好事之观念则很弱。然而将来日本国民发展所必要者，是非消极而应为积极之观念，即互帮互辅，以成大事业之精神。唯存克己，禁遏自己恶念恶行之消极观念，方可明证将来国民之进步，绝非空中楼阁。但如是论者极少！②

浮田和民也提出了颇有启发性的意见：

---

① 内村鑑三：《我是多么想成为基督教徒啊》第 1 章，1895 年。
② 中岛力造：《何为道德的变迁》，《国民之友》第 136 号。其他出版信息不详。

第一，新日本需要学术，故也需要学术之道德。东洋文明退步而不能前进，盖学术衰退之故。而十九世纪西洋文明所向无敌，皆为学术之力。故日本学术社会亦不应劣于西方学术社会；应废独断臆测方法，而用观察实验方法，重厚因结果，不厌归纳演绎，牺牲一身，而奉事于永恒真理，决不为结果而畏惧真理，须养成为真理而追求真理之道德。

第二，新日本需要产业，故也需要产业之道德。……

第三，新日本需要宪法政治，故也需要宪法之道德。……①

关于男女之间的关系，不单单属于夫妇道德方面。在日本，妇人的地位没有得到应有的重视，存在许多不合情理的地方。这一点，福泽谕吉曾有较详尽的论述，他痛陈道：

> 日本女子之中，没有资产者。……不但很少有动产与不动产，就连对其身边之物也难说拥有所有权。更有甚者，为夫者无赖放荡，其妻空持衣橱，终又故意别离，女子尚无哭诉之处。……概而言之，女子依男子之惠而存在，其安危命运皆为男子手中之物。所以女子之社会地位不高乃自然之势。幽居终身窥男子颜色而生活，其所负担者仅止于洗濯衣服之事，不曾驰心窗外世界。不但屈居室内，也少有外出与男子交往，也不能享受同等礼遇。例如，日本式宴会是男女同席，不问身份与长少，上座尽为男子所占，女子仅如男子陪客。从所谓人伦上看出，不得不说是秩序颠倒。就是这样，日本之女子，内外皆无权利，地位甚低，其苦乐亦甚少。以数千年之习惯，成一种微弱之生存，欲导其心身活泼强壮，决非易事。……视察其家庭并社会交际上之事，不得不说西洋妇女权利重大。……妇人自有妇人财产，而不必交与丈夫。……内居外交皆显独立姿态，而非寄人篱下。这样世代相传，成为一般习惯，妇人不仅可免除在家受主人虐待之苦，也不失去夫妇匹配之实。责任如此重大，其苦乐自然也大。欲使身心发达，则必须如此。我日本女子进步

---

① 浮田和民：《日本道德论》，《国民之友》第156号。其他出版信息不详。

之第一步,须先学西洋女子。这是我辈之希望。①

模仿外国人的道路未必是不妥当的。筒井政宪说:

> 本国之人漂流至西方及蜀岛,考虑到要报答被其国家收留的人情,而赠与那个国家的人柴火、水、食物等。这其中包含着国体与人情,我觉得没有什么可耻的。②

诚然,如上所述,日本国民欲使世界刮目相看,在精神面貌的许多方面都需要飞跃,实现质的突破。下面所举的例子都是这种呼声。

关于精神风气。封建制度长期的统治,强制人们接受一种印象,即封建身份秩序才是唯一正确的人伦之道。然而一旦人们的目光触及西方人民的生活时,他们便痛感这种阶级秩序是何等地阻碍国民的和睦团结。

播州漂流民源次郎等在谈到北美印象时说:

> 贵贱皆厚人情,上下隔膜甚薄。③

玉虫谊茂在《航美日记》中说:

> 虽在舰长之前,也无须脱冠致礼。平日更无舰长士官之分,上下相混,纵令水夫,亦不见重视舰长。舰长也不呈威焰,如同同辈。而且情交亲密,有事则各尽其力相救,若有不幸,皆垂泪悲叹。日本恰恰相反。……日本礼法甚严,拜谒总主难如见鬼神。位稍高者威焰嚣张,蔑视下属。情交亦薄,他人有不幸,不见悲叹之色,与西洋大不相同。万一到了紧要关头,谁能尽

---

① 福泽谕吉:《日本妇人论》,东京:时事通信社,1930年。
② 《弘化三年上书》,《大日本维新史料》第1编。其他出版信息不详。
③ 源次郎:《播州人美国漂流始末》,《异国漂流奇谭集》,大阪:福永书店,1927年。

力？故与其礼法严而交情薄，不如取其礼法薄而交情厚。余不敢尊崇夷俗，乃虑当今之事为自知也。①

中井弘在《西洋纪行航海新说》中说：

感人之事有之，女王驱车驰近，路旁众民皆脱冠呼万岁。女王太子一行，则于车中答谢而过。如此事实，甚令人感叹。今日缙绅贵族，常自做傲慢姿态，不知与民共乐，呈威风震服士民，若令此辈见今日女王之风彩，必惭愧无疑。可惜！②

村田文夫在《西洋闻见录》中说：

虽然他们也有"士农工商"的叫法，但不像其他国家区别那么明显，他们认为把人按照不同等级来进行严格划分是东方各国很奇怪的一种风气。在我国还有"土免"③制度，不同地域会存在很大差异。这点更让洋人吃惊。……现在还能列举出若干个得益于宽大公平政治制度的风俗，不严格区分上下贵贱，即便是对显贵之人也不显示出尊大之风。

他们国家的客栈都很雄伟壮丽，上到王侯贵人下到平民百姓都可以投宿。只要支付了规定的住宿费就不应该问其贵贱。……即便是士大夫，触犯了一国的法律就要以该国的公法予以惩治，不会根据贵贱酌情处理。……即使是达官贵人，如果参加不需要特殊保护的仪式就很少带随从，或自己一个人去或坐车去，和平民没有区别。这种风气在西方各国都是一样的。我去长崎做客的时候，俄罗斯的海军总督一个人来我的公寓看望我。……而后我……去总督的军舰拜访他，他摆宴席招待我，让我坐上座。你是客人，我是主人。主人怎么能不对着客人呢？在俄罗斯这样的大国海

---

① 玉虫谊茂：《航美日录》三月七日条，《玉虫左太夫略传》，仙台：山本晁，1930年。
② 中井弘：《庆应二年十一月二十六日条》，《西洋纪行航海新说》，京都：堺屋仁兵卫，1870年。
③ 土免：江户时代的一种征租法，即根据土地的好坏确定年贡的制度。

军总督不算是小官。其风俗就是这么简单。①

福泽谕吉在《欧美见闻谈》中说：

至美国又行欧洲，……目睹欧美各国文明现实，钦慕不已。尤其重人权一事，乃为封建门阀制度生活之日本人梦中也难想象。眼前所见，令人茫然心醉。滞留法国之时，曾于巴黎买书，闻其书店主人乃当时国务大臣某先生之弟。这正如日本江户书店须原尾藏兵卫为某幕府将军之弟一样。余问同行者，真有如此不可思议之事？众皆惊诧感动。归后忙于读书及著书翻译，也将为社会全体所期望之打破门阀一事，于谈笑之间述与学友。②

涩泽荣一在法国期间曾回忆说：

特别是官民关系和谐这件事让我很佩服。我在一桥家供职时有时会因公务与大阪的金融商人会面，因为我是武士，所以被作为特殊阶层的人而受到优待。即使我跟他们说，我原本也是平民百姓，和普通人没什么区别，所以不用跟我这么客气，平等交往就好。他们依然对我毕恭毕敬。但是我来法国一看，这样的阶层差别一点儿也没有。很早以前有过这样一段佳话，负责民部子弟教育的皮雷特是政府官员，委托议会主席的弗洛里赫勒尔德是银行家，纯粹的民间人士，但两个人的交往确实绝对平等的，没有丝毫的阶级观念，非常和谐。我深切感到，这在日本是很难能可贵的。③

《大隈伯昔日谭》中也说：

---

① 村田文夫：《西洋闻见录》，广岛：井筒屋胜次郎，1869年。
② 福泽谕吉：《欧美见闻谈》。其他出版信息不详。
③ 涩泽荣一：《青渊回顾录》，东京：青渊回顾录刊行会，1927年。

为能尽快取得资金兴建学校,我等遂与商人交往。……回顾那时,一般士人甚为轻商鄙钱。与商人促膝交谈,做梦也不可想见。然我等已熟读英书,知些外国之事,故此类观念颇淡漠。但于一般场合,依然受习惯支配,不敢挺身与商人结交。……与商人交往自古即为小事,且在维新后也不为人关注。然当时社会等级严存,士人与平民有如主人与奴隶一般。于此旧弊尚未革新之际,不顾出身于士人之家,奋力自谋,与商人相提携……可谓社会变革中值得怀念一事。①

如此等等,都在说明一个问题:耳闻目睹了西方社会平等的风尚后,日本人应该觉悟到日本的封建人伦观念的固陋。获得这种认识具有深刻意义。摄取西方文化的志向,至此已客观地变成了克服封建制度缺点的意图。我们在回顾这段封建社会的历史时,不仅要看到上下隔离的社会风气的危险,也应看到公共团结精神在那种社会中难以形成。村田文夫在这方面有深刻的体会。他说:

在美国所遇之事,正与日本相反。……国人好隐瞒诸事,独擅其利益,有秘密谋事之风习。因此有秘事、秘说、秘藏、秘术、秘法、家传等套语。洋人恰恰相反,喜欢公开诸事,有相互磋商、博其说、夸其术之风习。所以有工会、公法、共和、新说、新发明、报纸等称呼。②

久米邦武说:

欧洲人之秉性中,其有会社团结之风气。此为东洋人所缺乏。③

长期习惯于屈从统治阶级的做法,致使日本国民缺乏独立自主的精神,这是日本人的劣根性。杉亨二在明治三年的建白书说:

---
① 大隈重信述,元城寺清编:《大隈伯昔日谭》,东京:新潮社,1914年。
② 村田文夫:《西洋闻见录》,广岛:井筒屋胜次郎,1869年。
③ 久米邦武:《欧洲政俗总论》,《特命全权大使美欧回览实记》,东京:博闻社,1878年。

有种妨碍文道开辟的第一恶习。这种恶习就是奴隶的风俗。……下面仅列举一二。

一、允许士农工商间的通婚。

二、禁止下跪。

我想,上面所说的两条如果能够做到,数年后风俗不仅会开化,更会在很大程度上成为有益于国家的事。十年前的洋书上记载,亚洲和非洲物产之丰富超过了欧洲。但是因为国家大肆进行政治苛虐,人民沦为奴隶,欧洲凭借航船、贸易、制造这三项将两个洲的物产都变为己有。这种令人惊讶的事情今天依然存在。①

津田真道在《民选议院论》中说:

我大日本帝国之人民,近来似稍有文明开化之风气,然比之欧美各国人民之文明程度,犹不可同日而语。……一言以蔽之,我帝国三千五百万人民,皆为不学无术、无智无谋之人,二千年来习惯受压抑。若有政府之令,君主之命,则唯命是从。且以此为忠臣义士者,比肩接踵。而具独立不羁自由之精神,不屈君威,不恐白刃,刚健正直,明辨国家人民之利害得失者,绝无仅有。如此,安得谓之开明文化之国民。②

西村茂树在其著作《保守论者》中说:

近年政论者有保守派。彼等欲不失本邦以前政治之风,又欲兼得西洋之富国强兵。西洋之富强得益于依赖政府民主之力。故欲守从前施政之风,使人民不失谦恭卑顺之性,则不能得西国之富强。欲得西国之富强,必

---

① 杉亨二:《杉亨二自叙传》,杉八郎,1918年。
② 津田真道:《民选议院论》,《真道遗稿集》。其他出版信息不详。

须革除卑屈、柔顺之风。①

酒井雄三郎谈他在欧洲的感想时说：

欧洲诸国人民，因其文物制度各异，其享受自由权利之程度亦不同。彼等常遵循正义，爱护宪章保障之自立自主权，人民议政之基础牢不可破，凛然不可侵犯。闻见如是壮情，可知其夸耀幸福文明之国并非偶然。必窃钦美之。回想日本当时情况，仰望东天，慨叹再三意犹不止。……我等始终生长于专制之下，饱含卑屈之陋习，忍受政府之压制，容忍议院制之滥弊，深恶公卿之特权。然欧美诸国多数贫民熙熙然而讴歌立宪，日日砥砺其自由权利，研磨其自主之精神，其国运旺隆，渐逼日本。然我等恭奉之政府，尚不可与欧美政府共享平等之交往。观此势，虑及我等前途命运，悚然而颤栗。②

社会生活呈现出如此面貌，可见文化建设也不会生机勃勃，充满活力。《西域物语》中有这样的记载：

西方之书中，载有制作奇器之详细做法，并一一插入图画，取而读之，备感亲切。……此类事，日本人唯恐他人共享，决不妄自传授，唯谋一己之利，实浅薄之至，与西方正成反比。③

《经世秘策》中写道：

在京城无论是国务还是威仪的城郭，只凭我国自己的力量的话，国民就会疲惫，难成大业。如果联合国外的力量，无论多大的事业都能成就。……

---

① 西村茂树：《保守论者》，《泊翁巵言》第2册，东京：西村茂树，1800年。
② 酒井雄三郎：《归来所感》，《国民之友》第147号。其他出版信息不详。
③ 本多利明：《西域物语》中卷，《日本经济丛书》第12卷，东京：日本经济丛书刊行会，1915年。

但是如果日本的风俗人情是受支那教训的影响而形成的，不寻求外援，就会被唐土圣贤的教训拖后腿，做梦也不会想到四大当务之急。①

佐久间象山在其书信中写道：

哀哉！本邦人虽有志，然精力薄，不惮一劳，只取不学之人翻旧之书，而视为至上法宝。西洋印行传诸外邦之物，本邦同胞多为互相掩藏。实令吾辈愤激。②

到了明治以后，情况仍未好转，人们不得不痛苦地诉说：

正在奋斗的友人，可悲呀！依然生于孤境之中。如在高压下做工的潜水员一般苟延残喘。③

关于产业，人们也发出了叹息：

过美国之广土，由过去想象到将来，颇觉亲切。……而回想我日本，人口同于美国，其建国元年则百倍于彼，虽物产丰盈，仍不可免上下贫弱，何以故？盖不教之民难使，无能之民非用，无规则之事不果。……试看上等人所学，非空谈阔论，即浮华之文艺，视民生切实之事为旁枝末节，绝不用心。中等人非守财奴，即赌博之徒，绝无兴财产、立牢固事业之心。……美国之旷土，乃人力开发之故，而东洋沃土，不用人力，国家自然难兴，收获亦自然不佳。此况已于梦中越过二千余年，今日为国计者，当发感慨，思奋兴之法。④

---

① 本多利明：《经世秘策》，1789—1801 年。其他出版信息不详。
② 佐久间象山：《给山寺源大夫的信》，《象山全集》，新潟：尚文馆，1913 年。
③ 森欧外：《妄想》，《现代日本文学全集》，东京：改造社，1931 年。
④ 久米邦武：《明治五年一月十五日条》，《特命全权大使美欧回览实记》，东京：博闻社，1878 年。

在这方面,比起坚韧不拔、持之以恒地做出努力的西方诸国,我们还是望尘莫及。其原因就像上述见解中所显露的那样,就连平田笃胤也说道:

> 虽言小国,荷兰岂非更小?……其国风稳健,长于思考,凡事皆溯本求源。其思考结果,乃造出种种测量之道具。……为一件小事,须费五年、十五年乃至一生之光阴,一代未能解决之事,当则记下自己所思,遗与后代子孙弟子继续思考。以此法为器,凡事定须水落石出。然于骄胜之国,诸如日、唐等国,凡事皆以推量了之。①

(这里只列举了唐国,其他类似的例子也可能包含日本)鹤峰戊申在上书中说:

> 在我国,算上今年的话是第十年要成就大事了,今年如果有进贡之事,如果是不需要的事就会延期。在那个国家建都按照西方的风俗,如果是古人没有登过的高山,会舍命花重金来登山,把某年某月某国的某人来此山测量一事当作一件功劳。如果有古来不为人知的岛屿,又会舍命花重金来开辟,并以此为功劳。如果是为了前人,在今天也算奉行天理,应该可以安心。②

《特命全权大使美欧回览实记》中说道:

> 东洋和南洋出产的天然产物很多。但因为缺少对制造业方面的关注,要增加利润只能依靠欧洲了。简言之就是因为人民懒惰。东方在才华智慧上并不劣于西方,只是很少用于谋生之道。每天只靠那些高尚的空谈来度日,何以证明其才华智慧。以东方人的手艺制造出的物品应该具有高雅的

---

① 平田笃胤:《古道大意》,《皇道训》,茨城:弘道馆,1919年。
② 鹤峰戊申:《关于外国船只一事所附的字条》,《开国始末附录》。其他出版信息不详。

风韵。……应对机敏、思维活跃、……具有随机应变的智慧。因此,东方人是智慧机敏的。西方人相反,对待营生百事都严肃刻苦,开辟了理化生三学科,并根据这三门学科的理论研究辅助化的机器,采用省力、集力、均力的战术。其才华拙劣,但是所下的功夫不断积累换来了今天的富强。……比若说满地荒草拿来给动物吃,那么动物就会繁衍。这是个简单的道理,但却没人去做。不是没有智慧,而是因为不愿学习。水车、刀、锯都是千年以前就开始使用的。转动轮轴时用木头不如用铁转得快,这是个很浅显的道理。但这没有引起制铁业的兴起。不是因为道理太深奥,而是因为缺乏进步的精神。[①]

井上馨和涩泽荣一在建议书中曾说:

今欧美各国国民务实学,富知识,以不能自食其力为大耻。我民则与之相反,士徒知借祖父辈之奉禄,不知攻文武之科;工徒知论庸作之价,而不知求器械之巧;农徒知顺乡土之常规,不知讲农桑之术,不知贸易之法,此皆为不可自食其力。当是时,偶有以才识著称者,亦多为投机钻营,利己之徒而已。……今应驱逐此辈。[②]

高桥新吾在《给大隈重信的信》中说:

与美国众门生等一起生活时我深切体会到,人情及睿智、愚钝、贤善、鄙恶等方面,美国和我们日本并无差别。那么,我不禁疑惑为什么他们的文明开化程度如此之高呢?最大的区别就在于美国人做任何事情都是先立规矩再做事,深谋远虑,不急于求成,能够循序渐进。这点是我们日本人所不及的。因此,如果我们日本人能够把眼光放远,不急功近利,不要小聪明,那么

[①] 久米邦武:《欧洲政俗总论》,《特命全权大使美欧回览实记》第2篇,东京:博闻社,1878年。
[②] 井上馨、涩泽荣一:《明治六年五月七日建议书》。其他出版信息不详。

我们赶超西方就指日可待了。①

西村茂树在《长短说》中也做了高跨度的论述：

> 我日本等国，其长处在于勇敢节义，其短处在于浮躁。试观今日上下之世态人情，急功不顾国力，仕官之浮躁；弃长远之利而顾眼前，农夫之浮躁；不自量力，欲一举而赢万金，商贾之轻躁；……不务实学而好高骛远，书生之轻躁；不知改内心，徒虚饰外表，一般人民之浮躁。如是，生于此国者皆患浮躁之病。此事不可不省察，此病不可不疗治。
>
> 一国之长短之外，又有一大洲之长短。亚洲较之非洲，其长处颇多。然比之欧洲，则短处居多，且原来之长处也不及欧洲。然若聚精会神疗治最短处，则最终或许能与欧洲并驾齐驱。其短处何在？缺乏进取之心与忍耐之力。此二者乃全亚洲之短处。欧洲人咸制亚洲人，毕竟也因为这短处。于哥伦布之航海，牛顿之物理学，彼得之政事等，亚洲则无一奇伟卓越者可论。欧洲寻常之人，其进取与忍耐之力大大胜于亚洲人。此乃众目所视之事也。②

综观以上叙述，我们可以明确地认识到，一种消极的东洋风气，正制约着日本的发展和文化的进步。日本要挺进激烈动荡的世界竞技场中，撷取西方积极的精神为我们所用，图谋对精神的根本改造，便成了客观的愿望。

明治元年，西村茂树上书岩仓具视，说道：

> 亚洲自古乃圣贤英雄并生之地，然与其他之洲同为欧洲所制驭，乃遗恨千古之事也。臣以为，其原因系人种之优劣及学术与性情此三者。人种之优劣，乃无可奈何之事，然学术性情二者，人皆可获。今日亚洲学术难以治

---

① 高桥新吾：《给大隈重信的信》，《大隈重信相关文书》第1卷，东京：日本史籍协会，1932—1935年。
② 西村茂树：《长短说》，《泊翁丛书》第2辑，东京：日本弘道会，1912年。

一国为主，不知广推于四海。故其论狭隘，流于固陋，君臣之分过严，贵贱之别甚大，硁硁于小节细义，不知立惊天动地之伟功。于区区之一国内，互责其过失，或互隐其过失。故人之才智日蹙，闻见日隘，或迂阔，或骄激，毕生所见，尚不能出门户，此乃亚洲学术之弊。又亚洲人之性，好古恶新。改国改日复古，论道理称尚古，制兵器亦模拟古制，立制度亦依古律。凡天地之气运，逐年而开，绝无今非昔比之理。然国人之情拘拘然而崇古非今。故闻见日趋污下，知识越发衰绌。又亚洲人之性，崇虚文而不论实用，以为长袍宽带胜于短衣窄袖，以为虚位空爵胜于实富真盛，故人才多流于迂疏，不适实用。此乃亚洲人性情之偏僻也。又如见识之事，凡人之功业，较之智略之深浅，目光之大小更为重要。亚洲人之目光短浅，政体立论，皆不能出一国之内。日本于地球之中甚小，如大象面前之蝼蚁。于此区区小国之内，互抱敌仇之心，一雄一雌相排击，却自以为得计。其识见之卑，目光之浅，实如管中窥天，蜗牛角上争雄。若欲扬国威于海外，须去如此固陋狭隘之识见，洞察五洲之大，知日本乃全地球之一隅，解国内之怨隙，期意于远大。不取小神后、丰公、秦皇、汉武之业而师古代英雄亚历山大、凯撒、彼得、拿破仑之功业。如是俄美之大，英法之强可至矣。①

小崎弘道在《非脱离东洋风气不可》中也为这种愿望发出呐喊：

变外部之风俗习惯易，改内部之心难。然人心者本也，风俗习惯者末也。今日之改进改良，若非涉及人心之本，必将彻底无望。然此改进之风，安可不触及人心之本而只于外部模仿西方风俗？察现今之实况，身裹西洋之服，口食西洋之食，居西洋之屋，仿西洋之风俗者，其心依然依东洋古来之风气者众。纵令其出游于西洋，修西洋之学，怀西洋之思想，发西洋之议论，其气风依然难免东洋气者，非寡也。呜呼哀哉！东洋之风气须速脱弃。②

---

① 西村茂树：《长短说》，《泊翁丛书》第2辑，东京：日本弘道会，1909年。
② 小崎弘道：《非脱离东洋风气不可》，《国民之友》第5号，东京：民友社，1887年6月，第32~33页。

连西村茂树等国粹论者,也始终强调这个愿望。他们痛切地感受到日本的弊害,极力主张学习西学,趋利避害(西村茂树触及国民劣根性,但不仅仅如此,他还常常注意到其他许多问题)。人们知道,积极向上的风气是要伴有明快活泼的精神。而日本现在缺乏的正是这种风气。安政五年哈里斯在会见下田奉行时谈到下面一席话:

> 西洋人与东洋人不同。东洋人,酒食足而以为家境幸福,视运动为劳民伤财。然而西洋人与此相反,以为运动不至,则事不得成。[1]

这段意味深长的话,把日本人的非活动性风习同西洋人的日常生活做了比较。因此,我们很容易领悟到他所要表达的意思。古川正雄在这方面体会得也较深,他在《洋行漫笔》中写道:

> 在西洋,做工即做工,游乐即游乐之风习。……日本人民……或昼夜长谈,或熏烟品茗,徒费光阴者不少。又休息期间,既不以散步为运动,又不赏鉴珍玩;以为消遣,唯津津然吸烟草;或横卧成"大"字而为一寝;徒费时刻。是故,日本人绝无快乐之气色。而洋人嘲之曰:"其神色始终如病人。"[2]

伊泽修二也感到:

> 学业以外,余又得一大教训,即悟得东洋老成主义的谬误。日本、中国等地,人皆厌弃天真烂漫,夸人之时曰"此人少年老成"等等。故余留学以前亦故作老成人之态。……然而及至美国等地,二十多岁青年犹如黄毛孺子一般掷球、滑冰、游泳,这在日本皆为七八岁孩童游戏,而彼等却怡然为之。至此,余对从来之老成主义始抱疑念。人生再长寿,也不过七八十年,

---

[1] 东京大学史料编纂所:《安政五年一月十日蕃书调所对话书》,《大日本古文书:幕末外国关系文书》第19卷,东京:东京大学出版会,1910年,第61页。其他出版信息不详。
[2] 古川正雄:《洋行漫笔》,1874年。其他出版信息不详。

享百年者鲜有也。然而不及而立之年,即老气横秋,到底此生之价值亦不知何在。……而今余已茅塞顿开,意气盎然。此亦余留学中之一大幸。①

矢田部良吉说:

悟万物进化、生存竞争、劣者必灭之理者,不以悲愤慷慨之情挺身兴国,而应以百折不挠之意行之。须先研究欧人进步之原因,深思熟虑后徐徐然定相当之计划,与欧人竞争,而不屈服于彼等。徒怀悲愤慷慨,何益之有?……欧洲人种,尤其日耳曼人,其文明开化欣欣然而不滞。铁道、电信、汽船无须赘言,又发明文明机械,达学术之蕴奥,渐成善良之政体,结成善良之社会。此决非由于悲愤慷慨之情,而因精神爽快、百折不挠之精力而成。②

西园寺公望也论述道:

国民之气象,宜活泼爽快,不可慷慨悲愤;宜正大有为,不可偏曲奇僻。③

最后,日本人还必须反省:日本历来都只是少数杰出者或统治阶级专门把持政治、文化的建设大权,而大多数民众却缺乏参与意识和机会。《国民之友》第150号上刊载了一篇题为《国民之前途》的文章。作者在文章中就对这种情况的具体表现形式——英雄主义、反民众主义进行了鞭辟入里的批判:

欧亚两洲各国今日盛衰如此明显,其原因颇多。……第一,亚洲人惯于依赖不可依赖之英雄豪杰,而不知应依赖可依赖之法规刑典,后者又正是国

---

① 伊泽修二:《乐石自传教界周游记》。其他出版信息不详。
② 矢田部良吉:《悲愤慷慨之说》,《东洋学艺杂志》第 54 号,东京:东京社,1882 年。
③ 西园寺公望:《明治二十九年东京高等师范学校毕业典礼演讲草案》。其他出版信息不详。

家万世之长策。欧洲人则相反。第二，亚洲人乐于树自己为英雄豪杰，使千万人均为奴隶，以此行其经纶，而不知亿兆一心勤于国务乃国家万世之长策。而欧洲人也与此相反。依赖不可依赖的英雄豪杰，使千万人为奴隶，行其经纶，依赖可依赖的法规刑典，亿兆一心勤于国务，这是欧亚两洲各国古今盛衰相差悬殊的最大原因。①

对这种英雄主义、反民众主义，田口卯吉也做了批评。他说：

> 依余之管见，国家开化形式有二：一为贵族引导之开化；二为平民引导之开化。何为贵族引导之开化？观东洋各国开化之性质便可知之。古来东洋各国并非没有一时之隆盛，其文化之灿烂，足以惊人耳目。然而此皆为贵族引导之果。……欧洲现时之开化，则与之相反，其开化乃发于商业……即民众所引发。其诸种文学、技术、衣服、饮食、家财、器具、船舶、铁道、电信之类达今日之状，实为平民需要使然。……西洋今日之学问，其初均发于劳动社会实验。试观之，机械学始于机械师之实验，建筑学、造船学始于木工、船匠之实践，……化学则源于制药师，……经济学则滥觞于众多银行家、商人之实践。故西洋诸学，皆发端于下层社会之实践。历来之学问均为贵族阶级所有。试想，今日吾人知仁义之说，终有何益？吾人玩味《左传》《史记》等词句，有何所需？吾人作诗赋以汉文纪行，终有何利？吾人以万叶假名作难读文章，终有何才？……一言以蔽之，若不使日本有形、无形之开化脱尽贵族臭气，以此增其所得，使知识发达，改良人种，则决不可与今日欧美今日之进步相匹敌。……吾国人民于荒芜之孤岛上，若只怡然自乐于贵族之开化，则以何保卫国家之安宁？②

岛田三郎说：

---

① 《国民之前途》，《国民之友》第150号。其他出版信息不详。
② 田口卯吉：《日本开化之性质》，《乐天录》，东京：经济杂志社，1898年，第38~97页。

东洋文明有贵族性质,西洋文明有平民气象。此可谓意味深长。……贵族文明乃榨取多数人血膏,以供少数人纵欲之物。其浮于社会表面,现灿烂之光。然其内部却潜藏惨淡之悲况。所以由此产生之美术技艺,均适宜少数人娱乐,而多数人不能与其同乐。如此美术技艺,缺乏生命力,不免半途而废。……东洋文化的进退,其起源虽先于西洋,然时至今日,却落伍于西洋之后。欲使东洋文明比肩于西洋,须去其病根,变其社会结构,普及平等主义。若此种主义得以普及,由此而产生文明,其根必牢,其花也永无凋落之患!①

可见,他通过对日本文化贵族性的偏畸进行全面剖析,从中找到了东方各国在向世界进军时落伍的原因,并且就今后日本文化的出路提出了非常可贵的建议。

总而言之,通过对西方文化的接触以及对其优越性的认识,日本人一方面得到了反省日本传统文化中从未想到过的缺陷、陋习的机会,另一方面又认识到要弥补这些缺陷,匡正这些陋习而必须学习西方长处的必要性。因此,基于这种动机,摄取西方文化,不同于只对外国文化之盲目憧憬和崇拜,它正是我们从善改过、成长发展的一个外在契机。它的宗旨只能是革新日本的社会生活,求得民族文化的进步。因此它的实现,迅速地从根本上改造了国民生活及其文化。仅此一点,我们便可以说,它与古代中世纪摄取中国文化、佛教文化有着明显的不同。因为那时对外来文化的摄取,其宗旨是为了给传统文化添枝加叶,而很少从根本上加以改造。现在的摄取则具有划时代的历史意义。在具有丰厚的现实基础这一点上,我们可以把这种摄取西方文化的动机与前面提到的基于国家独立的动机置于同一范畴内考虑。然而这里所谈的是在受到外界条件逼迫下才产生的被动的反应;与之相对,前者是为了自身的发展、进步而自发地、能动地产生的,它有着更加积极的意义。摄取西方文化能有如此强劲有力的动机,就客观地规定了它将作为日本的国策以及前进、进步的起跳板而全面地展开。在另一方面,摄

---

① 岛田三郎:《平民社会的责任》,《国民之友》第 2 号,东京:民友社,1887 年 2 月,第 27~28 页。

取西方文化的动机又敦促我们对轻视、攻击输入西方文化的倾向给予反击。而且对西方文化优越性的认识,一旦同这种目的相结合,尽管有时它掺杂着不正确或评价过分的成分,但它也决不应该被视为毫无意义的崇拜西方或毫无价值的思想而一脚踢开。之所以这么说,是因为对西方文化优越性进行认识,并不是以实用主义为主,而是只要能达到刺激日本向上的目的就足够了。田口卯吉曾在《西洋与日本》中论述道:

> 西洋今日之开化,并非今日之人之发明,皆为数百年来遗传、积蓄之产物。今日西洋人是在模仿,我日本人也在模仿,这有何可卑?若曰"学西洋即可卑,守日本则为日本男儿",此言则大谬!
>
> 吾人今日学物理学、心理学、经济学及其他诸种学科,并非学西洋科学,乃是学习宇宙之真理。吾人希望吾邦设立立宪政体,亦非因西洋流行此政体而欲立之,此政体乃适合人民固有天性之物,何以不立之?吾人今日欲用铁道、汽船及其他万般机械,非因西洋用之而吾人亦欲用之,此乃为吾辈平民之便利,何以不用?所以,倘若吾邦固有事物中有便利于民者,又何须废?
>
> 吾人的目的不是把我国西方化,而是提升我们的幸福感。因此,从此以后不要说把吾人的衣服做成西洋式的。要说做成"斗篷""裤子""男子礼服"。……不要说把我国的学术、技艺、法律、政体、商业、银行等变成西方式的。要说让其朝着最适合吾人的方向发展。原本吾人的目的就在于事实,而不在于语言。增加吾人的幸福感不一定非要西方化。①

福泽谕吉在他的全集中也指出:

> 洋学家之目的,在于明晰西洋之事实,敦促日本国民趋于变通,使之早日进入文明开化之门。②

---

① 田口卯吉:《西洋与日本》,《鼎轩田口卯吉全集》第2卷,东京:大岛秀雄,1927—1929年,第520~523页。
② 福泽谕吉:《绪言》,《福泽全集》第1卷,东京:时事新报社,1898年,第2页。

他的这席话,的确表达了主张摄取西方文化的学者的心愿。换句话说,他们的意图在于促进变通,使之早日进入文明之门,而并非使之西方化。

第四节 出于纯理性的憧憬

日本对中国文化、佛教文化以及南蛮文化的摄取,除了古代的铁器和中世的钱币,大多是基于对优秀文化价值的纯理性主义的憧憬。如前章所述,对近代西方文化的摄取,是迫于内外的现实要求,有着与以往的摄取截然不同的特色。然而,我们并不是说这次摄取从开始就缺少基于纯理性的憧憬的动机。正如第一章所述,对西方文化优越性的认识,在更多的场合都伴随着希求移植它的愿望。尤其在科学、哲学、文艺、美术、音乐等部门,这种纯理性的欲求更成为主要动机。在摄取外国文化的时候,有时可以见到因为异国文化的珍奇而欲据为己有的态度。然而这种态度,大抵是仅止于对贸易品的好奇而产生的低层次的欲望。在摄取文化这种高级的活动中,人们多倾向于从对方那里寻求到超越国土和民族的普遍适应性的价值,并欲将其移植过来。之所以摄取佛教,不是因为它是天竺(印度)的宗教,而是因为它是"四生之终归,万国之极宗";之所以摄取儒教,也不是因为它是"中国的道德",而是"天地间唯一的人伦之道"。对待西方文化也同样。绝不是因为它是西方文化便欲获得它,而是因为在确信了"人性"的同一和"理"的统一的前提下,人们认识到了西方文化更合乎人性,更加合乎理性。请看看下面这段论述,也许能够得到一些启发:

夫人性者,一也。故其理一也。譬如于病理,未曾闻彼之医药有效而此之医药无效;于心理,亦未曾闻彼之想象研究全然于日本人相反;……于政治,治乱兴废,与文学事物盛衰消长,亦未曾见彼此相异。……要言之,中国、西洋、日本之区别,非如虫鼠、犬猫之区别也。①

这种想法在明治初年就主张摄取西方文化的启蒙思想家中尤其有市场。它常常缺乏对西方文化的特殊性,乃至对英国、美国、法国等国各种特殊性以及由这种特殊性所决定的普遍适应性的界限的认识。因而他们陷入了令人遗憾的偏颇中。然而只要他们不拘于特殊性,而且对与其共存的普遍性价值给予肯定,我们就绝不能责难他们对普遍价值的奢望。因为这正说明日本人民对价值有着敏锐的感受和较高的评价能力。

这种对文化价值的纯理性憧憬,在对待日本所没有的新事物上表现得尤为炽烈。对自然科学的关心,毋庸置言,是基于现实的需要而产生的。然而同时在不少场合它也是被探求未知世界的欲望所驱使。正如《兰学阶梯》中所说:

不敢羡慕彼国风俗,……唯希冀通晓和汉千古无人知晓之事。②

可见国人不断受到日本自古以来不曾有的新价值的世界的撩拨,极欲在日本也树立起相应的新价值观念。正是这种愿望,在某种意义上加快了日本摄取西方文化的步伐。持这种态度者大有人在。西周主张学习西方近代哲学的意图也表明了这种心态。他说:

除此之外,尚欲修哲学方面学问。为日本法典所垄断之宗教思想,往时相异于笛卡儿、黑格尔、康德等所倡导之思想。学之又颇难。哲学研究,于日本文化走向上大有裨益。故欲排除万难学之。止其一端亦足矣。③

外国人对日本人在这方面的努力,给了很高的评价:

---

① 田口卯吉:《日本之意匠及情交》,东京:经济杂志社,1886年。
② 大槻磐水:《兰学阶梯》上卷,1912年。
③ 这一段出自西周在荷兰留学时的荷兰文书信和《幕末我国海军与荷兰》中的译文。其他出版信息不详。

日本人讲究实际,是现实主义者。他们不是喜好歌德文学、黑格尔哲学的民族。①

凡是建设性的德国哲学,都包含着与日本现实恰成反比的性质。然而正是这种对应的关系,才使得它在日本的西方哲学界中占据了主流。关于德国的音乐,也可以这么说,它有着与日本的传统歌舞伎相反的特色。它所拥有的"自由剧场"成了人们关心的地方,从小山内薰下面的这段记述我们可以了解到当时日本人对德国音乐的狂热态度：

节目单上写着注意事项：第一,拉开台幕后,所有的门都关闭,演出不结束,决不准任何人再进入。这是为了防止有人影响观众的观剧效果,……第二,规定妇女一律脱帽进场。第三,演员均不给报酬。②

木村鹰太郎说：

日本民族之缺点在于弱小。故弥补它须鼓吹"力"与"大"之说。若世界如昔日,日本可居于小天地之中。然今日世情已变。今列国相接,万事皆归竞争。日本大和根性为巨浪所冲击。而吾绝非排斥美之嗜好,唯主张加"力"与"大"之嗜好而已。也可颂富士山之美,然试想地中之大绝非富士山之美可比也,要观天体之无限天空之无涯,切不可固守井蛙之见。③

作者这样强调另一面,实际上也是基于此种动机。他在极力说明移植国民从来所缺乏的新精神的必要性。当然这样移植外国文化是极其困难的,而且容易失败。但是只有这样,才能多多少少匡正日本文化特有的偏畸,才能为日本文

---

① 戴宁克：《外人所见到的日本国民性》,东京：中央教化团体联合会,1934年。
② 小山内薰：《西洋的自由剧场条》,《自由剧场》,岐阜：郁文堂书店,1912年。
③ 木村鹰太郎：《另一个侧面——日本人的嗜好》,《日本主义》第21号。其他出版信息不详。

化添加丰富的、崭新的内容。仅此一点，我们也得承认，它有着一定的意义。

然而，在摄取西方文化的动机和形式上，还存在着与上面所述相反的情况。在很多场合，人们往往是先寻找双方共同之处，然后以此作为吸收外来文化的依据或理由。也就是说，他们是立足于"和洋求同"的思想基础上的。尤其是对受儒教精神影响颇深的江户时代的洋学者们来说，双方文化必须经过儒教原理的"度量衡"确定出其有价值以后才允许摄取之（很明显，这种做法是失之偏颇的，令人啼笑皆非。它严重地阻碍了摄取西方文化的进程）。关于摄取西方科学，三浦梅园在《归山录》中说过："松村曰'西方之学毕竟穷理之学也。在于穷知物之性。知性然后可成事也'。"①佐久间象山也说：

当今之世，世界中所谓可穷学艺物理之事，皆源于朱子之本意。故出于当今之世，善读《大学》者，必兼通西洋之学。②

横井小楠说：

当今之日，制巨舰大炮，冶金银钢铁亦皆依五行之理也。西方近来种种发明，皆未出圣人之道，乃圣贤之道、圣人事业之一端也。③

关于政治，桥本佐内曾吟诗一首：

拘士何知今昔殊，洋人场里说唐虞。尧治舜化不专美，当读西方通史无。④

在《海舟座谈》中，我们还可以看到这样一段记载：

---

① 三浦梅园：《归山录》，《梅园全集》上卷，东京：弘道馆，1912年。
② 佐久间象山：《文久二年九月上书》。其他出版信息不详。
③ 横井小楠：《桃好裕西游日记》庆应元年条。其他出版信息不详。
④ 桥本佐内：《西洋杂咏》。其他出版信息不详。

小楠……是一位很明白事理的人,极其聪明。我从美国归来后,说起各种国外的事,他听一悟十。我不禁感叹,还是尧舜政治教化之深。①

关于经济,中村正直(中村敬宇)论述道:

管子曰,仓廪实而知礼节,衣食足而知荣辱。孔子先富民而后教之,正德、利用、厚生,实相须以济。盖欧美之论财用者,未尝不与古圣贤之说相结合也。②

关于音乐也无例外。这正如久米邦武在谈自己感想时所说:

唱歌乃小学之课,以此敬天神,和人伦。鼓洋琴而为节奏,又步趋而为舞蹈。其教通于男女,使其性情发泄通畅。③

大久保利通认为,对西方各国应分别对待。他说:

遍查普鲁士国政体规则并地方官规则,且翻译之。然英、法、美等国之状皆未细查,彼之开化程度,高我数层,我不及之处可以万计。依愚者之见,普鲁士国可为我之标准者颇多。可先注目此国。④

佐佐木高行也主张取法普鲁士。他说:

普鲁士风俗质朴,都市之家质朴无奢华之迹。百事朴直,教育军备旺

---

① 胜海舟:《海舟座谈》,东京:岩波书店,1930年。
② 中村正直(中村敬宇):《财用论》,《敬宇全集》第2卷,东京:吉川弘文馆,1903年,第13页。
③ 久米邦武:《明治四年十二月十四日条》,《特命全权大使美欧回览实记》,东京:博闻社,1878年。
④ 大久保利通:《给西德二郎的信》,《大久保利通文书》第4卷,东京:日本史籍学会,1929年,第483页。

盛,足可为日本之目标。①

阪谷朗庐则主张效仿英国:

> 于日本有可取者,有不可取者。独英普与我形势风习颇有类似之处。而英国乃西方岛国,其势力又与我东方岛国最相似也。然则方今翼赞之道,舍英而又孰取哉? 他们的这些见解都基于"洋和求同"的观念。②

第五节 基于思想上的觉悟

对近代西方文化的摄取有以上种种动机。我们姑且不说其中单单出于好奇心的情况,就是基于现实需要或对纯理性的憧憬而产生的摄取外国文化的动机,都无一例外地伴随着对其自身必要性的思想上的觉悟。这是一个不容忽视的事实。这种觉悟可以分为两种形态。其一,把吸收外国文化视为日本的历史传统,加以认同。以此为理论依据为摄取西方文化寻找基础,也即历史主义的态度。其二,不问历史传统,直接主张其必要性,即以理论为出发点的态度。正如大槻磐水在《兰学阶梯》中所指出的那样:

> 汉传之医流,业已数百年。故人人谙熟之,视其为开初既有之方技。今言及远西医道,皆怪讶不已。其实乃往复于异朝而得之医法疗术也。故知此道理,今取海外他邦之善法良术补吾之短,何乐而不为哉?③

---

① 佐佐木高行:《明治圣上和臣高行》,《佐佐木高行日记》。其他出版信息不详。
② 阪谷朗庐:《英国议事实见录》序,《阪谷朗庐相关文书》,1875 年。其他出版信息不详。
③ 大槻磐水:《兰学阶梯》上卷,1912 年,第 5 页。

小山田与清在《语学新书》"序"中说：

　　大和日出国，甲于天下之岛洲。夏凉冬暖、土沃水美、米盐足、菜鱼鲜。生于此者，食此良物，悟清虑远，无偏颇之心。……此神之大御国本多心宽怀雅之士，万事皆有可行之道、可用之术。故可为惠政之助而流传千古也。①

向山源大夫在上书时说：

　　言交易悖祖上之法者，有之。下以为非也。战国时代，中国、朝鲜、琉球之外，尚许与西班牙、葡萄牙、英吉利、荷兰、安南、暹罗、柬埔寨等诸国交易。向印度诸国差遣商船，称为朱印船或奉书船贸易。其后自宽永十三年始，日本商船前往夷国之事被禁。同十五年岛原之乱平定后，荷兰、中国之外之贸易遂为禁断。此乃割禁天主教之故也。……如是乎规约森森，交易不为，安敢有悖于祖法者哉？今日回返以前祖法，于道理可矣！②

大槻磐水在上书中说：

　　日本……城郭之建、枪炮之造，皆昔日效南蛮而作也。然年久见惯之故，以为本邦旧已有之。今时尚有以效外国为耻辱者。然毕竟非限于城垒等，取外国之长补日本之短，皆从来之国体。③

鹤峰戊申上书：

---

① 小山田与清：《语学新书》序。其他出版信息不详。
② 东京大学史料编纂所：《嘉永六年六月十三日上书》，《大日本古文书：幕末外国关系文书》第1卷，东京：东京大学出版会，1910年，第388~389页。
③ 东京大学史料编纂所：《嘉永六年六月十三日上书》，《大日本古文书：幕末外国关系文书》第1卷，东京：东京大学出版会，1910年，第101页。

使海外人服从或归化,乃自神世以来神明所保佑之帝国国体也。依此,东昭宫台德公二代,恩许天下万国通商,夷蛮之船亦可入津,日本之商船亦远渡美洲之新西班牙,而无异变之兆。①

安政四年六月,一份有关海防的上书中这样写道:

往昔与唐国及其他诸国通文以来,文字、武艺、有用之草木、器械等,徐徐然传入吾国。吾国得益匪浅。天下为之而遍知交通海外之利。富国强兵有赖于此,望圣上明虑。②

同年七八月的《江户风说书》中写道:

在田岛洋行催款时,英国人可以申请入内。我觉得这也是与儒家的佛法一样应该有的。不管依靠什么法则,让国家变强大是最重要的。武士进城时的衣服必须是大形花纹束带。其目的是彰显威武的形象,日本武士阶层的便服原本不是这样,而是受了唐末风俗的影响,是其他国家的服装。我认为这种着装规定应该改革,不应该也不能穿着睡衣去旅行或行军等。③

佐久间象山在给梁川星严的书信中说:

昔皇朝之世,以皇国与汉土相邻之故,自礼乐、政刑、戎兵、历算至女工针织之琐事,皆造搬彼之长处。固此乃善与人同,舍己从人之德,……迄今

---

① 鹤峰戊申:《丑八月上书》,《开国始末附录》。其他出版信息不详。
② 东京大学史料编纂所:《大日本古文书:幕末外国关系文书》第16卷,东京:东京大学出版,1910年,第549页。
③ 东京大学史料编纂所:《江户风说书》,《大日本古文书:幕末外国关系文书》第18卷,东京:东京大学出版会,1910年,第904~905页。

千百年间,以汉土为主之东洋未受外蕃之辱,皆归根于此。①

松江藩名儒桃好裕在《开洋学所之事》中写道:

熟思日本古来之姿态,礼乐、刑政、文学、制度并民间之缝机等,多用外国传来之物。以遣唐使留学僧学彼法,遂有我日本之今日。如是"青出于蓝而胜于蓝",日本之长也。迄今沿用之"和式枪炮"可见于日本古代之越兵法,而纯大和传统之中并无此物。天文年间自葡萄牙传来之物中亦有之。若谦信、信玄等尚健在于今世,亦必难舍西洋之兵法也。圣天子天智天皇尚遣留学生。如是不仅大园公之主意可成,谦信之意亦补可成。不仅谦信之意,天智天皇之意也可成矣。故夫改革者,改其名,殊其迹,实沿革古法之意也。②

村上英俊在《佛语明要自序》中写道:

广大无极之间,包容一大天体,名曰地球。区别之为五大洲。曰亚洲,曰欧洲,曰澳洲,曰非洲,曰美洲。诸多区别者,何也? 若得言语文字相通,则虽地隔东西南北,人民所住,禽兽所居,草木所生,舟楫所通,犹是同类者,何以区别哉? 同戴天宇,同踏地球而为人。于其性情,何有彼我之异哉? ……上古神圣盖明此理。故虽异邦之事,亦乐其所长,用其所善。如我皇国,文字器物之类,多乐于异邦。是无他,取其便利以供民用,岂非大公无私至极耶? 自此其后虽降迨霸朝,……而其采用海外异邦之事者,犹奉圣王之意也。③

---

① 佐久间象山:《给梁川星严的信》,1858年。其他出版信息不详。
② 桃好裕:《开洋学所之事》。其他出版信息不详。
③ 村上英俊:《佛语明要》自序,《佛学始祖村上英俊》下卷,东京:丛松堂书店,1934年。

伊达千广在《三踏山》中写道：

　　窃思之，万事不拘于一隅，万国各有胜事。广见广闻，文明之道必开。昔时以西洋人为题，所吟众诗之内有一首吟曰："取外国之长为吾长而传之兮，吾国乃繁昌。"然昔日为儒、佛之国，而今又须开西方之道，使事物日盛。若仅执着于儒、佛，仅固滞于国学，则大业不可成也。无论何国，取其长为吾所用，其神心亦然。丰荣之朝日冉冉兮，升于天宇。和煦之春风兮，拂于四方。四季如春，贯通万方之理，乃我大国之光也！斥尧舜为贼寇，骂释迦为愚物，意气高扬。然于吾一洲之内，如此之人，百中尚不足一，何况外国乎？无须尽作唇舌之争，而须务实。西洋船炮优胜，吾国须学之用之，术不良，何以国良哉？①

明治四年龙冈藩知事松平恒在长表中说：

　　我邦之制度多依唐风，自太古时即如此乎？恐此乃建国之后，征服三韩，与中国往来，取其礼乐制度之长处而用之故也。天皇即位之礼，迄今犹用唐制之冠服。其他百般之事，今用之者亦多依唐制。然此为国体治风，非与国共生之物，乃效先觉之物也。凡于安民开国有利之物悉取之，以之为日本体。此乃古典也。我邦虽因袭唐制，然而青出于蓝而胜于蓝也。其后政体整备，国威益振。然虽说中国古昔圣人辈出，但其后世只妄自尊大，卑见其他，墨守旧习，闭门造车，自不好变通。皆为暗于时势之故也。如是不知实学，故终毙于英、法西戎之手。②

同年的《东京土产》中也披露：

---

① 伊达千广：《三踏山》，《伊达自得翁全集补遗》，陆奥广吉，1940年。
② 松平恒：《太政官日志》明治四年六月三日条，《维新日志》第1期第5卷，静冈：静冈乡土研究会，1935年。

或曰"朝廷舍古法而取洋风,恐不可也"。此系大谬不然。所谓古法,何也？大抵孝德帝以来,资鉴汉唐之文物,润色古典之物也。今应时势之变,以西洋之新发明,更釐正润泽古法,此与祖宗之大训正吻合。①

三条实美、岩仓具视在答复久津岛光的书信中说:

凡国家之典礼,随时而沿革,乃古来之传统。如礼服,今斟酌欧美之风,犹如往时模仿隋唐之制也。苟取之为我所用,即为我服。不必非称之洋服不可。②

《国民之友》第336号刊登了《外国文明于我国之感化》一文。文章写道:

帝神武赐都于倭以来,至明治三十七年以来之日本,此间已有二千五百余年之历史。日本国民世代相继,发展成长之大进步史矣！使吾国历史如是者,其一为开国进取之结果。……自甘腐朽不堪,拘于陈套,夸炫国粹者,可以休矣！……舍平田笃胤传,读《皇子厩户传》！舍德川齐昭、德川家光之传,代之以井伊直弼、德川吉宗、大友宗麟！若有祭楠公之尊敬心,为何不如斯盛祭藤原镰足？取种种变化之外表高呼排外主义,拒新知识、新道于国门之外,此辈实日本历史之大罪人也。③

上述论点均站在第一种立场上,旁征博引古代中世摄取中国、朝鲜文化以及近世初期移入南蛮文化的历史事实,证明摄取外来文化,以丰富日本文化是日本的国家传统。他们极力主张,对待西洋文化也须大力继承这个传统。当然就连有些属于国粹主义阵营的人,虽然认为"忘生国而知外国,以我为客,以彼为主之倾向"是值得抱憾的,但也承认"古之日本人"为了"取外教之长,补内教之短,

---

① 大史元田值:《东京土产》,铃木喜右卫门,1871年。
② 岩仓具视:《具视济时之策》,《岩仓公实记》中卷1,东京:皇后宫职,1906年。
③ 《外国文明于我国之感化》,《国民之友》第336号,东京:民友社。其他出版信息不详。

不仅尊奉了外国人,且加于国民之恩泽亦大也。非今人所能企及"。表明对此历史事实,给予充分的尊重。这种认识与绪论中已论及的《神皇正统记》等所披露的中世摄取论以及本居大平、伊达于广等一部分近世国学者的摄取东洋文化肯定论,立足于同一逻辑之上。即从外来文化不可避免论,扩大到西洋文化领域了。三浦梅园说:

> 世间儒家或斥责体用者说:"先王之法说是与非。"斥责心思者说:"是佛陀的事。"现在西学传入,畅谈天下者舍己而从之,取其真谛。武器传入,武士们要用它就要学习使用的方法。没有比这更有利的事了。①

本多利明说:

> 中国、日本,国初以来经历年数尚未至西域之一半。西域为强国,政务国事完备,取西域之善美以助我,乃本意也!②

佐久间象山说:

> 外国所有之事,本邦无之,外国能为之事,本邦不能为之时,本邦固不可能与彼相匹敌。余为此屡与同学争执。迄今言及此事,寝食不安。
> 学术智巧,乃互相切磋,互为相长之物。故始终锁国,使国力劣于外国,终至亡国。③

伊藤博文在明治二年一月提交的《建白书国是纲目》中说道:

> 观今之宇内,形势一变。正当四海交通之时,人人竞相广其耳目,由一

---

① 三浦梅园:《例旨》,《玄语》。其他出版信息不详。
② 本多利明:《西域物语》上卷,《日本经济丛书》第12卷,东京:日本经济丛书刊行会,1915年。
③ 佐久间象山:《文久二年十二月二十四日上书》。其他出版信息不详。

人及于二人,延达万姓。于是乎欧洲各国竞相文明开化。此时乃根除我皇国数百年继承之旧弊,使天下人耳目一新之千载良机也。此时若不速令吾人广受世界有用之学业,终必使吾人陷于无耳目之末俗中。①

福泽谕吉说:

方今日本,与外国贸易始开。外国人中或有不正之辈,贪日本力,愚日本民,专营自己之利。今我日本人若唯皇学汉学是倡,慕古风,不好新法,不通世界之人情世体,则是自陷愚昧而使外国人得意,正中其下怀也。②

在明治十一年的《文明田舍问答》中有这样几句:

为道之道,学也。……圣人贤人始亦必学于他人。……日本早学之,则欧洲学日本矣。怠懈至今,无可奈何!③

《世界之日本》创刊号的社论中说:

那时欧美各国离我们很近,就像支那离我们很近一样。要说敏感地感受其中利害的话,还有比支那离我们更近的。那么我们为什么要拘泥于东方西方的空名呢?就像之前日本人主张比日本更先进的东方的日本一样,比东方的日本更先进的还有世界的日本。站在世界的舞台上,从世界的角度研究出治理国家的方案,不得不以世界的胸怀周旋于世界各国之间。……就像不能赞同不分西方各国的风俗而一概照搬的崇洋媚外者一样,国史……不能以一种被道德主义所粉饰的伪国史为经典,不向伟大的理想前进而向着历史倒退。

---

① 伊藤博文:《建白书国是纲目》,《伊藤博文》上卷。其他出版信息不详。
② 福泽谕吉:《明治三年十一月二十七日中津留别之书》,《福泽谕吉传》第 2 卷,东京:岩波书店,1932年。
③ 松田敏足:《文明田舍问答》,大阪:松田敏足,1878 年。

对于靠排外和自尊保护国家的守旧者不能温言以对……如果要在这样的形势下建设国家的话,就要把世界各国的思想生活拿来与我们自己的进行比较,吸收可以吸收的,丢弃应该丢弃的,保留应该保留的,学习应该学习的。在法律制度、文学美术、教育教化、军制军备、学术工艺各方面都能以博大的胸怀融合世界各流派的先进思想,集万国之秀丽,咀古今之英华。人为什么非要寻求与众不同呢?还是只想说具备万人所不具有的心智与力量。那么为什么说文明、说国民、说国家荣耀的时候非要通过排他来标新立异呢?还是只想说拥有更多世间共有的文明。……我们要成为日本国民的幸福和光荣,向着这个伟大的理想前进一定会得到我们应该得到的。①

久津见息忠在《日本主义与世界主义》中论述道:

国民之特征习惯等,若不置于世界之大秤盘之上,殊难定其价值。吾人曾经全然不知海外诸国,以神国武国自诩,歌唱太平,其时深信吾人所为百事,无一拙恶处,无一不良处。及至环海开放,知海外事物,则觉吾人所为之事,皆拙恶不良也。故日本主义者乃自负主义也。相反,世界主义者乃谦逊主义也。自负果有事实乎?谦逊果不为谬误?于其事实,若有足以自负者,须始终维持之,不可不宣扬。又于彼事实,若有须谦逊者,吾人必改良变化之,以造出他之足以自负之性质习惯。要言之,此乃事实问题也。……若以余所识之事实,……被咒为夷狄之欧洲人,为吾人之先进者,彼等被斥为蛮夷事物,可作为文明之器而重用之。上自皇室,下至贱民,须称颂彼等制度、文物之善良便利,且不可不用之。……如是等等皆事实,原因何在?绝对唯存善良之物,无受彼等影响之理,无可爱之事。故使彼等之全部终成如今之状。日本民缘此世界势力之感化,乃得今日之文明,今日之进步,事实之教化如斯,……连绵相传之旧家,亦家道衰微,于今日社会中,不能有实力。虽有无此历史之国民,苦于今日新时代而无新事实,则唯被人视为珍奇,而不

---

① 《世界之日本》创刊号社论,《世界之日本》第1号,1896年7月。其他出版信息不详。

得光荣也。……日本民之今日为世界所认可,决非孤单无比之历史所为,而是新养成实力与之结合之故也。……如此事实……得认可之故,日本民即可日日摄取世界势力,以增己之新实力。此乃余欲望之所在也。①

正冈子规在《答质疑者》中说道：

输入外国之文学思想,非剽窃外国文学也。非剽窃而输入,全仗歌人之创造。……以人造之蔷薇比之天真之樱花,令人捧腹;唯推崇樱花无上而不知他花之美者,难谈美术、文学。②

这些主张是属于第二种立场的摄取外国文化说。通过以上的例子我们可以了解到,尽管这两种立场、主张中有程度的强弱之差,论据中有广狭、虚实之别,然而它们的宗旨只有一个,即明确主张为了日本的发展成长,绝对必须摄取外国文化。至此我们会发现,对摄取外国文化的必要性有如此明了的思想、觉悟,这在摄取中国文化、佛教文化、南蛮文化时尚不见踪影。所以我们可以说,这种觉悟的产生是前所未有的,它是这次才诞生的新的精神、现象。它出于为摄取西洋文化辩护的动机,顽强地对抗着来自攘夷排外论者的责难反对。这是与摄取近代西洋文化同摄取其他外来文化迥然相异的一个特征。这一点我们必须注意到。尽管这种觉悟在江户时代,仅止于少数先觉启蒙者的主张之中,然而,及至"维新回天"之举,大局既定,它就冲出了原来囚禁自己的牢笼,跟随着它的主人们对旧观念、旧世界、旧思想发起了全面进攻。最终,得以胜利者的姿态,被作为贯穿明治时代始终的国家大政方针,确定了自己的地位。明治维新五条誓文的起草者由利公正曾在草案中把第五条誓文撰为"须求知识于世界,广振皇基",明治天皇对此稍作了修正,改写成"须求知识于世界,大振皇基"。这就昭示了当时的国是。如果我们将明治天皇治世之初发布的宣言,同明治天皇治世临近

---

① 久津见息忠:《日本主义与世界主义》,《世界之日本》第 28 号,1898 年。
② 正冈子规:《答质疑者》,东京:大镫阁,1922 年。

尾声的明治四十二年所吟的诗句"取良去莠兮,国之大政;上下求索兮,振吾国威;得益术兮,踰彼鞑虏"合起来考察,就会窥见,明治时代的根本精神中,始终贯穿着这种理念。当然在明治以后,有些崇拜西洋之徒,以摄取西洋文化为借口,对这种认识进行了肆意歪曲,其荒谬自不待言。

如上所述,摄取西洋文化的必要性已形成全方位的主张。同时也正付诸实践。尽管其间还多多少少存在一些问题,但是总的说来,它已取得初步成果,我们已在某种程度上把西洋文化融会贯通、为我所用了。在这一点上,比之与日本有过同样锁国历史的中国,我们可以发现,我们自古代以来都在比较宽广的面上有过接触西洋文化的机会。中国迄今尚未实现近代化,而日本已远远走到了前面。差距如此之大,其根源完全在于我们两国国民在对待西洋文化上,有着迥异的精神反应。至此,我们不禁要感慨:迄今屡屡举出的摄取西洋文化的思想,其历史意义是多么巨大!更加令人欣慰的是,中日两国对待外来文化反应的差异及其影响,也已成为日本摄取西洋文化论中的一部分实际内容而为人们所熟悉,并且它们还被视为摄取外来文化的思想依据。前面提到的象山于嘉永二年的上书,志田东洋的《送大石种昌筑序》、福泽的《唐人往来》《详略外纪》等文献著作中都曾指出,中国因蔑称西洋为蛮夷,遂遭败绩的事实,就是其中一例。津田真道在《如是我观》中所说的一段话也说明了这种情况。他说:

> 我帝国之人民古来即有择取他国之长处,脱旧习,就新规之风气。此所谓君子应变也。与中国人之始终墨守古风,顽然不迁者,大相径庭。①

《时事新报》明治三十一年十一月版社论中也举出了同样的例子:

> 一千八百六十二年,福泽先生滞留于英京伦敦时,与中国之游学某氏相邂逅,……某氏曰:"谋东洋之革新,别无他,必先输入西洋文明之教育。今于日本,读洋书解其意,又可教之于他者,有几何?"闻之,先生答曰:"精密

---

① 津田真道:《如是我观》。其他出版信息不详。

之数,难以枚举。然依余之估算,日本国中五百人欤。"先生又反问道:"于中国何如?"彼屈指叹息曰:"实羞煞人也,不逾十一人。"先生闻其言,无言以对。彼时日本开国尚不满十年,然洋学之端,早自明治八年即开。国中有识之士,志于斯学者甚众。……与此相对,观彼中国之状,开国以来殆百有余年,其间既与外人二度接战并败和,他已亲眼见到西洋文明之事物,然……开国百年之际,却言读真实洋书,且通其意者,于全国几亿人口中,尚不逾十一人!……如斯之状,到底无进步之望矣!先生曰:"自闻某氏谈话之时,即绝望矣。"①

不仅日本人自己认识到了这点,就连外国人也注意到了。冈察洛夫在他的《日本渡航记》中写道:

　　日本人非常活泼,天真浪漫。比如在日本,那种愚人至极、令人痛苦郁闷、陈腐、无用的学问,根本找不到落脚之处。日本人不管什么都穿凿,都喜闻,都写进著作中。曾经到过江户的荷兰旅行家们说:"为了了解几乎全部新奇有益的事情,他们曾特意邀请日本学者去讲学。"②

这一段话,鞭辟入里地论述了这个事实,可见其用心之细微。

---

① 《时事新报》1898 年 1 月 13 日。
② 冈察洛夫著,井上满译:《日本渡航记》。其他出版信息不详。

第三章
对摄取西方文化的反动与反省

如前文所述,提倡摄取西方文化的思想日见兴盛,明治以后更以滔滔之势风靡一时。与江户时代排斥西方文化的攘夷主张占上风完全不同,明治以来甚至到了非欧化就要国将不国的境地。然而,反动也招致更极端的反动。主张西化的摄取论占上风时,与之相抗衡的反摄取运动也再呈活泼之势。明治维新的完成并不意味着主张开国进取的摄取派完全战胜了攘夷论。西村茂树早就指出:

> 我邦近年之大转换初起于尊王攘夷,后杂入文明开化。……二原质本非一物,其异有如天壤冰炭。然二者共存于一政府一人民之上,不可思议之极。①

《国民之友》记者也一语中的:

> 庆应明治年间有警语曰王政维新,曰王政复古。其时用者皆不辨二者之义,互用如同义词。……今人考二语,以为代表当时势不两立之两大主义,全不察时人不辨而用。……二者于破坏上相同一,于颠覆德川政府上相携互动。然二者相左于善后处置上:一欲效法泰西,破旧习于纵横,为出色

---

① 西村茂树:《转换说》,《泊翁丛书》第 2 辑,东京:博文馆,1912 年,第 36~40 页。

之政；一则力保可存之物，师法古代建设新政府。①

维新大业正筑于这两种相反思潮的微妙的妥协融合之上，这种一时的野合绝无永久存续之理。从这一点上看，反动的发生在所必然。反对摄取西方文化的潮流在明治时代之后的思想界仍占有相当的一席之地，或表现为江户以来的攘夷论在开国进取的国策既定之后仍顽强存续反抗，或表现为新国粹主义主张的抬头。当然，在摄取西方文化的必要性已成定论的这一时代，反对论自然也同主张西方文化全盘不可用或部分不可用的江户时代迥异。在思想界中，在其思想内容上，都有较大变化，呈现出更为复杂的性格。因而，本章力求在区别二者的条件下考察二者。

第一节　从封建性攘夷论传统产生的反动

在维新以后的西方文化排斥论中，最单纯的形态是残留前代传统的攘夷论。本节的目的不在研究攘夷论，因而无暇深入论述。不过正如前文曾经说到的，攘夷论的思想本质在于对中国思想的盲从盲信和对封建体制的拥护。众所周知，它本来在幕府中心的立场上具有社会基础，后来被利用为倒幕运动的策略性标语，实际上成为倒幕的有效武器。萨长等藩的攘夷论者中之所以有那么多的人在维新实现之日摇身成为开国进取论者，原因恐怕也在于此。当然并非所有的攘夷论主张都是策略性的。因此，维新之后仍存在一些本质意义上坚持攘夷的论点也就不足为怪。在封建体制这个攘夷论的社会基础已经或者正在消亡的时代，固守这种思想是毫无意义的，其地位也极其悲惨；或从观念上重提排斥西方，死抱江户时代攘夷论的残骸；或梦想恢复失去的封建秩序，抗议国策的变换。落合直亮向岩仓具视哀诉道：

---

① 《维新改革史之管见》，《国民之友》第 65 期。其他出版信息不详。

同志之士告微臣等曰，朝议既许法、英、荷兰三国公使朝见，新政亦呈渐取外夷法则之状。微臣等闻之不胜慨叹。几度作天地间难容老身之想。……欲以一死谏奏朝廷。①

大原重德以"不平之色"向松平庆永痛诉：

先年，下关东有敕宣，锁国攘夷国策有先帝御旨。御一新之前以唱锁攘者为忠臣，主开国者为奸佞。然至御一新之后岩仓一言四野骇然，此霄壤之变实堪悲叹。加之四五日后异国人直入京都参内，不虞之至无以言喻。②

明治元年二月井上石见上书道：

近来衣服之制上下无别、混杂不堪……猥异风行，无异于奉异国之正朔，诚一大失体。……彼孔子有被左衽之语，可见事关国体不可等闲。③

横井小楠的刺客上田立夫自供：

吾观迫近之形势，着胡服徘徊于御筑地曾为大禁，今竟无不可！武家多着胡服，商贾甚而竟相披发戴胡冠。生于赫赫神明之国如此丑其体，其心情令人不解，唯长叹之。④

明治二年公议所有人提议禁洋服：

---

① 岩仓具视：《岩仓公实记》中卷，东京：皇后宫职，1906 年。其他出版信息不详。
② 松平庆永（春岳）：《闲窗秉笔》，《松平春岳全集》，东京：三秀舍，1939 年，第 115~164 页。
③ 绵貫哲雄：《维新前后的传统意识》，《明治文化研究论丛》，东京：一元社，1934 年，第 1~6 页
④ 《京都府厅发见特裁刑典事类第一》，《横井小楠传记》篇。其他出版信息不详。

自从以洋服短袖轻装便于军事为名着用以来,喜奇好新者以之为美为便,服之饰其外表恣意骄奢。皇国之服饰制度因是大败坏。贵卑上下之名分混乱,以致不可两立。愿方今复古大新之际断然改立服饰制度,明上下名分。除兵队及有关军事者外一律严禁洋服,省俭无用之费,绝外貌骄奢之弊习,以使万民守其分,安其位。①

明治四年藤田东野以奈良县知事的身份发出如下这份奉谏草案：

今丰国之民迷于形势之因有三。一乃洋人渡朝以来举洋教、说洋语、着洋服。……三乃……造石馆、石屋、铁桥、铁道。……我丰岛虽小国,然自天孙开辟以来乃海外独立之国也。……何须风俗与万邦同。……观丰国今之服饰,头顶法兰西之冠,身穿英格兰之服,足蹈丰国之草履,肩荷西洋之枪。及至愚夫愚士断发者有之,……以便利自在为口辞。呜呼悲哉。吾未闻因服之便、不便而失天下者。②

富樫默惠在《破邪篇》中有如下议论：

彼西洋以牛豚为食不食米谷,故不重农业。唯团结商人会社专务贸易,纳利润于上,专以金银为国家人民之资力,此乃国风。我日本以耕作为先,税贡粮谷,与西洋毫不相似。应明鉴于此,彼我有别。不可轻忽误认。③

彼以巧于器械者为明道者,不知道艺之别。若以精工之巧者为知大道者,蜘蛛之网黄蜂之巢精巧胜于人工,又呼之何?④

这些论述都不外是固守残余的排斥西方文化的攘夷思想,未见新意。相比

---

① 《议案录》5,东京:上州屋惣七,1869 年。其他出版信息不详。
② 绵貫哲雄:《维新前后的国事犯》1,《国家学会杂志》第 46 卷第 9 号。其他出版信息不详。
③ 富樫默惠:《破邪篇》第 1,金泽:佐佐木秀三郎,1883 年。
④ 富樫默惠:《破邪篇》第 2,金泽:佐佐木秀三郎,1883 年。

之下更有一些积极推动向封建攘夷倒退的人物,如云井龙雄及其他大小反对者。其中,思想上最为典型、政治上最为顽固的要数明治七年岛津久光的主张。他给三条实美的质疑书中列举了"愚意疑惑而万难释解"的条项:

> 改先王之法服为洋服。用西方之历法纪年。以王座为始各地皆模仿洋风。各地雇洋人并受其教示。学校规则以西洋为基本。兵制皆用洋式。不防邪宗蔓衍。重散发脱刀之洋风,贱束发带刀之国习。①

他全面否定开国进取的国策,企图从根本上否定维新以来对西方文化的摄取,甚至他的家臣也说,"平日虽然近左大臣(久光),但其顽固如此却是未曾始料的",可见其保守之一斑。《逸事史补》中由松平庆永转述过他的另一段话,当撒藩还田成为现实时,认为"还应恢复封建制度"的久光闻知实情,"大惊,直呼西乡、大久保以谋略欺瞒久光,大怒"。这位留恋封建制度者的观点不外是上文所说的固守封建精神。他为实现这一要求以官爵作赌注。这点虽不如他因提出征韩论而使朝野分裂那么著名,不过从思想史上看,甚至从国史上看,他的倾向性值得深思。就是说,岛津久光强硬主张的提出以及碰壁后的下野出走,可以视为西南战役在政治上的象征,即它代表了封建攘夷论的最后一次反抗及其失败。从此以后,这种与封建意识明显地结合在一起的排斥西方文化论就几乎销声匿迹了。从这一点上看,岛津久光的思想是封建攘夷论的自杀性的决战,具有划时代的意义。当然,应该看到,后来的攘夷论尽管穿上了新的、复杂的理论外衣,属于新的时代思潮,但其中仍有一些是封建性的,或立足于封建性攘夷论基础之上的观点。如井上圆了的观点:

> 近年铁道开发以来,上下西风日见兴盛,实堪忧虑。铁道论者常以有形之利害便利论说国人,无形之利害关系正未可知。今我邦之居都市者与居乡野者孰尤好西洋之物、嗜西洋之风?人们必答曰,架铁道用洋物于社会进

---

① 译者注:作者未说明出处。

步有便,于我邦能与西洋强国抗衡上更有必要。余曰洋物虽有实用之便,其便比之于失国家独立则为区区小事,此理不言自明,即以小利买大害也。①

他的言论虽然是下一节将要涉及的新国粹主义,但其内容与封建攘夷论如出一辙。他在《欧美周游日记》中写道:"我邦天然所长的是美术性思想,舍此而实行不易实行的实用性工业,其失策显而易见。反之,若保存天然山河美景,珍惜天赋于我的风雅思想,有朝一日日本将成为世界美术中心,以美术独立于世。努力于此乃我邦之上策。实用工业之类可渐次引用发达的方法,以期多年后与西方相匹敌。"西村茂树说:

若言儒道固陋迂阔,或若哲学者所言儒道不合真理,然本邦一千五百年以此助正理、斥邪恶、出忠臣、生孝子,以此维持帝国,此全无可非议之事实也。②

上述言论表明,这位开明论者同时又是如何地盲从于中国思想而不得解脱。冈崎远元的主张也大同小异:

凡民、秽多③、鞋工之子,凡贱人只因符合身体检查即可成为士官,此不合理乃生于不合理之一切平等主义之原则。法国之革命思想实因此而生。……吾人培养将校不唯重教育体格,其后补者……亦查其族籍系统。④

上述各例表明新国粹主义中依然顽固地残余着封建的等级意识。穗积八束的"民法出忠孝亡"也是著名的事例。

---

① 井上圆了:《日本宗教论》,《日本人》第2,大阪:骎骎堂,1889年,第40~52页。
② 西村茂树:《本国的儒教》,《泊翁巵言》第3册,东京:西村茂树,1800年。
③ 译者注:秽多,贱民。
④ 冈崎远元:《警世评论:文学、美术、经济、政治之观察》,东京:博文馆,1899年,第252~253页。

> 日本乃列祖先教之国、家制之乡。……我固有之国俗律法酷似耶稣教以前之欧洲。然我法制家专向耶稣教以后之发达欧洲取法理标准,忘我非耶稣教之国,怪哉。家长权威神圣不可犯乃由于祖先之灵神圣不可犯。家族不问长幼男女皆服其威力赖其保护。一男一女由情爱而同居,此耶稣教以后之家。我邦之新民法亦依此主义,非日本固有之家制。亦非欧洲固有之家制。……一如史家视三千年之家制如敝履,我立法家亦举双手迎极端个人本位之法制,其大胆可惊可骇。①

此论形似立足于历史法学派的学术方法,内容却陷于非历史的判断,以封建社会制度为千古不变的理想状态。显而易见,作者与封建传统藕断丝连,不过是排斥西方文化的攘夷论在新时代的变形。这种对摄取西方文化的反对,或是因为不理解摄取西方文化乃不可避免的现实要求,其极端者如岛津久光,或是因为从本质上对西方文化的不理解和无知。如田岛象二在《耶稣教义问答》中所说:

> 西洋万事皆弃本图末。学则亦是。入学校始教拼写,次教读,继之文典会话,后万国史、究理书。再学即随各人所愿入专门科。劝善学、修身学如临火之鸢居高不下,学生无从修之。且其劝善学及大道德小道德皆谵妄痴语。劣于昔之鸠翁及其他道化师之心学。此姑且不论。入学校欲修本经之学问者,八九年不知交际法,不知修己身,不知所以事亲、所以交友,及至事理开明知识长进之年,由于仍不明伦常人间生生之道,其性自然堕于狡猾,徒增见利忘义、损人利己之才识,恶念亦与之俱生。我邦开港以来人性趋于狡猾乃受此臭气熏染之故。有一则笑话可为佐证。有一顽童入学校一年有半,顽皮不减于前,常令双亲无可奈何。一日双亲暗思,学问乃教育人才以礼仪修身之物,吾儿为何只知平添烦事。遂问小儿,汝去学读书何为?谨身事亲忠厚待友早应悉知,每日赴校所学何物?……其儿答,我等未学那些难

---

① 穗积八束:《民法典论争史》,《星野通氏民法典论争史》第2部,东京:日本评论社,1944年,第227~232页。

事,况且师匠不教。我等学柿木、桃木、萝卜、南瓜,习地球行于环轨之上去而复回,学亚细亚、亚非利加、欧洲、南北亚美利加洲,天皇云云书中未见,故不知何物。双亲闻言困惑不解,乃问:学校何日教小儿为人之道?①

不理解摄取西方文化之必要也罢,对西方文化本质存有误解也罢,在一味固守旧思想上,上述观点作为对摄取西方文化的批判都未触及问题的核心,未涉及真正需要批判修正之处。其结果只能被后人评为受封建意识束缚,未能为国家的新进展出力之旧论。下述引文十分典型地揭示出这些思想在理论上的不合理。

幕府时代主张锁国攘夷者丝毫不知外国事情,心中只信会泽氏所谓之国体论,贱蔑外人,决心断然锁国攘夷。且确信锁国攘夷切实可行。今之锁国论者则不然。由三十年来之经验略通宇内之大势,知悉欧美诸国富强文明之盛况,悟其不可悔,心中窃抱危惧之念,畏之几如观鬼神,只知疏之远之。故或放大言壮语避其侵入作小心怯懦之怯夫。否则观今日形势,欲锁国攘夷拒外人于外,实际决无达成其目的之可能,徒为空谈虚论。明于此,仍顽然逆世风,以卑识瞒世俗,为张一己或一党派之声势,持矫激迂疏之空论,行慷慨悲愤之言行。……论者若真以为外夷可贱,以为开内地任其杂居有污圣地,那为何不断然拒斥西洋百物,恢复日本纯然之固有事物。蒸汽船车乃来之于被论者视作蛇蝎、视之西夷之发明。论者何故投身如此污秽之车船游行东西?电信乎邮便乎竟为何物。……贱外夷、忌外物,视外不啻蛇蝎鸩毒之锁国攘夷论者每穿洋衣居洋馆食洋食,依仗维新以来与西洋交通所生之社会万般便利而生活,焉有不实之词乎!……论者或云,此皆外形一端,饮食衣服器具之类乃为末,精神所在乃为本。遁辞也! 外形也罢,器具也罢,外夷泊来之物,思之卑贱污秽不置一齿,用之恬然,可谓言行一致乎?

---

① 田岛象二:《耶稣教义问答》下卷,《破邪丛书》第 2 集,东京:哲学书院,1893 年。

一面疏斥之一面惯用之,反复无操如斯。论者所谓精神云云亦可推知矣！①

这段驳斥外人杂居内地的宏论,今天也不需一一指出其自相矛盾之处。总之,承继攘夷传统的思想在后来一直以各种形式改头换面地出现,在社会一角拥有顽固的势力,由此思想产生的行动影响到上至国家政策下至个人生活的方方面面。这一事实不可否认,明乎此,就可断言,这一思想在明治以后仍残存的传统中具有重大意义,不可一笔带过。造成日本今日悲剧的原因尽管很多,但是从思想史上看,攘夷观念是极其重要的原因之一。攘夷思想作为一种思想尽管价值微小,然而彻底究明近年排斥西方文化思想的本体及其对国史留下的影响,是今后的思想史家必须尽到的义务。

第二节　出自新国粹主义的立场

明治十年至二十年承继封建攘夷论反对摄取西方文化在表面上消失了,欧化主义占压倒性优势。二十年至三十年末,又朝另一极反动,新的国粹主义思潮显著抬头。明治二十年发刊的《日本人》杂志,明治三十年发行的《日本主义》杂志,都是宣扬这一思想的代表性阵地。发表于此的主义主张对摄取西方文化虽然未全盘否定,但是其批判口吻之严厉,可以认为是属于某种程度的对摄取西方文化的反对论的。不过,其思想内容与旧攘夷派完全不同。后者的立场是保守的、锁国的,未迈出封建社会封建思想一步,前者的立场是积极的、进取的,这种支持新国民国家的繁荣与殖产兴业的发展的思想,相比之下真堪称新时代之新思想。如《日本人》第2号所阐明的该杂志的旨意：

今有一党之高论吾辈不敢赞同。吾辈称该党之旨意为"涂抹旨意"。

---

① 吉田嘉六:《论内地杂居之利益》,《国民之友》第62号。其他出版信息不详。

何谓"涂抹旨意"？盖不以泰西开化之营养物咀嚼之消化之,使之同化于日本国土之身体,只以之虚饰涂抹日本之表面是也。为博白种人一顾而大兴不急之土木,行不生产之事业,新造以虚饰唯上之壮宏华丽之建筑,修理无用之道路,学习舞蹈,推奖化装舞会,此等策略岂非涂抹旨意！……借问：卿等欲效假扮孔雀之鸦乎？或学另一种鸦——不以天生之鸦为满足,锐意改良自己内部,使骨骼强劲、筋肉丰肥、羽翼轻快、以图雄飞四方？①

该杂志第11号上另一篇题为《实力养成》的社论写道：

彼西洋诸国发达如今非一日之功,溯本问源乃积几百年之劳力经验,遂达其盛运。今不察此,欲以数年月时日使日本与文化灿烂的开明国骈驰竞奔,实乃不易之业,是有悖于势力保存之定则。……当务之急乃除舍本逐末之弊,勉力养成万物之本之国力。②

陆羯南的《国际论》中有如下一段：

世人每言,日本中古时代接受中国文化,今为何攻击欧化？此有一理。中国文化感化东洋诸邦有如罗马文化之于西洋,然二者有异。罗马乃进取之国,存统一诸邦之志。中国至隋唐时代已是退守之国,且本无并吞之志。我朝当时能全盘接受如斯与此关系极大。若今日欧洲诸国似往时之中国,吾辈即不必草此国际论。幸者阅终全篇,足知文化摄取之间亦有须留意之处。③

《日本主义》第1号载有以《日本主义发刊之主意》为题的社论：

---

① 《日本人》第2号。其他出版信息不详。
② 《实力养成》,《日本人》第11号。其他出版信息不详。
③ 陆羯南:《国际论》,《羯南文录》,东京:陆四郎,1933年,第142~182页。

近来外来潮流其势愈加澎湃,当此之际,世人昏乱眩迷,失其立足之地,皆不知以自主独立精神使外来物同化于我。只知等待被彼感化。若如此,国民将一而再、再而三地背离团体,最终危及国家基础。①

这些观点都严厉抨击了欧化主义。但是另一方面,《告白日本人所怀抱之旨意》中则有如下内容:

吾辈……非效仿国学者之流之口吻漫陈神国、神洲、天孙等文明者,非崇拜会泽氏之"新论"、大桥氏之"避邪小言"者,……吾辈非欲彻头彻尾保存日本固有旧分子维持旧要素者。只主张,输入泰西之开化,应以日本国粹之胃肠咀嚼消化之,使之同化于日本之身体。②

《日本人》第25号题为《余辈倡导国粹主义绝非偶然》的社论中写道:

吾等非主张抱残守旧之主义者。……要之,开明社会之知识思想所产生之国粹主义与旧物保存主义分明有别,辨识不难。③

木村鹰太郎在《新神道与国家经济》中的观点也是一例:

日本古风之学者惮于取外国事物,或以为外物有害于国体国威,盖谬误之见也。君不见祖先之诸神之精神,远国如八方之舟缆所系,皆引之。取彼善美之处,吾人亦须如前人,取世界各国之善美以富日本,以娱国祖之神意。妄贬外国之事物者误解祖先之意志也。……吾人吞食消化世界文明之善美

---

① 《日本主义发刊之主意》,《日本主义》第1号。其他出版信息不详。
② 志贺重昂:《告白日本人所怀抱之旨意》,《志贺重昂全集》第1卷,东京:志贺重昂全集刊行会,1929年,第1~6页。
③ 《余辈倡导国粹主义绝非偶然》,《日本人》第25号。其他出版信息不详。

如若猛于狮,则足以令日本富强。开国！进取！进步！①

进而还有这种文字：

> 我制甲技术非汝辈所谓应保存之国粹。维新以来舍刀剑、甲胄、弓矢等武器,断然采用炮术,皆基于此。……过去之军事社会亦不足称赞。吾辈欲保存之国粹乃古物学者之参考品,乃家中防窃盗之手段,惟如此类物也。否则何物可入堂堂之国粹之列。……然何为我日本之国粹欤？……吾辈答曰：惟日本民对帝室之感情是也。除此无国粹。否,非无国粹,无吾辈所谓可保存助长之国粹也。②

这种国粹主义已经不含有与欧化主义相对立的理论内容。因为任何欧化主义者都对上述意义上的国粹持尊重态度。换言之,这种国粹主义是极端的欧化主义(特别是为修改条约的策略性欧化主义)的反动,目的在于匡正其弊害,攻击对西方文化丝毫不加批判的崇拜,它丝毫不反对吸收必要的西洋文化来发展新日本。正如幕末时代可见于某部分人的攘夷论一样,这种国粹主义应看成振兴国民的对外自主精神的带有政治目的的运动,甚至可以不过分地说是从另一方面对欧化主义的补充。特别是《日本主义》的如下主张：

> 今日日本之大缺点在于物力不足。……吾人实当大力共谋物质事物之进步,共唱事物丰富主义。丰富主义之重现世、重物质事物之教理,舍神道而日本何物之有？③

名义上是要复活日本的固有思想,实际上鼓吹的是为达到富国政策而必需

---

① 木村鹰太郎：《新神道与国家经济》,《日本主义》第1号。其他出版信息不详。
② 菊池熊太郎：《国粹主义根据何在》,《日本人》第3辑,大阪：骎骎堂,1889年。
③ 木村鹰太郎：《日本主义》。其他出版信息不详。

的资本主义人生观,在任何意义上都不同欧化主义相背驰。它与攘夷论的排外主义的根本差异已不需详细解释了。上节的攘夷性国粹主义只有消极的意义,相形之下,这种国粹主义起到了从一个侧面促进明治时期日本前进的积极的历史作用。当然,这种主张是极其粗糙的,连其忠实的读者都有所不满:

> 明治今日之读者已非愚如古时。已非读壮快之文章与豪粗之言而自喜之辈也。①

因此,尽管事实上不拒绝西方文化,但是由于这种国粹主义往往带有反对摄取的矛盾,作为一种思想体系还很不完备,只是一种一时地反对西化的倾向(下一节的有关论述表明,从这里产生出对日本文化特殊性的自觉具有重要的意义)。

> 法学、经济学、建筑学、文章学、外国语等若不通熟我邦之情故,何用之有? 毋宁不解外国之语而通我邦情故。②

这类主张并不是要具体地不带先入之见地调整西方文化与传统文化的客观关系,而是在一定的政治目标下固守于国粹、自主等概念,游离于现实,为观念性理想所束缚,其结果必然陷于矛盾之中。在这个意义上,新国粹主义对于摄取西方文化所产生的种种问题并不是真正的解决办法,对西方文化的摄取的更适切的批判还有待于其他的立场、角度的出现。

---

① 小言幽人:《忠告日本人》,《日本人》第 1 辑,大阪:骎骎堂,1889 年。
② 神田孝平:《设置以邦语教授之大学校说》,《淡崖遗稿》,京都:神田乃武,1910 年,第 39~41 页。

第三节　围绕摄取西方文化的诸问题而引起的议论

一、对摄取西方文化的深刻批判

如前所述，对西方文化的摄取是建设新日本的必然要求，只要正视这一要求就绝对不可能否定摄取本身。但是，同时存在的另一个不可否定的事实是，在方法上，或目标上，或与传统文化的关系上，摄取伴随着各种矛盾、困难、弊害。而且随着摄取运动的逐渐发展，输入西方文化给日本文化带来的变革愈加深入，存在的矛盾随之愈加显著，解决这些矛盾的必要性与紧迫性更加增强。对于诸如此类的具体问题，从根本上否定摄取西方文化的单纯排外论者做不出任何贡献。相反，切实为摄取西方文化而尽力的人们反而涉及一些关键问题。首先是摄取的方法问题。其中，"遍历西洋诸国，观其盛大而眩惑，失却判断选择之力，凡事不论一二皆仿效西洋"的盲目态度最引人注意。这是一种常识性的弊害，从国粹主义阵营射向摄取西方文化的批判之矢多是专门对此而发的。但是即便这种态度造成的害处十分巨大，而问题的性质却是十分单纯的，不过是接触外国文化时多少都可见到的类型性现象，不值得在此多加探讨。更重要的是深度问题，即在什么程度上摄取西方文化，摄取的西方文化在怎样的深度和广度上为日本所移植。回顾对这一问题的各种观点，一个应当引起注意的事实是，各方面都指责明治时代对西方文化的摄取仅止于表面，未摄取其精髓。明治五年，作为特命全权大使历访欧美的木户孝允从旅途中寄回的一封信中写道：

> 近来本朝光景如何？美欧今日之繁盛非一朝一夕之事，自有其原因，积成而终成今日之势，本朝今日之势只图名利而已，开化之辞流行，于维持人

心则皆空物。美欧之田舍乡间遍行教道,彼我之异有如天壤尔。①

岩仓具视在书信中说:

海外滞留者传闻,国内频传开化进步之样,唯形而已,无特别之义。②

这些开国进取运动的先导者亲自接触西方文化之后,痛感于日本摄取西方文化之浮浅。作为欧化主义阵地的机关刊物《国民之友》,在论及妇女问题时陈述说:

旁观我邦妇人改良家之计划,痛感细条末节者何其多,着其大本大体者何其少。去岛田髻而改束发,脱白襟纹衫而着蜂腰之洋服,以英法会话代女大学,弃小笠原流礼仪而学西洋流之交际法,废手舞而学踏舞,变三弦为风琴,罢针线而兴毛线编织,我邦之妇人改良不过此类矣!③

总之,对于摄取西方文化的实质,各方面人士都觉得有必要进行认真反省。反省的结果确实触及了明治时期摄取西方文化的根本缺陷。为与欧美诸国对抗,巩固日本地位。有必要依靠摄取西方文化使日本在极短时期内实现全面的近代化。这个过程过于短促以至于无暇按部就班地依序从根本上移植,只在表面上摄取了西方文化的各种成果,这便是只学皮相的最大原因。加藤弘之的见解说到了关键:

应似夏威夷不只图外形开化,精神亦开化。英吉利历时千年而成之开

---

① 木户公传记编纂所:《明治五年七月朔日写给杉山孝敏的书信》,《木户孝允文书》第4卷,东京:日本史籍协会,1931年。
② 岩仓具视:《明治六年九月十九日写给鲛岛尚信的书信》,《岩仓具视关系文书》第8卷,东京:日本史籍协会,1935年。
③ 《日本妇人论》,《国民之友》第3号。其他出版信息不详。

化,而夏威夷仅以二十年及之。然我以为,此进步速度过疾。取彼之长补已之短需时百年或二百年。如欧洲之日耳曼人取罗马之开化,罗马取希腊之开化。日本近二三十年间进步迅速。如前所述,日本之开化诚然异于夏威夷,然仍多为外形开化。……渐行之下日本或可开化如西方,而急骤行之则不仅不达,甚而反有倒退碰壁之虞。①

西村茂树也指出日本摄取文化时的顺序错误:

> 邦人学欧美迄今谬误有二。其一不学欧美人所以致文明之道,而学已成文明后之皮相。其二先者后、后者先,本末之前后顺序颠倒。以是学欧美之风二十余年,似其文明开化者仅止于其外相,终陷于国力日疲、人心日浮。……然得文明开化之顺序如何? 即欧美诸国所以致文明之道,乃先富国强兵,后文明开化。今日本邦之人民尤其上流社会人士所竭力模仿者皆文明之事也。第一为周密法律。……第二使理论高尚。……第三兴文学。……第四振美术。……第五提高国民生活之度。……第六圆滑交际。……假面舞会之类乃衍生于此之陋风。……第七耽于游戏。……第八使玩物精良。……然如何使国之地位升入文明之列? 曰须模仿西人致文明之方策,即上下竭力从事富强大业。②

仓促摄取西方文化的不良结果,一位来日本的外国人曾有所论及:

> 依余所见,日本人屡屡对西欧学术的发生与本质怀有错误见解。日本人视学问为一机械,可随意四处搬移,一年始终可完成许多工作。此乃谬误。西欧之学术非机械而是一个有机体,与其他所有有机体一样,其繁殖需一定之气候与氛围。然而如地球之氛围是无限的空间的结果,西欧的学术

---

① 加藤弘之:《日本人的性质》,《日本人》第1辑,大阪:骎骎堂,1889年。
② 西村茂树:《文明开化的顺序》,《泊翁丛书》第2辑,东京:博文馆,1912年。

气氛也是无数杰出学者为解宇宙地球之谜专心致志数千年的结果。这是一条荆棘路,曾洒下高节之士的许多汗水与热血,火刑燃烧中的薪柴是其路标。这条精神大道上——先可见毕达哥拉斯、亚里士多德、希波克拉提斯、阿尔基梅底斯之名,而最新的标石上则刻着法拉第、达尔文、荷蒙霍兹、菲尔肖、帕斯托尔、伦琴之名。这正是欧洲人放之四海而无愧的精神。诸君于最近三十年间亦于同行中见到许多上述精神的尊奉者。西欧诸国向日本派教师,这些教师热心地将上述精神移植于日本,使其适应日本国民。而世人却屡屡误解他们的使命,视他们为学问成果的中间商。教师本是学问的培养者,他们也努力做到这一点,然而人们只欲从外人教师之手学今日学问之结果。他们欲播撒种子,欲让种子发芽,在日本长成学问之树,让树枝叶茂盛,长出果实。然日本人仅满足于从他们手中得到最新的果实,不思获取产生新果实的根本精神。①

当时对西方文化的摄取,只学外形而不重精神根源,因之为他人讥为浅薄实不为过。日本也有一些有识之士指出过这一点。佐佐木高行说:

> 访吉井友实参议。参议欲筑新宅,曰:"须堂皇而对外人。"高行常云参议不新筑富丽之舍外人必不以富豪视之。东京尚无外国人之豪华旅馆。我军舰已达十艘,海军三万皆摆设矣!人民困穷至极,难道仅装饰表面外国人即视我富强?省无用之费用于有用之处,夜宴饭团足矣,家屋日本流可矣。兴工业富强乃国当务之急。②

谷干城认为:

---

① 柏利:《明治三十四年十一月二十二日》,《柏利提督日本远征记》,铃木周作译,东京:同文馆,1912年。
② 佐佐木高行:《佐佐木高行日记》"明治十三年六月三日"条,《武市瑞山相关文书》第2卷,东京:日本史籍协会,1916年,第505~514页。

考日本进步之程度，衣食住不及清国，文明不积数十年之学习难与欧美相驰骋。而世人往往读欧美之书闻欧美之说，模拟其口声剽窃其论说，扬扬自得，或欲改不及改之物，或怀早已达文明境界之空想。其误谬何其甚也。夫文明乃上自学术教法政治，下至农工商国民之精神、衣食住行之总称，非仅器械之类。岂一朝一夕可模拟移取乎？乞君见埃及国。……艳慕欧美文明，欲一跃而与之共驰骋，不知财源有度、国力有限，招外人而诒之，自文物典章至兵制衣食皆欲立时模拟照搬，竞豪奢而不事勤俭，国疲民弊，不足三十年竟陷亡国之惨状。……岂不可为我之鉴？①

志贺重昂认为：

输入西洋之文明开化并使日本达同样水准，须具备与此相成比例之生产力。若不自量国内之生产力，一味追逐文明开化之外观，唯有招致国之破灭。②

不注重培养作为西方文化基础的生产力，只知仿西方文化的外形将招致失败。他进一步指出：

下令刷新污秽之人力车，可也；呼吁取缔圆太郎马车，可也。然日本国民之知识程度不可不渐达以污秽人力车或圆太郎马车为不体面之物之水平，此不体面之念若只源于对白人而自秽，则吾辈竟无辨知是非之能矣！③

这种受到非难的政策是为实现以改正条约为目的的无自主性的欧化政策。

---

① 《谷干城意见书》，1887年。其他出版信息不详。
② 志贺重昂：《日本生产略》，《志贺重昂全集》第1卷，东京：志贺重昂全集刊行会，1929年，第62~84页。
③ 志贺重昂：《日本国里的理想的事大党》，《志贺重昂全集》第1卷，东京：志贺重昂全集刊行会，1929年，第20~25页。

如德富芦花的小说《黑潮》所描写的那样，由于某些欧化运动指导者个人的缺点，运动本身的弊害在世人的眼中被扩大了：

> 泰西社会本属于平民，文明亦生之于平民之需要，此自不待吾人解说。然输入此文明于我邦则不幸，因贵族从中作桥之故，无端带有贵族性臭味。泰西文明之恩泽仅止于一阶级，于其他大多数人毫不相关，不痛不痒。衣服之改良、房屋之改良、交际之改良，莫不如是。马上之武士着金丝大礼服固意气扬扬，普通人民则苏格特式洋服亦不可得。贵族绅士之舞蹈如柳絮舞春风蝴蝶飞花间，得意之才子佳人苦冬夜之易晓，普通人民则星期日仍不得与妻子笑语，共享其乐。砖瓦高楼耸立云端，暖炉蒸汽舒筋爽骨，不知刺骨苦寒之残春未过，电气之灯其光晃晃，黑暗之夜几可欺昼，肥羊堆案、酒满四溢，即亦忘却人生忧苦竟为何物之时也。然我普通人民于寂寥之孤村茅屋，纸灯影薄、炉火炭冷，二三父老相对破窗下，倾饮浊酒而已。
>
> 最令吾人惊骇者乃知识分配之不平等。勃克尔氏评北美之平民社会，曰无大智者亦无大愚者，我知识世界之形势则不可不说完全与此相反。脸色苍白且戴眼镜之学者先生中不乏满口康德、斯宾塞之精微博大哲学者，不乏阔谈达尔文、赫胥黎之进化说博物学者，不乏品味弥尔顿、马可雷之典雅瑰奇文字者。然仅只为国民之极少数也。质朴健全之人民未敢梦享如此快乐。彼之历史学识止于记载村社祭日，博物学知识以役马使牛为足，化学作用仅知晓积马粪而为肥料，煮大豆作豆腐而已。有以地球为四方者，有夸耀日本为世界第一大国者，有畏惧雷电为鬼神者，有信天狗者、拜狐狸者。①

这些指责针对的是西方文化没有普遍分布于日本整个社会，或者针对的是在没有扫清封建传统而只在其上披上了形式的近代化外衣的不良结果。作家坪内逍遥借主人公之口讽刺了摄取西方文化的不自然之处：

---

① 德富芦花：《黑潮》，《国民之友》第1号。其他出版信息不详。

所遗憾的是本人过分观念化（观念者，希望见世上不可能之事之癖也），常突发幻想，欲将西方思想荒唐地应用于日本社会，因而失策败事。不过此弊非本人独有，日本全体皆如此。①

许多人满足于保留浓厚的封建传统，仿学西方文化外形，这给批判明治以后的日本文化的历史意义留下了许多值得质疑的大问题。比如创立立宪政治是明治时代最大的宏业之一，从上述观点看就可以怀疑这桩事业的实质是否与其辉煌的外形相吻合。西村茂树对此早有见解：

本邦兴政党所以如此之早，其因在于废藩置县时夺走士族之故。士族数百年所有之家禄因废藩一举为政府所收，实少恩之举，全国之士族无一人不因此而恨政府。山口佐贺熊本鹿儿岛之乱基本由失禄之士族发起。而土佐之士族历来略有学问，粗通西洋事体，故不似他藩愚妄举兵自取败亡，另求其他方法而倡伸张民权之义，以此抵抗政府。②

正如西村茂树所述，立宪运动不是国民内在的政治要求，而是封建势力伪装近代的外衣。其结局正像斋藤绿雨所讽刺的那样，"宪政之美一言以蔽之乃增武士之收入也"。在外国人眼里，日本立宪政治又是什么样的呢？

我惊诧于日本仅止于半开化之域却早已对此满足。……西洋室及西洋生活乃一装饰，日常生活则不可见。尔等于外表上赞扬欧洲生活，其实丝毫未放弃其固有生活。……此不唯衣食住，政制风俗亦有此倾向。日本因富有卓识远见的立法家与热忱的改革家而有宪法。……然而多年为宪法而呼喊奔走的日本国民却日夜在破坏宪法旨意。……此国虽有自由党、进步党、国民党三党，不过因不同利害而得名耳，其根本思想未见重大差异。③

---

① 坪内逍遥：《当世书生气质》第 11 回，东京：晚青堂，1886 年，第 215~236 页。
② 西村茂树：《国家道德论》，《泊翁丛书》，东京：博文馆，1912 年，第 99~224 页。
③ 《一位外国人的日本观》，《世界之日本》第 25 号。其他出版信息不详。

担当改革大业的先辈……采用输入种种杂多制度,其结果可见于今日之代议政体。此代议政体若非日本改革运动最完备的成就即是最大收获。一方面是日本的议院制度,另一方面又不然。模型十分完全,拥有各个部分并且巧妙地相接合,外观合理且调和。但同时不可忽视的是,它是发自社会上流的改革的当然结果,其革新止于制造新制度、新法律。丝毫不见欧洲改革依自然法则所产生的民权平等、公众满足等。日本的政治设施的实际成功不是立宪的,而是非立宪的,是自古相传的寡头政治。以半立宪政治的形式行半专制政治之实质。重复地说,日本之政治改革乃其先觉者所为,人民未参与其中。先觉者的权力阶级与一般人民之间对于政治之思想、知识、素养有着巨大差距。于此产生特殊之奇观。依当局者之见欲尊重舆论而竟不知真正之国民舆论何在!①

这些外国人的判断绝不是不着边际的。回顾立宪政治后来的表现,不难理解日本立宪政治的实质。这里只举了立宪政治这一典型,实际上,这种表里不一的现象在各个部门都能不同程度地见到。晚些时候的永井荷风在明治末年悲痛地说了下面这段话,触到了这一真相。

……日本人现今议论建立新剧场,依余之见与二十年前开帝国议会毫无二致。并非出于国民内心要求发展民族艺术的结果,乃是社会一部分势力者之对外之浅薄的虚荣心与拙劣的模仿而建造的。整个明治文明亦可说建造于虚荣心之上。因而,如若个个国民不自觉改革社会根本思想,纵有更多的议会、剧场、会堂、学校,也不过是新输入的西洋小摆设,不久将成为褪色的赝物。

洋行之日本人见西方之工业、政治,以为只要采用其外形就可产生辉煌的文明。徒有其形何用之有?此乃日本今日之文明!未见、未解、未感真文明之内容。日本对欧洲文明的输入丑恶之极。东京的电车便是一例。掌握

---

① 《外国人的日本观》。其他出版信息不详。

电气与学问的司乘人员将电车经营得这般完美,而乘坐电车之人不知社会共同生活之意义,故有如此混杂拥挤之丑态。……明治已历时半世纪,然日本仍未能完全模仿欧洲文明。明治只极其粗劣地向国民介绍了政治、教育、美术等所有欧洲文明的外形。余不免抚掌长叹环视四座。①

前文所引的斋藤绿雨这位辛辣的讽刺家还说过:

近来文相(西园寺公望)的世界主义或以为可成为大学派所持的日本主义,过虑也。余再言,持主义与持筷子自然有别。②

就是说,摄取西方文化的思想动力亦不是发自内心的要求。西园寺公望暂且不论,像德富苏峰那样的欧化主义,从其晚年的"变节"来看,到底具有多深的思考和信念是很值得怀疑的。政治上的欧化主义多像斋藤绿雨所责骂的那样,而如艺术一样纯情的文化产物也不例外。一位热心于西化的文艺家甚至留下了如下的回忆文字。

《国民之友》那样有力的杂志上常登出外国人名录似的论文。随手翻开高山樗牛的文集,就可见到"德意志之席莱格尔兄弟、克莱斯特、沙米索、维兰德、柳茨盖尔,俄罗斯之卡拉姆津、普希金、莱蒙托夫,意大利之莱奥帕尔迪、曼茨奥尼,英吉利之司格特及湖畔诗人,法兰西之雨果、仲马、拉马丁"。如此文章在学习外语困难的时代,令人怀疑年轻的作者是否果真读过各国的文章。依想象判断,未读而列举西方各文豪大名在当时即可使论文分量倍增,由此可推察时代风潮。所谓西方文学对日本文学的影响,从古至今格外肤浅,影响一语之真相不得不说是没有熟读玩味,仅仅借用西方之皮而已。③

---

① 永井荷风:《新归朝者日记》,《荷风集》,东京:易风社,1909 年,第 42~44 页。
② 斋藤绿雨:《眼前口头》,东京:博文馆,1900 年,第 307~376 页。
③ 正宗白鸟:《日本文学中的西方文化影响》,《岩波讲座世界文学》,东京:岩波书店,1933 年。

对于摄取西方文化的肤浅,当时人们反省说:

可怜日本人专事模仿西人,不知于经济上、于便利上、于发作之后对过去的恋慕之念上,全面西化之不可能。……因全面西化之不可能,现在之日本人不得已为规避日欧两者之冲突,为缓和其冲突,进而为浑融其冲突苦思苦虑。着和服戴帽子不可说是调和,西服加木屐更只可谓不调和。美术、文学、道德、工商业,纷呈东西分子混杂同居而不可合一之态。①

后来有人回顾说:

喜新是对西方的模仿,但其模仿半生不熟。百般变改从制度文物到风俗都欲面目一新。任何一次革命固然都难免大变革的混杂,输入异质文化所带来的混杂尤其剧烈。新取来之文化未立即咀嚼,新旧并行便有木上接竹之趣,新旧融和滑稽百出,颇为奇观。②

这里只说明治初年,实际上适用于整个明治时代,咀嚼不充分和木上接竹之滑稽绝不仅是明治初年的现象。然而如何克服这种混乱呢?以西方文化摄取中的种种弊端为口实而主张放弃摄取国粹主义曾经是颇有势力的意见。但是摄取西方文化立足于不可动摇的现实需要之上,因而半途而废只能是对问题的回避和放弃,丝毫不能解决问题。要解决混杂必须寻求以深思熟虑为背景的方策。早在明治十年西周就曾指出:

今日所谓学术多系于从欧洲输入,自然非前日之汉学可比。唯模仿踏袭之日甚短,融会贯通则实不可企及。然唯事模仿不求一贯之理,或行一事

---

① 夏目漱石语,明治三十四年四月片断。其他出版信息不详。
② 同好史谈会:《漫谈明治初年》序,东京:春阳堂,1927年。

而无哲学上之见解,不过勇猛之技也。临事失之生疏,虽西方之学术亦难免成为无用之长物。然今若欲矫模仿之弊,如何是好? 依余所见唯有如下之道而已。其一重实验,其二深究学问之渊源。重实验不言自明,只不应只重欧洲之事,应审本邦之利害得失,通本邦及亚细亚东方之历史人情风俗,尤其重自己之经历体验。若非如此,所学之学问恐难切事实。其二即论题所论之深究学问渊源,固然若为时事之所要,难免今日仍有应急需取捷径之事。然既从事学问,理应不拘一时一事,穷极各学科之深远之理,虽无用之事为明理故仍应彻底明了之。积特别之众理,归一贯之元理,所谓如江海浸膏泽之润,达左右逢其源之地。……两相持,他国之学术者始可供自身自国之用。①

虽然西周论的是学问,实质是十分适切的警告。他在主张西方文化应与国民现实生活相结合的同时,沥陈穷其根源的必要。后一方面的主张用于食洋不化的问题上,才是减少混乱使摄取名实相符,达到吸收西方文化这一目的正确观点。它与国粹主义正相反。明治二十一年大西祝指出:

今日日本称学者者多不过通辨西方之思想者,不过欲成该思想之批评家者。某人叹曰"今日之日本人有忘生国而只知外国之倾向",余却叹国人知外国之不充分。俾斯麦之政略、法兰西内阁更迭之类最易引人注意之事件,世间固然不乏评论者。然及至西方文化内里之思想界大势,善知之善通辨者又有几何?……余非苛责今日之时代,言知之耳。夫知己者少。处今日之时代而知今日之时代者几何? 欲如今日之时代不得不超越之,欲超越之不得不先通晓进步之西方思想。超之知之,欲教导民众者更细密深究之、批评之。余信此一语足以为日本今日思想界之方针。②

---

① 西周:《学问是为了加深渊源》,《西周哲学著作集》,东京:岩波书店,1933年,第278~282页。
② 大西祝:《批评论》,《国民之友》第21号。其他出版信息不详。

明治二十九年小松绿指出：

> 方今有一书生自海外归，未及开口，时人谓之曰：请看帝国今日之大进步。以物质界观之，铁路驰骋全土，其首尾不期相通联；电线纵横八洲，其手足瞬时相应。制造业勃勃而兴，通商之事骎骎而进，……大厦高楼四处耸立，其雄伟壮丽足令赤发高鼻眩惑。回视知识界，文物彬彬贲饰鸿猷，硕学鸿儒可以斗量箕数。加藤之哲理为德意志所欢迎，北里之医术成北美仰望之所。而日本之文学君不见已为柏林等地之大学所讲授，……书生若拨门端言外国之长以警世，时人乃怫然，视为卖国之贼。忠君之敌，无处不遭排斥。……夫日本现今之开明进步若与昨日比可谓一大进步，比之于世界文化则稚嫩粗鲁之至无以复加。时人首赞铁道电信，于轿舆时代，此实乃妄想也。……时人动辄言高楼大厦，比之中国、朝鲜之低榭细梁或可称高，然环顾欧美天地可知我大厦高楼莫如彼之僻村陬邑之家宅。……时人更论及知识界之发达。比之农只知耕，商只辨数，工锻刀士用刀，外物一概不知之封建时代，则文运消长固呈霄壤万里之别。然比之于疆畔田夫能读字、机杼女工亦解文之欧美文明，则不可同日而语。……苟虚心平气目击耳闻欧美之真状者，不得不心服彼之文运隆盛及知识界之灿烂开发。……由是观之，于物质界、于知识界，今日日本之实力不得不让碧眼族一步、二步或数步，此乃竭力掩饰终究枉然之事实。时人若刻骨铭心牢记这般事实，迭次颠沛而不忘，更箴规、刻苦、奋兴、激励自己，须臾不怠，日本实力岂只与欧美列国并肩？应凌驾其上至其盟主矣。苟不然，轻举妄动，不改旧辙，而又图社稷隆盛，真乃居累卵之危而计泰山之安，为朝露之行思传世之功，未旋踵祸已至矣。①

这两段有代表性的引文，恳切论及摄取西方文化的弊害出于学之不足，痛击就此满足的姑息论，沥陈彻底学习西方之必要。这些主张提出摄取西方文化在

---

① 小松绿：《日本的真价》，《世界之日本》第2号，明治二十九年八月。其他出版信息不详。

内在方向上深化的必要。相反,《国民之友》的平民主义同人主张将贵族式的西方文化推广到平民社会中去,这是一种向外的主张。这两种主张具有共同立场,即依靠进一步推进摄取西方文化来解决西化所生的弊病。上述文字是从明治三十年前后所出现的实例中选出的,可以说都是揭示明治以后日本历史推进枢轴的重要的思想性论述。尽管从时间上看已过去数十年,但所论的问题至今仍未完全解决,依然具有很强的吸引力。然而这些观点是在承认应该摄取的西方文化的内容价值之上以其摄取深度不足为着眼点的,仅止于对摄取西方文化的表层性、局部性进行批判。如果换一个视角看,西方文化的内容是否能与日本传统相融合?如何克服两者之间产生的矛盾?考虑到这些,就有一些更复杂且困难的问题,要求我们认真思索。对此的各种见解留待下面介绍。

二、摄取的西方文化与传统文化的关系

如前所述,欧化主义的极端化导致了反对其国粹主义的勃兴。另有一派与国粹主义处于同一战线,但主张稍有不同,他们自称是保守主义。鸟尾小弥太、指原安三等属于这一派,其机关刊物《保守新论》第1期所载社论《何谓保守》中说:

> 盖国家乃一有机体,作为国家而发达,作为国家而行动,作为国家而有其意志。大凡有机体之发达皆由其内部达于其外部者,非借外部之异分子之附着渗入而生育也。如草木之生长,因其内部纤维之增加而发达,若外来异分子强加其上,不仅有损其发育生长,甚而至于毁其根干。……夫一国之文物典章乃国家性格之显诸外者,恰似草木之枝叶。然今滥以外国文物取而代之,无异于以竹叶换松针,嫁入异花异实,乃小儿游戏一场耳,于爱玩之间已损其物矣![1]

---

[1] 《保守新论》第1期。其他出版信息不详。

保守主义的观点在这里阐述得十分明白。这里还有另一个同样的观点：

> 真开化之物乃由内而显于外者。……若欲切实维持我日本帝国之独立，谋日本人种之繁殖，必须基于日本固有文化排斥白人之开化，不使其得势于日本社会。余主张排斥白人之开化而非排斥开化本身。如今日之日本者仅饰白人之开化于外，不仅非日本之开化，且有损于日本之开化也。①

这些观点力主向内寻求日本文化发展的原动力，得出的结论在排外色彩上类似攘夷论，不过并不像后者那样以强烈的尊自卑他的先入之见为出发点。他们的动机在于尊重文化发展的内发性，批判机械性地移入，这一点与攘夷论的盲目排外思想不可同日而语。当然在把发展动力消极地寄托于传统文化的内在发展而不是在对外来文化的积极吸收这一点上，这一派具有保守消极色彩，与国粹主义的进步性大不相同。特别是在无视摄取西方文化是现实的必然要求，而且是日本进步不可少的媒介这一点上，保守主义与攘夷论、国粹主义一样具有重大的思想缺陷。但是明治以来日本文化的发展过于偏向于移植西方文化，忽视传统文化的内在发展，因而所移植的西方文化不能与传统文化密切结合，从而呈现出油浮于水的状况。保守主义在较早指出这一不可否认的事实上具有一定的积极意义。对西方文化的机械性移植使明治的日本文化陷于极不自然的、不扎实的境地，这一事实不光保守主义者或国粹主义者，就是向往西方文化热衷于移植西方文化的人也不得不承认。对这一问题的认识在明治初年并不清晰，只是到了明治末期才明朗起来。那时欧化主义浪潮势头已过，国粹主义等无的放矢的反对派也渐渐冷静下来，冷静地观察批判明治文化真相的精神余地已经产生。夏目漱石在明治四十四年做过一个题为《现代日本的开化》的讲演：

> 西方的开化是内发的，日本现代的开化是外发的。……西方的开化如行云流水自然而动，维新以后与外国交往的日本的开化则大相径庭。……

---

① 《寄给在欧洲某氏社友之书信》，《保守新论》第1期。其他出版信息不详。

比较西方人与日本人的社交即可发现。……日本人模仿西洋礼节,由于不是自然发酵于内而酿出的礼式,一招一式难免做作,不堪入目。……这些细微小事亦可看出,我们做的事不是内发的,而是外发的。一言以蔽之,现代日本的开化是肤浅的开化。①

这是颇有代表性的见解。不过,他在叹息明治文化的外发时还同时指出:

但是这并不是说因为外发而停止摄取,不得已只好吞泪肤浅下去。②

在肯定西化不可避免这一点上他与保守主义完全不同。不过不管日本文化与西方文化的关系如何不可分离,西方文化毕竟是以与日本完全不同的环境与传统为母胎而产生的。在长久的历史中内发地产生的日本文化果真能克服与西方文化的对立,将对方完全日本化吗? 对这一点的怀疑程度之深自不待言。永井荷风的感想直言不讳:

你不是一位西方崇拜家吗? 甚至说你是非爱国者。
现在仍然是。回到日本已近三年,我没有一日半时不梦想地中海之滨。然而在这从不间断的憧憬之中,我却强烈感受到现在日本的风土和气候的力量,因此为不可解的疑问而苦。说我非爱国者是因为我责骂现代只知模仿、缺乏自觉,这是误解,你也清楚。与现代这些赶浪潮的同人相比,我觉得自己属于顽固的保守派。③

日本国民的生活与传统文化的关系十分巩固,西方文化滔滔流入之势难以分离二者。龚古尔日记中记载了西园寺公望少年时代留法时的一件趣闻。

---

① 夏目漱石:《现代日本的开化》。其他出版信息不详。
② 译者注:作者未说明出处。
③ 永井荷风:《冷笑》,东京:籾山书店,1915 年。

梦呓中或言法兰西语,或言日语。关涉法律之事,皆以法兰西语言之。而对自然物、恋爱等事则以日语形式出现。①

知识、制度、机械等外在的文化可以由外来者取而代之,而文化的日常方面,尤其是受感情支配的内部则是难以被外来文化置换的传统物。这则趣闻清楚表明了这一点。西方文化与日本传统文化之间的内容性质差异之大,恐怕二者难以轻易融合。多触及日常内在感情的艺术,对此常有体现。摄取西方文化的先驱二叶亭四迷这样说道:

几位西方之哲学家苦苦思索,然而不解之物仍然不解。……我们则袖手而言不解。处心积虑仍不解者不值为彼之处心积虑而美。起而效仿,若自身所无,仿亦无用。莫泊桑素以深刻为人称道,仿之则不可得。仿屠格涅夫、托尔斯泰亦枉然,国民性中本无此矣。为此大兴模仿之师实属蠢举。相形之下,莫如日本人发挥自己之国民性特色,另开一个生面。越从实际感受中思考日本人之事越觉得只有这样。②

醉心于法兰西的永井荷风说:

吾等知舶来之葡萄酒、卷烟价贵之时,不知留声机与照相机等价更高,由此而知更难论西方之新艺术。……读西方小说想象其作家生活,反观现今之日本时,常不由有不可思议之感。据说俄罗斯小说家高尔基家境贫寒,然犹携妻久游意大利。今日本人能与家眷共游意大利者竟有几人!……吾曾观剧《威廉·退尔》,其中受欺虐之瑞士市民与地主问答之态度何其轩昂,决非我等佐仓憨五郎之辈战战兢兢可比。泰西文学自古至今皆为西方式,比之背负二千年因习且与现在生活情感相羁绊之日本,无异相去鹏程九

---

① 《1877年5月3日条》,《文化》第1卷第4号。其他出版信息不详。
② 二叶亭四迷:《警醒文坛》,《太阳》1888年2月第2期。

万里之远。①

以移植西方文化为使命而来日本的西方人对此也有过疑问:

> 应聘前来为天皇陛下建造欧式宫殿的意大利艺术家们,预定在当地建立一所美术学校。然而结局只有众神知道,因为日本人的观念与我们欧洲人相差十万八千里。而且向日本人传播欧洲人的观念是对是错还很值得怀疑。②

就连福泽谕吉这样彻底的西方主义者在论及艺术时也不得不承认,传统文化的特色与价值不能用以同西方文化的高低之差来比较,本来两者就立足于不可换算的不同原理之上。

> 日本有饮茶之术,有熏香之术、插花之术,诸如此类西方人全然不知。仅此而言,可谓日本人富于风雅。又如歌舞,西人观我能与狂言之不解犹如吾人观彼国之交际舞之令人捧腹。可见东西方未尝可置高低矣。③

可见,深受传统文化影响的人们,强调日本文化对西方文化的独立性,就是自然而然的了。对"日本的"特质以及"东方的"特质的自觉首先勃兴于国粹主义阵营。志贺重昂说:

> 夫西方之开化由来于数理学。数理学乃源于分析也。故西方之科学无不以分析法为本。化学、理学、生物学、星学、地学,莫不如是。……日本之开化与西方之开化呈对角线之反对,其源流由来于调和。调和,美术之本原

---

① 永井荷风:《断肠亭杂蒿》,东京:籾山书店,1918年。
② 《明治九年十一月十五日》,《本茨日记》。其他出版信息不详。
③ 福泽谕吉:《明治十五年遗文》,《福泽谕吉传》第4卷,东京:岩波书店,1932年。

也。美术者,集合点缀分析之诸事物,使分者协和调和,……大和民族之美处、长处、粹处在于美术性观念。故紫式部之小说、狩野流之绘画、陶器制造、涂漆、纹身、菜肴,事事物物无不包含美术性气质。①

冈仓天心认为:

> 西方人往往以缺少自由来非难东方人。诚然我们没有那种生硬的观念,那种西方人引以为自豪的、互相制约的个人的权利,没有彻底的无休止的论争。但自由之概念在我们要远较西方为高。对于我们,它是使个人的思想在其自身中得以完成的力。真的无限不是延长的直线,而是圆环。一切有机体都意味着部分对全体的从属。
>
> 社会之物与超社会之物的调和,真正使我们文明的全部思想得以完善,它纠正了西方文明的一面性,即社会之物。确切地说是帝国主义者和反社会之物,或无政府主义的、唯物的和清教徒式的不可避免和不完善的一面性。在西方王者命中注定要从凡尔赛宫走上断头台,他们又不得不是路易或克伦威尔。而东方精神的真髓在于透过对立物寻求全体的意义。
>
> 欧洲对神性的表象不过是进行了有限的自然的扩大而已。奥林匹斯为野性的激情而战栗,瓦尔哈拉为野蛮的欢乐而哄笑。基督教中未曾超出人的性格而上升为普遍精神的构想。而东方的多神教则是有意识的象征主义,不是原始的拟人化的残余。……我们的哲学所达到的高度是康德时代以来的现代欧洲力求认识而屡屡碰壁的。他们的经验性方法最终不能增添什么,他们的形而上学不过是陷于分析的一种分类而已。
>
> 关于艺术,西方还未认识到,创造不是模仿,美在于普遍性给特殊性注入生机的个别生命,而不在于描写特殊物本身。艺术精神体现于自身的韵律与谐和,而不是解剖学或远近透视法的附和物。②

---

① 志贺重昂:《大和民族的潜势力》,《志贺重昂全集》第 1 卷,东京:志贺重昂全集刊行会,1929 年,第 307~310 页。
② 冈仓天心:《樗牛和天心》,《东洋的觉醒》第 15 章,东京:潮文社,1943 年,第 232~236 页。

在这种信念下,他明确表示:

> 亚洲的单纯生活与蒸汽和电气造成的今日欧洲,形成鲜明对照,但亚洲不必耻于自己之单纯。①

这是颇有代表性的言论。不久像夏目漱石这样完全没有国粹主义先入为主的西方学者,开始以更冷静的形式觉悟到东西方文化的本质差异。这种深入十分引人注目。信手翻开《漱石全集》,随处可见这种自觉。

> 寡人政治不行而改代议政体,代议政体不行又想改成别的什么。河挡道,架桥通之;山不如意,以隧道穿之;交通不便则铺铁道。永久满足终不可得到。……西方文明或许是积极的进取的,但却是以不满足终其身者所造的文明。日本的文明不向自我变化以外的状态寻求满足。与西方最大的不同之处是,日本文明根本上是在周围之物不可动的一大假定下发达起来的。……因山而去不了邻国时,不是去开山毁山,而是努力做到不与邻国交通自己也能生存,培养一种不过山也自觉满足的心境。②
>
> 西方因万般皆以人事为根本,故纯粹如诗者亦不知超脱此境。诗中尽是同情、爱、正义、自由及市俗之劝工场等,以此为满足。纵然为诗仍须臾不忘驰于地面或金钱交易。可喜的是,东方诗歌能超脱于此。采菊东篱下,悠然见南山。仅此而已,酷暑的尘世已被忘诸脑后。这里不是篱的那边有邻家少女在窥望,也不是亲友在南山上奉职。悠然出世之间,利害得失之虑已不在题中。独坐幽篁里,弹琴复长啸,深林人不知,明月来相照。只二十个字已建立起另一个乾坤。③
>
> 若论绘画,以西洋画标准看日本画几乎毫无形象可言。但若换个角度,

---

① 冈仓天心:《樗牛和天心》,《东洋的觉醒》第 15 章,东京:潮文社,1943 年,第 232~236 页。
② 夏目漱石:《吾辈是猫》,《漱石全集》,东京:漱石全集刊行会,1918 年。
③ 夏目漱石:《草枕》,《漱石全集》,东京:漱石全集刊行会,1917 年,第 411~592 页。

日本画又自有西洋画所没有的趣味。日本人若以西方的画为标准，则无疑于拿饼铺的标准来评价酒店。①

日本之诗的观念与西人相去甚远。所遗憾的是，能充分论及者寥寥无几。

仅从与我密切相关的文学而言，苦于从过去获得灵感之少是普遍现象。有人或举《源氏物语》，或举近松、西鹤，认为他们乃日本过去之辉煌天才所在，我却难于有此自傲自足。遗憾的是，支配我现在的头脑、影响我未来的工作的不是祖先所遗之物，却是异人种从海外搬来的思想。一日我独坐书斋环视四壁书架，骇然发现书名烫金者皆西洋文字。②

这种感叹因为发自于一位西方文化倾倒者的内心，并不是国粹主义的观念性主张，所以具有特殊意义。稍晚于夏目漱石的永井荷风、谷崎润一郎等都从自身的体验中强调了日本的特性，尽管这种倾向出自于作为艺术家的偏颇的嗜好。他们倒向东方始终是由于爱好和兴趣。相形之下，既是学者又是思想家的夏目漱石的东方观就深刻得多。不久，他的门下就产生了许多像和辻哲郎这样的理论研究家。以他们为核心，在各个特殊部门刚刚开始兴起的日本特质的研究家们，进入昭和年代后逐渐极其冷静地、有组织地、实证地阐明与西方文化价值层次互异的日本文化的独特意义。与夏目漱石齐名的森鸥外比夏目漱石更热心于西方文化，然而他也确信，在悠久的历史过程中支撑着健全的国民生活的日本文化，不是一朝一夕就可以为西方文化所取代的无价值的东西。回想录《妄想》中表明了这种确信：

像我这样的出洋归来者迄今还未曾有过。……面对人们在各方面推行的改良，我却主张还木阿弥本来面目。……实际考查起来，在几千年中自足地发展过来的日本人是不可能适应那种所谓反理性的生活的。这是不言自

---

① 夏目漱石：《战后文坛的趋势》，《漱石全集》，东京：漱石全集刊行会，1925年，第528～537页。
② 夏目漱石：《东洋美术图谱》序，《漱石全集》，东京：漱石全集刊行会，1918年，第784页。

明的事实。①

与一心摄取西方文化无暇顾及传统文化的时期相比,这种对传统文化特质价值的自觉的增强无疑是一种思想上的进步。然而问题转到如何调和尊重传统文化特殊价值与摄取西方文化的关系上来时,对这个问题却难于做出简单的结论。上述思想总而言之是希望尊重、发挥这种特质,因而力求减少摄取西方文化对其带来的损耗。不过不管这种特质的价值是如何难以取代,即使它确实像天心所力主的那样,比"蒸汽与电气带来"的欧洲文化高贵得多,然而否定摄取西方文化也是不可能的。正如本书多次指出的,摄取西方文化的要求是不可避免的、必然的,不带偏见的这些新的日本特质的强调者们十分清楚这一点。《国民之友》记者指出:

> 有人称日本乃美术天国。然此乃以华彩之辞粉饰之,其实是视日本为世界之游乐园、世界之博物馆、世界之观物场。投一枚铜币者尽可于其中观赏种种稀奇古怪之物。有三尺入道魔,有脱颈鬼,有耍蛇踩绳者,唯其怪而观之者众。若着寻常服,寻常人行、寻常事,则随处可见,不必付铜币而往之矣。如若我邦为一观物场,日本民成一观物品,我之改良进步亦极可危虑哉!本来改良进步乃使我日本国民向寻常之世界文明国进化也。若尽悉满足外国人所欲、所望,彼等自不喜见东海道铺架铁道,华族士族农民同车而旅行,而喜见参勤交替之行列②。不喜见着洋服轻快运动者,而喜见上下垂衣坐卧如俳优者。夫观察点相异,其希望亦不同。若使日本国成外国人之游玩场所,日本人民成外国玩物,则岛田和服之袖长可垂地,奉伺武家之折助之腰可俯而向天。一事一物皆可复古封建时代,外人之欲望固然满足。但倘若希望日本为一独立国,其人民乃奉上天之命于东洋卓然行动之人民,

---

① 森鸥外:《妄想》,《现代日本文学全集》,东京:改造社,1931年,第360~369页。
② 译者注:江户幕府规定各地分封大名武士轮流前往江户参见并留居江户城一段时间,为此而上京的队伍即"参勤交替之行列"。

则不可不尽早速图吾之进步改良。①

虽然这是立足于欧化主义的必然结论,但却相当精彩尖锐。森欧外借作品中的人物断定:

> 现今欲摈除个人主义犹如将一醒目欲起之顽童强捺入衾被,谈何容易。②

也许永井荷风说得对,"明治是破坏的时代,破旧态之美,以一夜之间的粗制滥造品取而代之"。他还赞美说,"江户时代色彩多么丰富,秩序多么井然,比今日欧洲最强国仍有不少优长之处,毫不逊色于史家所赞的路易十四时代的伟大"。正宗白鸟反讥了永井荷风的无客观性,"在呻吟于德川时代的专制政治之下有何幸福可言,若合永井氏趣味的人多生于世,则世间必不堪一顾"。多次强调向传统文化复归的谷崎润一郎最终也承认:

> 事实上不过是打肿脸充胖子,"下雪天冷"是事实存在。眼前若有便利之器具,风流与否必在其次,人人定然欲浴其恩泽取而用之。此乃不得已之必然趋势,……总之,我等认为西方文明确实优于固有文明。简言之,西人沿顺利方向行进至今,我等逢见其优秀文明不得不汲取。然而却必须一改过去数千年之来路而朝不同方向迈步。③

> 感情上我喜欢东方主义。东方人无限偏爱东方主义本无可非议。但如果不努力保存它,守护它的独特文化,那么最终东方将成为西方的精神殖民地。然而如何使今日的百般社会组织与我们的旧传统调和呢?我的疑问也就在这里。④

---

① 《外人之谀言究竟有几分价值》,《国民之友》第 54 号。其他出版信息不详。
② 森鸥外:《青年》,东京:籾山书店,1915 年。
③ 谷崎润一郎:《荫翳礼赞》,《摄阳随笔》,东京:中央公论社,1935 年,第 1~86 页。
④ 谷崎润一郎:《饶舌录》,东京:改造社,1929 年。

在这种疑问面前止步不前是谷崎润一郎逊于他人之处。如果说全盘移入西方文化从而放弃传统文化和固守传统、拒绝西方文化都是不可能的话,那么唯一的出路就在于找出两者共存的方式。杉浦重刚的观点是一个提案:

> 西方学问之精神在于理学,而其精神处又全在于数学,故理学中视不能运用数学者为不完全之学科。比之日本往昔之学问,二者自有云泥霄壤之差。……军舰枪炮等百般制造工业皆理学应用之成果,所谓文明之利益莫不出自于此。与西方交往以来受益、受害皆此理学之应用,至于其他则不令人十分信服。……取长补短乃万人赞同之事,余亦深信长己之长、补己之短之必要。所谓长己之长、补己之短,即增长我所最长之处以减少我短处之程度。……若我一无长处,则我已是将来无望者也。故余主张在取西方之长、补我之短的同时,有必要长己之长、补己之短。……采彼之长而不损己之长极其必要。①

森鸥外也指出了这条出路:

> 新日本是东方文化与西方文化相汇聚而卷起旋涡之国。有立足于东方文化的学者,也有立足于西方文化的学者。双方都是单足而立。……这种单足学者的意见是偏颇的。因其偏颇,所以若付诸实施就将出错。……于是时代寻求双足的学者,要求脚踏东西方文化的学者。真正稳健的观点将出自这些人。这些人是现代必需的调和要素。②

仅仅让这两种人并存于现代生活中并没有解决任何问题。东方文化与西方文化的对立依然没有消除,因此如何具体统一它们,到今天仍然是一个必须去完成的具体的实践性课题。

---

① 杉浦重刚:《日本学问的方针》,《日本人》第1辑,大阪:骎骎堂,1889年。
② 森鸥外:《鼎轩先生》,东京:岩波书店,1939年,第434~437页。

结论

对外来文化的摄取是贯穿日本历史的一条基线。特别是摄取近代西方文化使日本历史发生了根本的转变，这是最重大的历史转换点，对此有疑问者恐怕不多。其影响好也罢，不好也罢，已成为从根本上规定现代日本国民生活的力量。因此对摄取西方文化的功罪议论纷起经久不衰也就不足为奇。不过，如果笔者的考察结果没有差错，那么这种摄取绝对不可避免。这个结论如果可靠，那么应该说对摄取本身持非议的观点至少对于笔者来说是不可接受的。问题在于如何使形成于完全不同的传统和环境中的西方文化完全融合于日本国民生活之中，如何使两者完满地统一，且不因此损害日本独有的传统文化价值的发挥。对此有一个应当引起充分注意的见解，即津田左右吉博士的观点。

今天的日本在一切方面都领略了发源于西方的现代的世界文化。从其特色来说，这种文化可称为科学文化。日本的全部民族生活都建立在这一文化之上。过去的日本人只从中国学到一些书本知识和工艺，以及拿来一些文物，日本人的生活没有中国化。相反，现代的生活，从其基础的经济组织、社会机构都普遍地现代化了。过去的日本人尽管从中国拿来文物并仿效之，但并未投入于中国文化之中。现在我们则完全生活在发源于西方的现代的世界文化之中（虽然这种差异对于了解日本现代文化的性质极其重要，但并未引起人们的充分注意）。所以说，今天的日本文化是这种现代文化、世界文化在日本的表现。①

所以这种新文化不是西方的文化,也不是欧美的文化,而是日本的文化。将它与日本的文化相对立的观点从根本上是错误的。

> 今后的日本文化不是与其他民族根本对立意义上的独自的文化,不是像过去那样从异民族取来文物并使之日本化所形成的文化,而是世界文化在日本的独自的显现。……认为日本文化完成于过去,并力求保持下去的心理……是以朝气蓬勃创造日本未来文化的现代日本人必须首先排斥的。②

这是极为卓越的见解,其中包含着敏锐的新见识,即明确指出过去吸收中国文化、佛教文化与近代摄取西方文化的差异。不过,似乎以往的中国文化、佛教文化并非完全没有同化于日本人的生活中,而近代西方文化也并不完全与日本人的生活相适应。两者的差异即使如博士所指出的,但是准确地说应该只是程度上差别而已。近代西方文化确实比历史上任何一种文化都具有更高的普遍性,不过它无疑是以欧美的风土与传统为背景所产生出来的,将其原样照搬到环境不同的日本国土和国民生活中就会产生许多特殊性,而且若对世界文化仔细观察的话,欧洲文化与美国文化并不同一,欧洲文化之中又有种种民族的差异。无视这种差异,将近代西方文化视为单一普遍的世界文化,并断言日本的现代文化与此相同等,这种观点多少留有不够缜密的缺憾。风土对文化的深刻影响自古就作为常识被提及,近年更作为学术问题在理论上受到重视。尽管风土的限定不是绝对的,但是只要日本的风土与欧美的不等同,就必须承认西方文化的日本化具有一定限度。举一个极浅显的事例,西方人日常生活中的鞋,今天完全成为日本人的衣着生活的一部分。但是,我们都能体验到,在潮湿的日本环境下,

---

① 津田左右吉:《中国思想和日本》,东京:岩波书店,1937年。
② 津田左右吉:《中国思想和日本》,东京:岩波书店,1937年。

经常穿鞋靴是多么不舒服、不方便。虽然西方文化在某一点上堪称世界文化,现代日本也必须生存在这一世界文化之中,但是其中存在着种种困难和不调和。我和谷崎润一郎一样,"决心背负这个所特别地加在我们身上的永久的重负",而不像津田博士那样对日本文化与世界文化的关系做出乐观的解释[①]。只要世界化是日本的必然出路,这种困难和不调和就是我们不得不接受的命运。正如尼古拉哈德曼所说,"价值与价值在一个情势下对立时,结果必然是有罪的"。在历史的进展中存在着相对立的两方时,很少有两全其美的结局。唯有周到地、深思熟虑地处理,才能把不幸限制在最小限度。日本因摄取西方文化而产生的诸种矛盾也只有先将其作为不可避免的结果而加以接受,然后依靠采取合适的文化政策逐渐求得解决。如果处置适当,达到这样的目的也不是不可能。不过,为了正确制定政策,对外来文化问题进行理论探讨是必不可少的,本研究正怀此初衷,希望做出微薄的贡献。然而不幸的是问题还未真正展开,日本已冲进悲惨的世界大战。战争中丧失理性的排西论的横行和伴随着战争的悲剧性结局的文化破坏,将一切有秩序的历史进程的脚步从根本上打乱了。战败使国粹主义与排外论被否定,取而代之的是对西方文化盲目倾倒的新开始,恰如明治初年肤浅的欧化热时一样。这种从一个反动到另一个反动、一个极端到另一个极端的重复,使正确处理外来文化成为不可能。日本文化到何时才能获得健全前进的机会?其最好机会便是将过去的错误暴露在阳光下。我们必须为将来的正确出路而深思。如何处理日本文化与外来文化的关系,这个问题的正确解决,对战败国日本重新再生为对世界历史做出贡献的文化国家来说是绝对必要的。与过去相比,其必要性、紧迫性更加增大了。

---

① 本书完稿两年多后读到津田博士的新著《历史与矛盾性》,其中的"日本思想的形成过程"谈到日本文化与近代西方文化的关系,其见解已超出原来我从《中国思想和日本》《论日本精神》所理解的有关观点,才知道博士的见解和卑见十分接近,因而此处的批判完全失去效用。不过,因为我是针对博士当时的论点而提出的反论,为了保持原貌,就不做改动原样出版。——昭和二十二年五月二十四日追记